本书获西北农林科技大学中央高校博士科研启动金项目"精英俘获与中国的结构性贫困研究"（2452015334）、西北农林科技大学基本科研业务费人文社科项目"精准扶贫背景下的精英俘获研究"（2016RWYB26）以及2015年陕西高校人文社科青年英才支持计划的支持，在此表示感谢

精英俘获

ELITE CAPTURE

A NARRATIVE ABOUT THE ALLOCATION OF
POVERTY ALLEVIATION RESOURCE IN RURAL AREA

扶贫资源分配的乡村叙事

邢成举 著

社会科学文献出版社
SOCIAL SCIENCES ACADEMIC PRESS (CHINA)

序　言

　　成举的博士论文经修改后即将付梓，托付我为其写序，虽写作计划已安排有日，但迟迟没有动笔，对博士论文而言，任何外人都不如作者自身的认识和理解到位，所以今天写下这些文字权当是个人对成举博士论文或是当前扶贫问题的一种认识和理解。

　　2011年，成举来到中国农业大学人文与发展学院跟随我攻读博士学位，当时我带的学生主要从事两个方向的研究，一是国际发展研究，一是国内农村发展研究，国内农村发展研究主要关注扶贫与贫困治理问题。从20世纪90年代初期，我就开始了农村扶贫领域的研究，随着研究的深入，研究地域从国内转向了国际，由此个人的研究重心也转向了国际发展，但是对国内农村发展尤其是扶贫的关注和思考从未停过。以博士生学位论文为契机，中国农村扶贫与贫困研究一直得以持续和推进。成举在三年研习后完成的博士学位论文《乡村扶贫资源分配中的精英俘获》便是该研究的产品。因为忙于研究和各项事务，我与学生见面交流的机会不是很多，但无论我们通过何种方式交流，总是很有收获。其实成举更多地得益于贺雪峰教授的指导，我不算合格的老师，写这个序言算是我的读书心得，向他学习。

　　成举这本书研究的是扶贫资源在乡村的分配过程。与多数关注扶贫资源或是项目落地的研究不同，其研究没有过多地关注宏观的制度与高层次的政府部门，而是将关注的重点放在了扶贫资源分配的末梢，乡镇政府及其扶贫部门、村"两委"等组织构成研究的焦点。经过实地调查，他发现，在乡村，"扶强不扶弱，扶富不扶贫"的现象常常出现，而对该问题的理解和探究就成了本书的研究问题得以深入和拓展的基本动力。在理解该问题的过程中，成举采用了"精英俘获"的概念。这个概念在国外的减贫与发展研究当中多有使用，但在中国语境与经验中使用该概念比较少见。作为一个描述性概念，其可以是对扶贫资源分配过程的一种概括；作为一个分析性概念，其则可以回应实地调查中看到的扶贫资源被精英获取的现象。在分析了精英俘获的现象之后，成举从权力、制度和社会结构的三维视角挖掘了该现象的产生机制，抛却精英个体的主观谋利动机，扶贫资源分配的权力结构、制度设计和当地的社会结构都在客观上更加亲和精英，这也就不难理解精英俘获为何出现了。而精英俘获的出现，不仅带来了扶贫工作效率的低下，同时还会导致基层政府公信力的减弱和公共政策合法性的丧失。之后，成举又尝试从国家与社会关系或者说是国家与农村关系的角度对精英俘获进行新的理解和分析，精英俘获的出现并非国家权力从乡村撤出，也并非国家单方面的主动干预的结果，乃是权力、制度与社会结构交互作用的结果，更是中央政府、地方政府与农民等多元主体多重互动的结果。精英俘获的过程中，既有地方政府对中央政策的遵从执行，也有便宜行事；既有农民对国家权力的主动援引，也有其对地方社会的选择性封闭与保护；既有上级政府对下级政府扶贫工作的依赖与借助，也有其对下级政府的命令与施压。成举基于实地调查，大大地深化了精英俘获的内涵和外延，在举国扶贫的背景下，研究精英俘获不仅具有明显的理论意义，同时也包含明显的政策价值。

当然，在成举的研究中，精英俘获只是研究的起点，其研究关注两个基本问题：一是当前扶贫的扶贫资源分配具有何种机制及其如何生成；二是精英俘获的出现与中国乡村社会的变迁之间存在何种联系。扶贫资源的大量下乡伴随着城乡关系的调整和国家战略的更迭，而作为一种有限度的资源和利益，其必然引起多方主体的角逐，而扶贫资源的分配恰恰是这种角逐结果的刻画，主观期望、信息、资本、权力、技术、社会结构等多元要素都参与了扶贫资源分配机制的塑造。精英俘获的出现自然与乡村精英的嬗变有关,当成举在文字中展现村民对改革开放之前村干部与当前村干部的比较时,可以看出精英的变化是显著而深刻的,而精英的变迁又折射了这个时代和乡村社会的变迁。正如成举在调研中所发现的,与以往时期相比,当前的村民对精英俘获有了更多的容忍和理解,这也是精英俘获得以发生的社会环境。

无论是从权力、制度,还是从社会结构的角度来研究扶贫资源分配,我们都能看到一个结构性问题,如果将此与贫困相联系,那么可以说当前中国的贫困人口已经陷入了"结构性贫困陷阱",即贫困人口在经济、政治、文化、技能、教育等多层面的弱势结构位置使得其即使能够获得一定量的扶贫资源和项目,也很难与具有资本、关系、信息、技术的优势群体竞争,贫困人口难以获得平等的机会和初始条件。如果是一个结构主义者,那么面对结构性贫困,其可能会比较悲观,但是成举相信通过扶贫行动能够打破贫困的结构性陷阱,也能够有效遏制扶贫领域的精英俘获,但这应该会是一个需要时间的过程吧。

中国贫困治理正在转型,中国社会也正在经历巨变,社会科学研究正是要记录、认识和分析这种转型与变迁。基于长时段实地调查基础上完成的这本著作,正是对贫困治理转型与乡村社会变迁的记录、分析与理解,亦是一个时段内的时代缩影呈现,相信大家读过这本书都会有自己的收获。

不是学者不能作序,算个读书心得。

李小云

2017年2月27日于云南勐腊河边村

目 录

第一章　导论 …………………………………………………… 1
　第一节　研究意识及意义 …………………………………… 1
　第二节　国内外的研究现状 ………………………………… 3
　第三节　主要研究内容 ……………………………………… 26
　第四节　研究方法 …………………………………………… 29

第二章　"雨顺民意"：贫困治理伊始及其战略纵深 ………… 34
　第一节　一段被边缘的贫困治理史 ………………………… 34
　第二节　改革开放以来的贫困治理 ………………………… 40
　第三节　扶贫战略纵深及其暗喻 …………………………… 54

第三章　"久盼甘霖"：扶贫资源下乡 ………………………… 64
　第一节　田野调查中的县、乡与村 ………………………… 65
　第二节　湾镇扶贫工作的掠影 ……………………………… 78
　第三节　扶贫资金进湾村 …………………………………… 83

第四章　"进贡求雨"：扶贫资源分配与精英俘获 …………… 88
　第一节　扶贫资金的分配格局与结构 ……………………… 92
　第二节　行业扶贫中的资源配置格局 ……………………… 104

1

第三节　精英俘获的浮现 …………………………… 110
　　第四节　"求雨"与"上供" ………………………… 125

第五章　"未雨绸缪"：精英俘获与制度、权力及社会结构 … 131
　　第一节　制度与精英俘获 …………………………… 132
　　第二节　权力与精英俘获 …………………………… 159
　　第三节　结构与精英俘获 …………………………… 189
　　第四节　小结 ………………………………………… 209

第六章　"降雨分殊"：精英俘获的政治社会后果 ………… 212
　　第一节　作为精英俘获结果的"扶贫内卷化" ……… 212
　　第二节　作为精英俘获结果的利益结构固化 ……… 215
　　第三节　作为精英俘获结果的贫困再生产 ………… 218
　　第四节　作为精英俘获结果的执政合法性流失 …… 222
　　第五节　精英俘获与社区公正观念的异化 ………… 228

第七章　"雨落埶家"：关系与结构视野下的精英俘获 …… 236
　　第一节　国家与社会关系视野下的精英俘获 ……… 236
　　第二节　中央与地方关系下的精英俘获 …………… 246
　　第三节　国家与社会关系变革中的精英俘获 ……… 252

第八章　"雨后沉思"：结论与讨论 ………………………… 259
　　第一节　精英俘获：国家、社会与个体的共塑 …… 259
　　第二节　关于国家政策实施的体会 ………………… 264
　　第三节　关于贫困生成的理解 ……………………… 267
　　第四节　关于贫困治理的思考 ……………………… 273

第五节　关于精英俘获产生基础的重申 …………… 281
第六节　小结 ………………………………………… 284

参考文献 ………………………………………………… 286

致　谢 …………………………………………………… 312

第一章 导论

第一节 研究意识及意义

近些年来,中国政府在扶贫工作上的力度不断加大,各级政府和各个部门共同投入大量的资金和资源。在扶贫工作中的这些努力让中国扶贫事业赢得了世界的瞩目和称赞,但是随着绝对贫困人口数量的减少,中国扶贫工作面临结构性贫困的挑战。与此同时,我们在农村调查时,总是发现农民对扶贫资源的分配很是不满。那么扶贫资源的乡村分配到底是如何进行的呢?从审计署对19个国家扶贫工作重点县财政扶贫资金审计结果看,财政扶贫资金的分配和使用方面仍存在较多的问题,审计结果将这些问题概括为五个方面:"一是有关单位虚报冒领扶贫资金或扶贫贷款,在申报环节和支出环节都存在此类问题;二是在项目组织和实施过程中,部分扶贫资金被挤占挪用;三是一些扶贫主管部门扶贫资金管理和使用不够规范;四是一些项目效益不佳,形成损失浪费;五是有些扶贫资金闲置,未能及时发挥效益。"(审计署行政事业审计司,2013)出现这种情况,既有制度层面的原因,也有管理层面的原因,同时还有一些深层次的结构性原因。从本书讨论的主题——精英俘获来思考的话,制度、权力与社会结构等都会导致扶贫资金的分配和使用发生类似上面的情况。在无法打破既有社会结构对贫困者脱贫制约的情况下,中国新阶段的扶贫工作将很难取得更大的成绩。对扶贫资源分配过程的分析和考察,可以有针对性地改进扶贫工作,为其提供政策建议和理论参考。

从我们在多地农村的调查情况看，扶贫资源非均衡分配，即更多的扶贫资源被较为富裕的村庄和较为富有的村民获得的现象是比较普遍的。这种扶贫资源分配中的非均衡与对"强者"的偏好是如何形成的？导致该现象出现的核心要素是什么？这正是本书关注的，也是本书试图分析和挖掘的。在国外的发展研究中，"精英俘获"是一个非常重要的概念，其核心内容是指发展与援助资源被社区内的精英群体和个体所获取和截留。而纵观国内扶贫资源分配的实践，该现象也同样存在。由此，我们围绕乡村扶贫资源分配中的精英俘获现象及其产生机制展开讨论。

本研究的理论意义和现实意义在于：通过研究和分析，我们可以将扶贫工作视为嵌入乡村治理的一个部分，站在乡村治理的角度来理解扶贫工作及其困境，并将精英俘获理论引入其中。同时，本书还注意到了农村社会阶层分化给扶贫工作带来的挑战。所有这些都体现了本研究具有较强的洞察力和创新意识。此外，力图立足乡村治理格局来分析我国后税费时期的扶贫工作，选题立意较为新颖，特别是其中关于"精英俘获"的讨论——政治精英利用国家代理人的身份，经济精英依靠经济实力和社会网络，纷纷对扶贫资源进行争夺和操控——这一地方权力结构给我国扶贫工作带来的困境的分析内涵丰富。其理论意义是，不仅可以丰富关于国家和社会的讨论，将二元结构调节为国家—精英—大众的三元结构，同时也能够将社会分层与社会结构纳入贫困研究领域，而这一研究一定会加深我们已有的贫困研究的深度。而从现实意义来讲，本书关注扶贫项目和扶贫资金的有效瞄准和使用，这既会优化中国扶贫工作及其制度安排，也会为优化乡村发展状况和改善农民生活状况提出有益的思考和建议。该主题主要是从微观乡村社会结构的视角来分析扶贫资源是如何被分配的，是谁来分配的，分配的结果如何。扶贫政策作为一种制度或是结构，其所携带的资源是要乡村社会结构发生频繁互动的，这种互动既是结构之间的对接或碰撞，同时也具有结构与行动之间的相互塑造。从村庄的视角来分析扶贫政策的实施过程及其资源分配，其实研究的是政策实施的村庄社会基础。一项政策的实施，不仅仅需要在制度层面进行好的设计和管理，同时也需要其能够对政策与制度实施的对象有明确认知和深刻把握。对于中国扶贫政策来讲，也同样如此。扶贫政策最终是要在目标对象或目标群体层面上进行落实的，而对象的复杂性往往无法在政策的统一性和整体性上得到体现，因此扶贫政策就给予了地方政府和村级组织很大的自主调控权。而参与式发展的推进则使得民主化扶贫项目决策出现了新的道德陷阱，民主参与在本质上也难以实现。

本研究潜在的创新性：站在乡村社会和乡村治理的角度来回顾和反思扶贫工作的状况是其潜在的创新点之一；将精英俘获的概念引入贫困和贫困项目研究的分析，从而将农村作为一个研究场域以求从微观研究贫困与扶贫工作，这是潜在的创新点之二；最后，通过经验分析尝试构建中国扶贫工作的"内卷化"状况，这是潜在的创新点之三。通过本研究，我们勾勒出了乡村扶贫资源分配过程中所面临的制度、权力与社会结构之网，而该网对扶贫资源的配置发挥着十分大的作用。从地方政府权力和农村居民的角度看，其在一定程度上纵容或默许了精英俘获的发生，这也是精英俘获较难克服的深层次原因。

第二节　国内外的研究现状

一　国内关于精英俘获的研究

国内关于精英俘获的研究文献很少。目前已知的共有五篇学术文献。袁剑（2005）指出了全球化背景下，全球化逻辑的主导者对民族国家内精英及其意识的俘获，俘获精英也就意味着俘获了游戏规则的制定权，这是从精英被俘获的角度展开的。"建设社会主义新农村目标、重点和政策研究"课题组、温铁军（2009）将精英俘获的概念应用于农民部门和资本"下乡"背景下的农民专业合作经济组织的研究，其研究发现，在新农村建设过程中政府主导为部门利益主导所替代，结果导致精英农户获益很多，而多数小农被边缘化和客体化，专业性合作组织内出现了普遍的精英俘获。吴新叶（2010）研究了社区民间组织发展过程中的精英俘获问题，其认为精英导致社区普通民众参与民间组织受到限制，民间组织出现了官僚化，外力决定民间组织领导的更替等都是精英俘获的影响和表现。李祖佩等（2012）研究了精英俘获与乡村治理之间的关系，其认为后税费时期的体制性精英、社会精英以及经济精英形成利益联盟，共同垄断下乡资源和村庄公共利益空间，形成固化的村庄权力结构、利益分配结构以及合法性权威结构。精英俘获极大地削弱了后税费时期资源下乡的政治效益和社会效益，乡村治理的变迁是精英俘获的决定性背景。邢成举和李小云（2013）从精英俘获的角度研究了扶贫项目目标偏离的问题，应该说这个与本研究是直接相关的，但是因为这个研究固守于精英和底层的视角，其在解释和分析中并没有能够充分讨论国家权力在精英俘获中的角色，这就导致其分析比较肤浅，而该研究则仍有较大的发展空间。已有的研究都是比较单面的，也是不够深入的，针对发展或扶贫项目进行精英俘获研究的情况基本上还没有出现。这为本研究带来了机遇，同时也带来了挑战，因为这方面的研究才刚刚开始。

二 国内关于扶贫目标偏离及乡村精英的研究

1. 关于扶贫资金偏离的研究

研究扶贫项目的资源分配与学术界关于扶贫资金和瞄准的分析是分不开的。财政扶贫资金的效果实现涉及财政扶贫资金的投入、管理、分配、拨付和使用等方面，财政扶贫资金只有在这几个方面都做到科学、合理、公平和公正，才能有效地提高其扶贫效率。以往的相关研究主要集中在对财政扶贫资金管理的环节上，对财政扶贫资金的投入机制、分配、拨付和使用环节的研究则关注较少，而这些环节的运行情况直接关系扶贫资金使用的效果和效率，这些环节的不足也极容易造成财政扶贫资金目标的偏离。从夏英（1995）、康晓光（1995）、汪三贵（1997）和吴国宝

(1997) 到李含琳 (1998) 等关于财政扶贫效果不佳原因的研究中，我们可以发现其都将资金治理的焦点放在了扶贫资金的管理环节，研究得出的比较一致的观点是：项目和资金管理是我国政府扶贫过程中的薄弱环节，其也是影响我国财政扶贫效果的重要因素。李小云等 (2007) 的研究也启发我们，除了资金管理环节之外，资金投入和管理机制，财政资金的分配机制、拨付机制和使用机制等环节也是不容忽视的研究内容，这些环节同样是长期以来扶贫效果与管理研究领域明显薄弱的地方。James Ferguson (1990) 通过对莱索托境内发展项目的考察发现，发展项目只是充当了国家权力及其控制渗透的工具，而所谓的发展并没有能够真正实现。斯科特 (2004) 的专著研究了由国家主导的试图改善人类状况的项目的失败原因，其认为，国家简单化、极端现代化意识形态、独裁主义国家和软弱的公民社会是导致这些项目失败的主要原因。以上的研究结果对我们理解扶贫项目的实施是十分有益的，但是并不能替代我们对扶贫项目实践化和情境化的研究。因为，我们不能说扶贫项目是失败的，我们关注的精英俘获以及扶贫项目目标偏离只是扶贫项目运行中的不足，我们需要理解扶贫项目资源的分配与运行机制。

相关统计数据显示，2001~2010 年，中国财政共投入扶贫资金 2043.8 亿元，即年均扶贫资金投入在 200 亿元以上，而 2011 年的扶贫资金更是达到了 270 亿元。如此大规模的扶贫资金确实让中国的贫困人口大量减少，但是目前中国仍有大量贫困人口存在。而在大量扶贫资金投入的情况下，之所以仍有大量贫困人口存在就是因为扶贫资金并没有完全准确地瞄准目标对象，或者说即使在政策和制度层面是瞄准的，但是落实的时候无法实现瞄准。这方面已有大量的研究，研究发现，扶贫资金和项目的偏离以及扶贫资金使用中的扭曲与渗漏等是扶贫效益不能充分体现的主要因素。如肖维歌 (2001)，王斌 (2004)，李文、汪三贵 (2004)，王春华 (2005)，王永成 (2006)，张宗毅 (2006)，李小云等 (2006)，井斌 (2007)，许源源、苏中英 (2007)，洪名勇 (2009)，姚迈新

(2010),吴国起(2011),杨洪霞(2011)等都在这方面的研究中做出过不少的努力。不过,现有研究中关于扶贫资金使用扭曲与渗漏的分析都显得较为粗糙,没有深入和全面的研究,而本研究试图从村庄视角全面地分析导致资金分配和使用出现扭曲与异化的主要原因,并将其概括为精英俘获,这是对现有研究的补充。之所以强调从村庄的视角来分析扶贫资源分配,是因为村级扶贫规划与工作方法自21世纪以来的大量使用。何绍辉(2011)以红河村的扶贫开发故事为依据,主要讨论了扶贫开发过程中的权力技术和策略技术,集中展现了国家权力、地方权力之间的磨合、冲突与共存。其认为,扶贫开发是运动式治理的集中体现,国家对基层社会的治理方式从身体治理走向了技术治理,从全能控制走向了选择性控制。最后,他认为国家政权建设要加强基础性权力建设,并将运动式治理转变为制度治理,从而建构现代国家。

2. 关于乡村精英治理结构的研究

国内关于乡村精英的研究也构成了我们理解精英俘获的重要学术资源,本研究对其关注是十分必要的。董磊明(2007)认为,"三千年来,在具体的自然生态和社会生态背景下,形成了权力精英主导中国社会的格局。顶层的权力精英一方面倚重社会精英维护其统治,另一方面又为了统治的长久,抑制中下层权力精英和社会精英势力的恶性膨胀。今天,以权力精英主导社会的格局依然存在;但较之古代社会,又呈现出权力、经济、知识三大精英群体整合的态势。"精英联合趋势的出现使得中国社会体系和结构越来越缺失弹性与流动,将给执政者带来巨大的考验。尽管从传统时期到现在,我们社会一直是精英主导的社会结构与权力格局,但是传统时期的精英治理政治与当代的精英治理政治是非常不同的。张鸣(2001)指出,传统社会的乡政具有很重要的一个特征,那就是对政治平衡的强调,国家政权和地方官员的利益要得到考虑,而同时,地方社会中的乡绅和乡民的权益也会被考虑到,利益冲突是能够调解和协调的,官与民以及精英和大众能够实现一定程度上的妥协,最终使得大家都能够保有基本的利益,也会维持基本的脸面。也就是说，传统时期的精英与大众之间形成了良性的平衡关系，这种平衡关系对传统时期中国社会稳定的作用是十分明显的。而新中国成立之后，通过社会主义改造等方式基本上消除了乡村社会的经济精英，上层权力精英需要平衡处理的关系主要是中、下层权力精英与部分知识精英同普通民众及其相互之间的关系。这种国家治理的方式也成为乡村治理的主要特征，黄宗智（2008）在对晚清民国时期治理模式进行归纳时提出了"集权的简约治理"概念，它意味着"中国地方行政实践广泛地使用了半正式的行政方法，依赖由社区自身提名的准官员来进行县级以下的治理"。改革开放以来，市场经济发展过程造就了大量的经济精英，其也在新的社会体系中获得了较高的社会地位和政治地位。传统时期非常讲求的"平衡政治"被丢弃了，转而出现的则是更加明显的不同类型精英之间的"结盟"。唐晓腾（2007）指出，民国时期国民党开始将乡镇机构设定为基层政权的正式机构，从这个时候开始，国家权力才将自己的触角延伸到了乡镇。当时的后果并不如高层政治者所料，不仅在政治结构上破坏了传统的专制安全阀，把基层社区逼入了政治死角，使传统的双轨政治变为了单轨政治。吴素雄和陈洪江（2004）的研究与上面相呼应地发现，乡村经纪人从"保护型经纪"转变为"赢利型经纪"。现实中的村民自治依然存在"赢利型经纪模式"的诱因。这是因为村级组织并不是国家政权的正式层级，同时对村级组织监督和管理都是相对宽松的，缺乏有力的制约。包先康、李卫华、辛秋水（2007）的研究发现，民国时期在加强组织改革、增强国家汲取资源能力的同时，造成了国家政权建设的内卷化。再加上"国家政权建构"对传统的地方精英的打击，导致了农民和地方精英的强烈不满，极大地激化了广大民众与政府之间的对立情绪，直接危及国家政权赖以存在的社会基础。追逐私利的精英开始登上乡村政治舞台，其对国家用于政权建设而投入的各种资源展开大肆侵占，同时也利用其政权"代理人"的身份搜刮乡村内部和村民的各类资源与利益。项继权（2005）考察发现，新中国成立后到家庭联产承包责任制实行之前，乡村治理体制就是人民公社体制。"人民公社制度在农村存在和延续了25年之久，其总的特征是'一大二公'、'政社合一'、'党政不分'并实行党的'一元化领导'"。人民公社体制下，由于均等化的工作制度和分配制度，农村并不存在经济精英，而作为社队干部的村民则可以被视为政治精英。这个时期的大部分的政治精英都是没有什么特别权力的，也很少出现化公权为私用的现象。姚莉、刘燕（2011）认为："人民公社的建立以及计划经济体制的确立，基本将乡村一级纳入到了政权管理范围之内，乡村精英生存的政治空间和生活空间发生了根本性的变化，政治精英成为乡村精英的唯一载体，形成了单一的、一元的政治精英治理格局。"特定的政治体制使得政治精英掌控了乡村治理的绝对权力，同时也排斥了其他精英对乡村治理的参与。农村家庭联产承包责任制实行之后，人民公社制度解体，公社被乡镇人民政府取代，同时还推动了村民委员会的建立并由村民选举村干部，到这个时期就形成了"乡政村治"的乡村治理阶段。仝志辉和贺雪峰（2002）指出："意识形态强约束的解除，为村庄传统精英的出现和传统文化的恢复提供了空间；另一方面，随着市场经济的逐步渗入，经济社会分化加剧，一些人较其他人拥有了更多的经济社会资源，他们开始填补体制精英影响力减弱后出现的村庄秩序中的空白。"这意味着乡村治理中的精英构成变得更加复杂和多元。在这种新的治理体制下，乡与村之间已经不存在领导与被领导的关系，而是一种指导与被指导的关系。但是村民自治并没有完全实现，赵爱庆、孙建军、赵佳维（2008）指出："中国历时20年的乡村基层民主实践一直在探寻实现村民自治的终极目标，但客观上却在走着一条精英治理的道路。"精英治理的结构并没有改变，精英所主导的乡村格局依然存在。这个时期乡村精英集团的构成更加复杂，政治精英、经济精英和社会精英都成为乡村精英的主要构成，而以经济建设为中心的社会发展战略则使得经济精英在乡村治理中的角色相当突出。"特别是在浙江、广东等沿海发达地区的'先富群体'作为经济能人逐渐成为乡村精英集团的主角，经济精英在乡村治理中的重要地位也被各地基层政治组织所接纳，甚至将他们吸收进党的组织，变体制外身份为体制内身份，转换身份后的经济精英也逐渐取代了原来政治精英的地位。"黄博、刘祖云（2012）的研究显示，"自1978年农村家庭联产承包责任制实施以来，我国农村社会就开始逐步推行各项改革，社会资源分配体系随之重组，原有利益格局的深刻变化最终导致农村社会结构的变迁，最为重要的则是'精英—大众'的分化。"新的乡村治理体系在国家政治承包制和压力制的背景下出现权力扩张和利益膨胀的现象，由此给乡村带来了新的治理危机。刘涛（2010）指出："国家为了斩断造成治理混乱的主线，自2003年开始，在全国农村实行税费改革，并最终在2006年取消农业税，以此来增强自身的合法性，并彻底解决乡村社会中不断出现的治理性危机。"但是这并没能够将这次的治理性危机解除，而是给现阶段的乡村治理留下了不少的问题。正如学界关于富人治理村庄问题讨论的那样，从乡村民主发展的角度出发，许多研究者都表示担忧。黄俊尧（2009）发现："'先富群体治村'是近年来基层民主发展过程中出现的新情况、新问题，它在一定程度上体现了乡村精英治理格局的回归，并与村民自治的原则和实践产生了紧张，折射出民主治理与精英治理两种模式间的张力。"乡村精英治理格局虽然实现了回归，但是实现回归的精英主体是不同的。如果说传统时期是自然精英和身份精英的话，现在的精英则是技术精英。张康之、张乾友（2009）认为："技术精英的出现是社会治理专门化、科学化和技术化的产物。技术精英是在官僚制组织结构中开展其社会治理活动的，他们治理社会的依据是一种系统化了的而又分门别类的规则体系。"技术精英与乡村治理所要求的系统和完整的治理能力及体系是不相匹配的，这也是乡村治理出现困境的一个原因。而从笔者调查的情况看，精英治理村庄的格局依然存在，村干部也都是村庄范围内的精英人物，但技术精英并非精英的核心。

3. 关于乡村治理状况的研究概述

关于乡村社会中扶贫资源分配的研究肯定是无法绕过乡村治理研究文献而展开的，所以我们也有必要对乡村治理状况的研究进行总结和概述。乡村治理构成了我们讨论扶贫问题的一个实践场域，同时也是扶贫工作所要面对的社会事实，因而对当前阶段乡村治理的理解与分析有助于我们更好地理解和认识扶贫工作的实施过程及其效果。随着农业税费改革的实行和农业税的最终取消，乡村进入了后税费时代。这对乡村治理产生了重要影响，一方面，在基层债务和财政刚性开支下，乡村公共事业建设步履维艰；另一方面，农民和村干部的联系越来越淡化，乡村精英的行为选择也越来越偏离社区整体利益。并且，村庄行政权威的物质基础被削弱，村庄公共权威出现"真空状态"（田先红，2006）。也有学者将此称为基层政权和权力的"悬浮"（周飞舟，2006）。还有学者将后税费时期乡村治理的主要特征概括为"乡村治理内卷化"（贺雪峰，2011）。无论是对权力"真空"的论述还是对"悬浮"政权的描述，抑或是关于"乡村治理内卷化"的论断，其都在说明税费改革之后的乡村治理格局中出现了一些混乱的现象，而国家权力在一定程度上是退出了乡村治理领域的。对于中国的扶贫工作来说，21世纪的扶贫工作是以村级扶贫规划为核心和亮点的，即我们的扶贫工作开展的主要层级和瞄准单位已经转变为村庄。村级扶贫规划意味着乡村治理状况与乡村秩序都将对村级扶贫工作产生重大的影响，由此将乡村治理纳入中国扶贫研究领域则是必要的。后税费时期乡村治理的两个特征是很值得我们思考的，即乡村治理的能力弱化和乡村治理的内卷化。治理能力的弱化是乡村治理内卷化的主要原因，而乡村治理内卷化的出现则让精英俘获有了存在的空间和便利。

贺雪峰（2011）认为，取消农业税后，乡村治理的基本逻辑发生了巨大变化：一是农业税费的取消使得国家与农民的关系发生了根本性改变，乡村组织已经不需要从农村和农民那里收取税费，乡村组织也很快地从村庄退出，同时税费的取消也让村民们失去了与乡村组织讨价还价的砝码。二是国家行政力量、强制性行政权力和乡村治理的政治性开始退出乡村社会，乡村社会内部之前被压制和潜伏起来的各种离散力量纷纷发出声音，农村社会内部基本秩序开始受到威胁，小道理满天飞，农民落单，变得空前无力和原子化。构成传统农民是非观、正义感并因此支撑农民敢于出面主持公道的价值基础已经发生改变或缺失，现世主义、唯功利观念逐渐占据主导，少管闲事和不得罪人成为原则。三是地方黑恶势力逐渐在社会上脱敏，并越来越公开地活跃在乡村舞台上。吴毅（2007）的研究指出，乡村组织和国家力量、乡村治理政治性的退出使得精英开始拥有了俘获利益与资源的更大空间，却没有组织和力量对精英的这种行动进行制止。在目标管理责任制度的约束下，村委会与乡镇政府被纳入了一个责任利益共同体中，使"村干部在经济上日益与农民脱钩，不再由村民供养，其经济来源主要是政府下拨的财政转移支付和村级组织通过各种途径所得的创收"。周飞舟（2006）指出，税费改革的完成，使得国家行政力量对乡村基层干部的控制更加有力，但是其放手撒开了广大的农户。农民的弱势和缺乏保障的状况将在这种背景下变得更加糟糕。从使得基层政府更加依赖于上级政府的意义上看，税费改革是一种集权化式的改革。其产生的另一个更加深远的影响在于，基层政权运作的基础正在悄悄发生改变，民间的富人和富裕阶层正越来越成为乡村两级组织所依赖的对象。夏菁、姚望（2010）的研究发现，取消农业税后，乡镇政府在很大程度上失去了自己的自主性和独立性，乡镇干部由于没有利益上的动机，失去为人民服务的公仆精神，可能不会倾听农民的利益诉求。这种状况下的扶贫工作是很难容纳贫困农户参与的。

耿羽（2011）指出，税费改革的完成，翻转了国家和乡村之间的资源关系方式，国家从乡村汲取资源的行为终止了，而反哺的行动开始了。这种举动让中央政府的民意信任度和合法性大幅提高。不过，税费改革只是取消了问题，并没有解决问题，其控制力和财源等方面的短板不仅未改进，反而由于税费改革进一步被削弱，基层组织的问题没有得到真正解决，其虽不会再在收取税费上"作恶"，也会在其他方面"作恶"。赵晓峰（2011）指出，在后税费时代看到的是，一方面国家与农民的显性关系在趋于缓和，农民对中央政府的政治信任度呈现上升趋势；另一方面是乡村基层组织受限于日益匮乏的资源约束，越来越缺乏与农民打交道的能力，客观上造成乡镇政府和村委会"悬浮"于乡村社会之上，难以在农民日常的生产、生活中发挥必要的积极作用，使乡村社会处于因国家和农民都认可的正规权力出现空缺而引发的"治理缺位"危机当中。关系缓和是因为调整了资源流动的关系，而缓和也许是一种干群关系疏远的表现。同样地，治理缺位是因为后税费时期的乡村治理缺乏强有力的治理性制度支撑和财政基础，更没有了治理的动力。田先红、陈玲（2010）认为，税费改革后，以保障个体权利为核心、强化基层代理人监控为目的，将国家权力直接对接农户作为组织机制的直接治理模式逐渐兴起。这也是国家实施干预与社会控制的客观结果，自治的形式可能会掩盖非自治的本质。周飞舟（2006）认为，税费改革表面上是国家和农民关系的改革，实际上是针对基层政府的改革。改革的结果是乡镇政府处于"半瘫痪"状态，在国家和农民中间造成一种"真空"状态。这种所谓的"真空"恰恰为精英提供了活动的空间与舞台。张晓山（2006）指出，在彻底取消农业税费的改革中，拆除收费的平台，乡村执行各项任务的功能也相对弱化，同时乡镇和村两级自身财力匮乏和为本社区居民提供公共产品能力不足的问题凸显。中国国际扶贫中心（2011）的研究指出，从扶贫的情况看，在后税费时期，以妇女和老人为主的弱势群体构成的贫困人口，由于资本存量较低，难以"被资本化"而收益；在乡村治理劣化状况下也难以有效动员这些弱势群体以形成多功能、多元化的社会资本，使得其难以符合外部资本获益的需求。这加剧了资源从贫困地区流出的状况，而资源的空洞化又使得贫困地区的人力和自然资源存量更低，乡村治理的基础也更加缺乏。

在国家取消了农业税并确定了建设社会主义新农村的战略后，

大量资源开始进入农村以开启工业反哺农业、城市反哺农村的时代。但现实结果是：乡村社会中的精英群体率先受益，这也导致体制内外的精英因为下沉的利益而以选举和上访等事件使得村庄治理更加混乱且无序，甚至出现群体性冲突。乡村治理内卷化的出现导致了精英日益脱离乡村治理主体的监督并丧失集体主义意识，代之而起的是其对公共利益和资源的俘获与侵占。取消农业税后，乡村治理中的各利益主体的行为逻辑发生了重大变化。在基层治理的调研中，我们发现，基层政权正逐步放弃自己的政治原则性，基层政权和灰黑势力这两种原本具有相互对抗性的组织愈来愈有合谋和协作的倾向，国家资源的不断输入无法带来治理效果的增长。从乡村治理的角度来看中国扶贫工作，我们同样可以发现扶贫工作也是中国政府进行乡村社会治理的工具和手段，而扶贫目标偏离现象的出现意味着以扶贫为手段的乡村治理也是失败的，即出现了"内卷化"的现象。马良灿（2010）指出，我国农村基层政权组织在很大程度上正在蜕变为一种掠夺型的、营利型的准自利组织，而"抓经济""抓稳定""抓计划生育"和"抓数字"这四项组织行为则是其"内卷化"的突出特征和主要表现。如此治理状况确实是容易引发多种问题的，嵌入乡村社会的扶贫工作必然与乡村治理状况发生着千丝万缕的联系。

　　国家尽管以各种不同的形式向乡村社会分配了大量资源，如以扶贫、以工代赈和以奖代补等方式给基层社会输入了大量的资金与资源，但是这并没有成为扭转乡村社会发展不利局面的根本推力，反而吸引了不少灰黑势力觊觎下乡资源与利益。与此同时，因为基层政权构成者的营利倾向和治理手段的缺乏与治理责任的缺失，上级下达的资源当中的很大一部分被基层政权中的个别人与灰黑势力瓜分了。在部分资源的分配上，如在村庄公共资源对外发包和国家扶持的工程项目进行对外招标的过程中，灰黑势力主动拉拢基层组织的官员，而在土地开发等事项中，遇到"钉子户"等问题时，基层治理者反而要向灰黑势力"求援"。这样，在乡村社会就再次形成了体制内精英与体制外精英利益联结的共同体。这里讨论的灰黑势力与本书中还要使用的村庄精英等概念所指涉的人群是有一定重叠的，只是"灰黑势力"的概念更突出了其对乡村治理负面的特征，也带有更强的感情色彩；而"村庄精英"有所指泛化的意味。本书中谈论的精英将会变得更加具体，这是学术研究的基本要求。若我们使用精英俘获的概念来概括乡村灰黑势力在乡村社会的谋利行为，则可以说乡村治理内卷化与精英俘获是互构的。资源的输入和项目的实施没有收获初始所期望的改善基层治理的结果，与此相反，在资源下乡的背景下，基层政权和灰黑势力却在新的资源平台上找到了"默契"。税费改革不能是取消税费就算完成了工作，而是要在减轻农民负担的基础上不断优化乡村治理的局面，这才是乡村治理与税费改革的应然结果。

中国基层治理在建立有中央集权政府的历史上都是基层精英治理的类型，也就是费孝通先生讲的"皇权不下县"。但是经过了长期的社会发展，乡村的良性治理和良好的社会生态遭到了破坏，社区精英的行为也日益偏离社区的整体利益，对公共利益的追求变成了对个体或是亲近群体社会利益的追求。当宏观环境严峻时，城市经济危机的制度成本向乡村领域传导和转嫁，引发农村经济危机，演变出历史上曾经发生、当代也有发生且在泛滥中的"劣绅"驱逐"良绅"，其结果是乡村治理所依存的社会生态被破坏。贺雪峰（2011）强调，在乡村治理流变的现实中，即乡村治理内卷化中出现的最可能的结果是：一方面，国家尽管转移资源，但都被结盟的地方分利集团截留或是分割，地方分利集团甚至利用各种政策空间来破坏性地开发以从中获利，而农民无法从各种资源变现中获取好处；另一方面，国家在面对各种离散力量时，迫切需要农民的支持，而实际情况是越来越难以获得支持。乡村治理的内卷化不仅会导致乡村治理出现危机，同时也会让国家的政治基础出现分化和削弱，降低农民对国家的认同与支持。李远行（2006）的研究暗示，税费改革意味着政府在治理国家时基本上已放弃农村，而将目标转向所谓的强势群体，以图通过控制利益分配来维持治理的基础。要真如此，中国现存的"强—弱"格局将难以变化，治理也会因范围过小而缺乏合法性基础。国家取消乡村税费的改革行动并没有获得有效的乡村治理结构，两种结构对接中的空间与差距使得国家资源的输入并没有转化为强化政府合法性与执政权威的保障，而是变成了乡村精英追逐和俘获的对象。后税费时期乡村治理的状况构成了我们反思中国扶贫工作现实的大背景，但这不是中国扶贫工作效果扭曲的直接原因。如果对乡村治理过程中出现的乡村治理内卷化、乡村精英和基层组织的自利性等现象加以分析，我们就会发现，"精英俘获"是中国扶贫工作目标偏离的重要原因，当然这也可以被视为其结果。

三　国外精英俘获相关文献的概述

从国外已有的文献看，研究者对精英俘获的关注既有发展领域的，也有政治学和经济学领域的。精英俘获概念的提出最早是在经济学领域，而后进入政治学、管理学和发展学领域。与发展相关的精英俘获研究主要关注的是精英俘获的产生机制、克服精英俘获的策略机制和精英俘获的经济社会政治后果。这其中有民主化、分权与精英俘获的研究，有信息扭曲与精英俘获关系的研究，有地方权力结构与精英俘获关系的研究，有瞄准机制与精英俘获的研究，有精英和非精英庇护关系与精英俘获关系的研究，有生计模式与精英俘获关系的研究，还有集体行动与精英俘获的研究，内容十分丰富。这为本研究的展开提供了难得的资料与信息。国外文献中针对中国精英俘获的研究很少，可以看到的两篇文章都是研究中国村庄选举当中精英俘获现象的，其研究认为，政治体制、村庄权力结构和乡村治理格局是影响精英俘获的重要原因。

1. 精英与精英俘获

Bourdieu（1996）认为，导致精英俘获如此强大和严重的原因是，精英并非是通过他们的要挟与强迫来施加其影响力的，而是通过道德谴责和象征权力来施加的。Abraham and Platteau（2000）

和 Fung and Wright（2003）的研究指出，社区治理很容易遭受精英俘获，因为参与者从不平等的权力位置进入治理过程：他们有不对称的社会地位、不同的经济资源、不同层次的政治礼仪和程序，还有不同的文化品位。Dasgupta and Beard（2007）认为，精英是那些在集体行动过程中能够发挥与其个体不相称的影响力的个体。精英俘获是一种状况，这种状况里精英控制了政策与决策、议程制定，同时获取了大部分的利益。精英的权力，通过土地占有、家庭网络和雇佣地位、财富、政治和宗教联系、个人历史和个性等得以渗透。Lewis and Hossain（2008）认为，下层民众多数是在不自觉和无意识的情况下服从精英对其领导的。Dutta（2009）告诉我们，精英俘获最先是在经济学中得到应用的。它主要指涉这样一种现象，即本来是为多数人而转移的资源却被少数几个人霸占，这些少数人通常是政治或经济方面的强势群体。Olken（2005）认为精英是可以监督和管理项目过程的个人。在他们的讨论中，精英等同于以社区为基础的发展项目的成员。在以社区为基础的发展项目被引入之前，我们将精英视为村庄的领导人。Aniruddha Dasgupta 和 Victoria A. Beard（2007）指出，地方精英是在地方上占有不相称比例经济、政治与社会权力的个体。精英俘获是指个体支配和腐坏社区层面计划与管理的过程。社区集体行动的能力对精英俘获现象具有抑制作用。其他影响精英俘获的因素是：精英参与的频度和紧密度，这是与非精英相比较而言的；精英实现特定利益的能力；精英排除其他参与者和其他问题的能力。精英的地位是以其具有的更高的经济与社会地位为基础的。不论是传统精英还是新生精英，他们都参与决策、地方治理，其领导者或是社会精英或是经济精英。广泛参与和民主治理创造了必要的机会和政治空间，这减少了精英俘获和社区发展中的其他问题。并非所有的精英意味着腐败，一个研究发现，地方精英还是愿意并有能力投入更多的时间去了解需求以满足社区层次的治理和发展项目。Arild Schou，Maxton Tsoka（2010）研究了需求导向的发展项目与空间平等的问题，其认为项目在不同的区域空间内是非均衡分布的，这是项目发展中的空间不平等。研究发现，空间平等的提升不仅仅与项目设计因素相关，同时也需要有更大社区范围内的项目责任机制。项目的区域不平等正是精英俘获的表现之一。

2. 权力、结构、信息、行动与精英俘获

Pranab Bardhan 和 Dilip Mookherjee（2006）研究发现，在推行了民主化公共服务供给的国家，地方政府是会对其辖区内的市民负责的，但是容易发生精英俘获。精英俘获的发生与社会经济的不平等以及社区传统是紧密相关的，传统集权体制的结束迎来了另一种变相的"权力垄断"，即地方精英的政治影响力日渐显著。正如研究者所发现的那样，其实集权体制的结束为地方精英登上社区政治舞台提供了潜在的机遇，地方精英政治影响力的不断提升使得精英俘获的发生更加容易。Yoshito Takasaki（2009）对斐济自然灾害重建基金的研究发现，在有效的受益与基金分配数量的瞄准下，地方精英并没有获取大部分的利益。受影响最严重的受害者并不仅仅是基金的接受者，因为重建基金的供给是非常有限的。所谓的俘获在此项研究中主要是指，传统家族精英能够更早地在接受救济的村庄内获得利益。这里的研究似乎是对精英俘获的一种辩护，但是在我们看来，研究者所强调的是有效的瞄准机制可以在一定程度上克服精英俘获的问题，同时家族内的精英更可能成为其所研究的传统社区内的精英俘获者。Vegard Iversen, Birka Chhetry, Paul Francis, Madhu Gurung, Ghanendra Kafle, Adam Pain, Janet Seeley（2006）对尼泊尔森林管理的研究发现，高昂的林木价值和脆弱的机构控制机制导致精英获取了地方宝贵林木所产生的大量利益。研究者估计了精英俘获的程度并认为制度改革的需要是与林木使用者的隐性经济紧密相关的。研究者认为俘获对象的潜在高价值以及控制机制的漏洞是精英俘获产生的原因，同时潜在地指出了林木隐性经济的存在使得制度变革并不是很容易就能够发生。该研究结果提示我们，精英俘获与区域内的传统生计模式是紧密关联的，只有在消除了生计威胁之后，制度

变革结果才能够获得应有的效果。

  Benjamin Powis（2007）研究发现，精英俘获被多数人认为是社区发展项目成功实施的主要威胁，但是关于这个问题的认识和理解仍停留在比较浅层面的水平上。精英俘获有着复杂和前后关系方面的本质和特征。在我们看到精英俘获所带来的负面效应的同时，我们也要承认精英人物在推动和扭曲参与式发展项目中扮演着十分突出的角色。普通大众一般都认为项目成本当中有一部分可以是地方领导重要工作与服务的一种奖励。相应地，政策制定者和一些分析者寻找到克服精英俘获问题的两条主要途径：其一是优化项目设计以将地方精英隔离于项目之外，其二是将焦点放置在给普通大众赋权上，以促使他们与精英更好地互动。腐败，最常见的精英俘获的形式，被广泛认为是对领导者服务的一种奖励和回报。以往关于精英俘获的研究主要是将精英俘获的对象局限在财政支付与利益方面，其实在政治层面的资源与利益也同样是精英俘获的重要来源和内容。当不少研究带有先入为主的视角时，这项研究让我们看到了社区内大众对精英俘获的认识，村庄与社区视角可以让我们在精英与大众的关系视角中看到精英俘获在大众心理中的合理性一面。Anju Vajja 和 Howard White（2008）对世界银行在赞比亚和马拉维的社会基金项目进行考察后发现，社区参与的实质是受到社区现存权力与社会关系形塑的。项目的认定与执行是在诸如项目合作的家庭教师协会和社区传统权力精英的引导下进行的。社区是在传统头人结构下被动员的。社区成员积极参与的都是"抛砖"的过程，其被动地参与政策制定。这样的情况应该被视为项目过程对社会资本的一种制度化适应，而不是精英俘获。不过多数人对项目执行的结果是满意的，尽管其选择的项目并没有被执行。社会基金项目没有参与创造社会资本，反而是社会资本的使用者。研究中对社区参与实质的揭示对我们理解发展项目很有帮助，同时这里强调的社区精英对项目确定与执行的引导也是值得我们反思的。一些发展项目试图创造社区社会资本的目的并没有实现，反而是依托了社区内现有的社会资本，项目初衷在实施的过程中被扭曲和遗忘了。

Sam Wong（2010）认为，社区推动的发展因为对权力关系的不充分理解而饱受各方的批评，这给精英俘获留下了空间。与精英对抗的策略希望通过将精英拒斥于政策制定领域之外而应对精英俘获，但这并不是挑战精英控制的有效手段；与精英合作的路径希望将精英吸纳到项目管理和工程协调当中，但是这一路径使得精英的权力、权威合法性更无法受到挑战，而以穷人为导向的发展项目和反贫困政策的结果也更加恶化。对精英俘获现象的成功应对必须是对两种方法和路径依据实际情况的灵活应用，同时还要有替代性生计和实现对穷人赋权的考虑。作者援引 Platteau 的研究后认为，新创造的参与式发展环境并不能够弥合或消除地方领导的机会主义行动，而是给这些人提供了干预和介入的动力与刺激。许多基于社区的发展项目只是成功地改造了制度的形式，但是并没有改变社区内群体成员的权力关系。地方精英能够动员、积累和投入他们已经拥有的社会、政治和经济资本以"劫持"项目。相反，要是穷人在项目中贡献了很多的时间、资源和劳动，却不能从项目中获取很多的话，他们就会被这种现状搞得十分沮丧，而不愿意进一步参与。地方精英在发展项目中扮演着十分重要的角色，这些角色形塑了发展项目的过程、执行和结果。他们可以通过参与和投身直接介入发展项目当中，同时也可以通过与其利益相关者的间接关系来施加影响。

Jean-Philippe Platteau（2004）指出，关于精英俘获的批评可以扩展到几乎所有采用社区驱动发展模式的组织。当精英俘获的问题很严重的时候，检查骗局的机制是必要的，但是光这还不够。援助机构和发展项目捐助者层面的合作－协调机制也是减少和消弭地方领导机会主义行为的重要途径。在多数外来资源集中在一小群精英群体身上的时候，大众处理精英俘获的能力以及其与精英谈判的能力都是有限的，这就导致他们接受了现存的关于资源分配的不平等的格局。每一个在精英周围的人，都从项目当中获得了利益，尽管精英获得的利益多于其他人，但这在大多数人看来也是可以理解的,因为精英是领导。精英俘获的问题在发展和捐赠机构热情冲动地推行或采纳参与式发展路径的情况下会变得越发严重。因为,他们渴望在一些最没有优势的国家缓解贫困,或者他们特别需要一些快速的可视化的结果说服他们所在的机构或支持者——新的发展方法与战略是有效的。村庄内的不平等经常与发展项目瞄准的有效性密切相关,地方精英倾向于占有转移资源中更大的份额,这在一开始就是不平等的。

  Jean-Philippe Platteau(2008)发现,同质性社区和捐助者偏好不明情况下的信息扭曲策略对精英俘获帮助很大。在面对资源与援助的不确定性时,社区会尝试隐藏自己的真实偏好与需要,当其申请发展项目与资金时,通过这种策略尽量地使得自己的申请项目与发展机构的偏好相符。因此,一个片面透露的信息就被传达出来了。社区会策略性地将自己对项目的建议与捐助者的具体要求结合起来,同时在实际使用资金的时候则按照自己的真实需要行事。异质性社区也有自己的信息扭曲策略——总体考虑。异质性社区内地方精英之间关于项目偏好的主观想法有着严重的冲突,这时候社区内就存在信息控制的问题,因为基金和援助机构为被扶贫和被剥夺群体赋权的主观想法所驱动。这些精英都力推自己的议程,毫不犹豫地利用和开放存在于乡土社区与捐助者之间的信息鸿沟以达成自己的目的。村庄精英成功地实现了自己的利益和主观意愿,同时与外部的资助机构协商发展项目。乡村社会内的传统精英会反对外来干预,因为这些干预会威胁传统精英的政治与社会地位,会打破社会等级的特权并破坏地方权力结构。两类社区差异对比的研究,让我们看到了不同类型社区与精英俘获及其使用策略之间的关系,这对我们是很有启发的。Tembo(2003)的研究也指出,人们和社区倾向于伪装他们的主观想法,并且适应非政府组织的风格、方法和语言,这样才能够有机会获得它们的支持。这正是信息扭曲的一种表现。而对于中国广大的农村来讲,通过隐藏自己的真实想法而获得政府层面的扶贫资源则是一种普遍存在的社会现象。Conning 和 Kevane(2002)认为,政治话语和控制机制的有效性依赖于社区成员之间的信息流。一个社区动员信息的能力会影响被精英俘获的机会。Abraham 和 Platteau（2004）认为，因为贫乏的信息流量，非洲社区的乡土精英经常能够为自己谋利。Platteau 等（2010）认为贪污和信息扭曲是精英俘获的两种主要形式。面对外部的资源，地方精英倾向于通过扩大援助机构与社区之间的信息鸿沟实现自己的利益。

Wang 和 Yao（2007）指出，民主倾向于给地方人民赋权，也因此会增强地方政府的责任感，草根民主的分权性质使得地方精英俘获地方政治权力变得更加容易。我们的分析并没有发现竞争性的选举可以提升村委会的责任感，或者提升村民与更高级政府之间的关系，包括财政分配和税收。研究者强调的是，分权并不一定能够克服精英俘获的问题。Liu，Wang，Yao（2001）发现，在中国村庄的背景下，崛起的商业精英被发现越来越频繁地操控地方选举。Bardhan 和 Mookherjee（2005）认为，民主并不一定能够带来更加公正的公共资源配置。这与上面的研究是一致的。其研究发现，在印度，如果公共品供给的财政缺乏合理的设计，分权会导致地方层面的精英俘获。Shyamal Chowdhury 和 Futoshi Yamauchi（2010）告诉我们，精英俘获在分权化与民主化的背景下是一个普遍令人担忧的现象。在印度尼西亚，在分权体制之前，地方基础设施是通过集权政府提供的，这种体制有提供与异质性地方偏好不相匹配的基础设施的能力。在引入了分权体制之后，有关地方基础设施的决定是由选举中的地方政府做出的。分权背景下的精英俘获与地方精英和地方权力群体俘获公共资源有关。精英俘获的可能性不只依赖一个因素，因此分权与精英俘获之间的联系并不是十分明朗。俘获取决于精英群体的大小、地方政府领导的政治责任感，还有地方公共品的财务机制。精英可能拥有更多的信息并且会利用这些信息优势为自己谋利。

Ben D'Exelle 和 Arno Riedl（2008）的研究发现，不仅仅是关于援助资源分配的信息要通过社区发展计划实现公开，同时关于谁将利用可行的多数人投票支持的惩罚机制的信息也是很重要的。

精英俘获

当选举公开进行时，回应者是不情愿使用惩罚机制的，采用排斥的策略倾向于将穷人回应者排斥出去。惩罚是基本无效的，因为它诱使富裕的村民代表俘获所有的经济资源。如果一个贫困者担当了村民代表的角色，惩罚的频率会下降，效率会提高，并且最终的分配也会变得更加平等。选举人不愿意使用惩罚机制的现状使得潜在的精英俘获现象越发严重，同时也让精英看到了大多数村民可以容忍的俘获程度。Yingnan Zhou（2011）的研究指出，因为乡镇政府并不情愿完全执行《村民委员会组织法》，地方精英——那些富有的村民和村委会领导，也可能要对法律的不规则执行负有一定责任。精英俘获理论指出精英试图控制地方机构和资源以谋取自身利益。如果精英俘获真的在中国乡村存在，那么村庄领导一定是通过不真实地报告选举过程来扭曲信息的。在中国乡村，以领导扭曲选举过程信息为形式的精英俘获是存在的。简单说就是，村庄精英通过操纵选举过程以试图控制村民委员会的事情是存在的。当地方领导给更高层的领导提供错误的选举过程信息时，信息扭曲就出现了。精英俘获理论告诉我们，在农业产值偏重的村庄，因为没有太多的资源，出现精英俘获的可能性是较低的。因此，可以设想，一个村庄的农业化程度越高，其村庄领导扭曲信息的可能性也就越低。一个村庄距离政治与行政中心的距离越近，其村庄发生信息扭曲的可能性也越低。乡镇政府官员显然是比村干部级别更高的干部，他们给精英俘获提供了更多的鼓励而不是阻止这种现象的发生。这是因为，乡镇干部主要是依靠村庄内的干部来执行中央政策，并且利用利害关系、通过村庄选举来控制村庄干部。

Jean-Philippe Platteau, Vincent Somville 和 Zaki Wahhaj（2010）指出，社区被精英控制，也由其与外部发展援助机构进行交涉。精英会选择捐助者提议的项目，因为他们知道捐助者对精英俘获有一定的容忍度，同时对农民的最优需求也没有最明确的认识。事实上，贫困者期望村庄精英来管理援助项目，并且容许精英自己的利益占支配地位以作为其服从精英领导权的一种报酬。这种心理也同样存在于笔者所调查的村民当中，在村民看来，村干部的俘获行动并不违反政治原则，反而是符合市场理性的可理解的行为。精英与大众之间的非对称权力关系使得精英关于项目的偏好遮蔽了大众关于项目选择的偏好，因此在两者偏好的分野下就产生了精英俘获的问题。对信息的更好掌握，可以降低精英俘获的风险。精英会介入咨询机制，信息鸿沟存在并阻止了捐赠者获取目标群体特定的真实信息。精英通过决策方式影响参与过程，并且选择那种向捐赠者屈服的项目，以获得捐赠者的支持，而精英的目的则是最大化自身的利益。捐赠者能够容忍的项目建议与自己心目中的项目差距越大，精英选择偏离捐赠者意图项目的可能性就越大。参与式发展很容易出现精英俘获的风险。精英与社区内大众对精英从事管理的偏好和心理要求是分不开的，而不少研究并没有强调这一点。Andrew Beath，Fotini Christia，Ruben Enikolipov（2011）的研究发现，只有在那些将咨询委员会的大规模选举和选择发展项目的咨询会议结合起来的村庄，精英才对发展项目的选择具有重要的影响。精英控制项目的选择，但是并不影响村民对其领导的正面态度，也不影响村民对经济变迁的观念。精英与大众对项目选择的不同偏好不仅反映了相关各个群体追求的利益，也反映了部分精英评估哪些项目能够带来更多利益，同时哪些项目能够更好、更成功地获得执行的信息优势。

　　Shu Y.（2009）和 Shyamal Chowdhury（2009）的研究发现，地方政府倾向于给精英群体分配与其规模不成比例的公共资源，而这是以牺牲非精英群体对公共品的占有为代价的。与从农户家中收取费用相比，村干部通过集体决策获取利益既隐蔽也更加容易。为了在选举中赢得选票，村庄社区必须保证公共资源的分配符合大多数村民的意愿，而不是少部分精英群体的意见。也就是说，政治体制管理中精英与大众地位的差异使得体制在分配资源时有意识地偏爱精英，这也是精英俘获出现的制度背景。与其观点相对的有，Petra Persson 和 Ekaterina Zhuravskaya（2010）将精英俘获的出现归因于地方缺乏民主的情况下的有利效应，这时的精英偏好比地方政府官员的偏好更能接近普通大众的偏好。其发现精英俘获是在缺乏地方责任机制的情况下提供的一个不完美的替代品。地方领导与地方精英之间的社会联系成了地方责任机制的一个非正规的替代品，尤其是在地方民主机制功能不能正常发挥或是缺失的时候。地方精英要正式或非正式地向上级领导的任命和行政部门以及省内国有企业中层领导的委派负责。因为地方领导若想在省内获得事业晋升的话就必须依赖有代表性的地方精英的支持。在省内获得职业生涯提升的省委书记被不用言明的契约所束缚，这种契约要求党委书记要回馈本省的地方精英，因为省内的一些人曾帮助这个书记晋升职位。

Olsen（1965）认为，因为一个大群体内的成员会理性地寻求他们自身利益与福利的最大化，因此他们不会提倡推动群体共同目标的实现，除非有强制因素让他们这样做。Olsen 的研究告诉我们，共同目标的实现往往是需要外部强制力量的，而群体内个体的利益与福利是存在差异性的。Matin 和 Hulme（2003）的研究指出，在城市里，经济生活被庇护关系界定，精英与非精英人物之间的信任和互惠关系被揭示出与精英俘获和腐败有关联。Hoff 和 Stiglita（2004）与 Sang 和 Yao（2007）的研究发现，集体收入越高，出现精英俘获的可能性就越大，并且也会加剧村庄选举的竞争程度（Oi and Rozelle, 2000）。这与国内学者关于派性政治的研究是不谋而合的，国内学者关于派性政治的研究发现，村庄资源或可以调动资源量的多少是影响派性出现与否的关键因素。而精英俘获必须要有一定的对象，这种对象集中地表现为物质或其他类型的资源与利益，只有足够量的资源才吸引精英的注意，最后才会发生俘获的行动。资源存量很小或是能够调动少量资源与利益的社区中同样存在精英，但是很少发生精英俘获。这是因为少量的资源与利益无法让精英行动起来，而极少量的资源与利益也意味着大众可以容忍的精英俘获的程度是很低的。S. Fritzen（2007）的研究强调，社区驱动的发展项目导致了两个后果：其一是国家发展机构大量资金进入社区；其二则是大量针对分权化发展项目管理与实施过程中出现的精英俘获的批评意见。社区驱动的发展项目尽管可以给社区内精英与非精英的出现提供更大的空间，但是精英对项目决策的控制是普遍存在的。对精英俘获现象的控制需要项目设计中的责任机制安排，例如民主选举领导机构。证据说明，村民委员会在很大程度上被精英位置的个体所控制，尤其是那些穷人在社区中所占比重非常小的社区。如果一个社区当中相当比例的穷人不参与任何项目的话，那么说明大量的资源已经被精英所俘获。

当然，从国家项目的村庄和地方实施的角度看，Ferguson 和斯科特的研究对本研究也是有着诸多启发的。Ferguson（1990）对莱索托发展项目的研究发现，从发展项目自身的内容看，这些发展项目都是失败的，但是从已有的发展项目对新确立的发展项目的形塑上看，这些项目是成功的。在莱索托的一个名为"神秘之牛"的项目中，养牛在发展工作者看来，只是一个牧业生产，而对当地人来讲则是其退休后的生活保障来源。因为这些认识的不同，发展项目就遭到了当地养殖者的反对。仅仅指出援助发展项目在实践中的失败，并不是研究者的核心，其强调的内容是：（1）发展项目的失败使得关于资源分配的政治决断变成了技术选择和技术问题；（2）综合发展项目会导致在一个封闭和稳定的地区压迫性政府的持续存在；（3）项目忽略了一个重要事实，即莱索托是南非矿山劳动力的储备库，莱索托的男性不是农民，而是矿山工人和退休工人，如果没有大量的补贴，商品化的农业生产是不可能实现的。Ferguson 的研究提醒我们注意当地的经济结构和人们的生计模式，而笔者也正是希望能够从当地人的视角出发去理解国家的扶贫资源和项目。斯科特（2004）指出，清晰性是当代国家机器的中心问题，同时现代国家机器还具有简单化的特征。在其看来，国家所倡导的公共工程和项目的失败主要在于四方面因素的综合：第一是对自然和社会的具有国家简单化特征的管理制度；第二是极端现代化的意识形态；第三是独裁主义的国家政权；第四是软弱的公民社会。正是这四个因素的结合，国家所倡导的那些旨在改善人们生活状况的项目都遭遇了失败。但是在研究中，斯科特对国家和政府给予了足够的关注，没有对社会，准确地说是地方社会和项目的受众进行足够的关注，这就导致其从国家视角看到公共项目失败的原因只是国家与社会二元对立中的一个面向。而实际上，在项目实施的过程中，公共项目从来都在遭遇着地方社会的行动与结构的抵抗，或者说是来自地方社会的解构与建构。

第三节　主要研究内容

一　研究目标

本研究试图建构乡村扶贫场域中乡村资源分配的解释框架，以更清楚地展现和理解国家扶贫政策与项目在乡村社会的实施过程。在研究中，笔者探讨了权力、社会结构、制度与资源分配之间的关系，讨论正义与效率的关系。本研究试图回答贫困生产的结构性原因，以回应结构主义视角下的中国扶贫与贫困研究。社会结构固化和阶层分化与贫困之间的关系是本书探究的一个重点问题；当然结构的视角也不仅仅是从村民的角度进行的，还会在村庄之间的关系结构及其在所在乡镇地位的结构因素展开。本研究试图刻画扶贫项目在乡村实施的一个"肖像"并延伸出嵌入乡村社会的扶贫政策与资源的过程图景。

以往大量从宏观视角展开的研究为本研究提供了诸多有益的启发和思考，本书则通过以村庄和项目过程为对象的研究，建立扶贫研究的微观路径与解释。扶贫场域内的权力、制度和社会结构等构成了一张交织的网，体现国家扶助意志和公共责任的扶贫资源要在既有的网中实现自己的目标，必然与权力、制度和结构的载体及其掌控者发生密切的联系。

二　研究内容

本研究的主要内容可以细化为以下六个方面。

第一，乡村扶贫资源分配的宏观基础与研究背景。这里主要包括两个方面的内容。其一是关于中国扶贫工作方法与瞄准机制变迁和调整的过程及其现阶段结果,其核心是展现本研究田野点的基本情况及其扶贫工作的基本样态。扶贫工作机制和瞄准机制的不断调整使得村庄在扶贫工作中的位置越发地突出,这是本书立论的基础之一。其二是乡村治理状况与扶贫工作之间千丝万缕的联系也要求本研究对乡村治理的变迁过程及其当前状况有着深入的理解。扶贫工作和项目的不断落实意味着,村庄或是村级组织将是实施扶贫项目和分配扶贫资源的重要环节,扶贫工作是嵌入乡土社会的。作为一种干预的手段,扶贫工作能否取得应有的效果,这与对扶贫目标对象和区域的了解与把握程度相关。

第二,乡村精英治理的状况及其与扶贫项目资源分配间的关系。这里主要是通过村干部的姓氏构成,以及村庄内村干部的更替情况来看,展现门户、姓氏以及社会资本等对村庄治理和村干部人选的重要影响。扶贫工作的动力问题,也就是说,扶贫工作在乡村两级得到实施和推进的基础是什么,正如已有的一些研究对压力性运行体制的解读那样,扶贫工作同样也处于压力性体制之下,但是对于村庄层面的干部而言,其所面对的压力是有可调节空间的。扶贫资源已经成为贫困地区基层干部实现发展的重要资源,因此他们都希望能够争取更多的扶贫资源。同时,扶贫资源也成为村干部树立工作权威并积累社会资本的重要资源。当然,这里的动力更加复杂,至少在我们的调查中还发现,扶贫资源的争取与地方政府的日常经费开支也有密切关系。从扶贫工作的实施状况,我们可以看到基层干部落实扶贫项目和分配扶贫资源时的一些策略或"隐藏的秘密",对这些内容的考察会让我们窥探到扶贫工作获得实施的动力,也许村干部是在情与利的双重驱动下积极从事扶贫工作的。

第三,扶贫项目实施过程中的精英俘获,田野的调查工作。这主要通过呈现调查中的精英俘获扶贫资源的案例来展现精英俘获发生的环境、条件和机制。本研究会关注多个村庄所获得的扶贫项目和扶贫资源的情况,并在村庄之间进行对比,对这个过程

精英俘获

中关键细节的呈现将是后续章节展开的基础和前提。本书并没有对具体扶贫项目实施的全过程进行考察，这是可遇而不可求的，但是对扶贫项目实施结果的考察则是较为基本的。从本书的研究预期出发，扶贫项目的结果会出现目标偏离的现象，甚至是精英俘获的现象。而在田野调查工作中，笔者确实发现存在这样的问题。

第四，扶贫场域中精英俘获出现的机制分析。主要讨论村干部和非体制精英角色变迁与精英俘获的关系；信息流动与精英俘获的关系；农村社会分化与精英俘获的关系；差序格局的权力结构与精英俘获的关系；集体行动与精英俘获的关系；扶贫项目配套资金相关规定与精英俘获的关系；精英和非精英社会关系模式与精英俘获的关系；参与式发展方法即民主参与决策的情况与精英俘获的关系。概括地讲，本研究主要是从权力、制度和社会结构的角度对精英俘获的机制进行探析和阐述。通过对与精英俘获相关的多个方面内容的展现，本研究试图为精英俘获行动建构起一个丰满而立体的解释模型。

第五，精英俘获的政治社会后果。精英俘获最直接的后果就是扶贫项目目标的偏离和资金的低效运转。而这只是结果的一个方面。精英俘获可能会带来村民对基层和上层政府的信任危机，导致政府政策及其执行的合法性与正当性缺失或受到挑战。精英俘获在扶贫场域中的出现将会带来扶贫工作内卷化的结果，也就是说，扶贫工作在精英俘获的背景下其目标被日益扭曲，更多的资源不仅没有减少贫困，反而固化了贫困再生产的社会与阶层结构。精英俘获的出现会让乡村治理结构更多地带上经济与利益理性的色彩，治理格局将会更加混乱。因为精英缺乏为公共利益行动的意志和动力，不同类型精英之间结成联盟，乡村社会内部的利益结构更加具有精英个体垄断的特征，也就形成了精英对普通群众的利益挤压和机会排斥。精英俘获也是国家干预的一种手段，若是不能实现既定的干预目标，那么国家干预就是失败的。扶贫工作是试图调和国家与农民之间关系，强化执政党合法性与正当性的一种手段，精英俘获现象的扩展和蔓延将会有悖于这些目标的实现。精英俘获在一定程度上是对国家政权建设的挑战，是国家政权建设内卷化的客观表现。

第六，克服精英俘获的可能性出路。精英俘获的出现源自多方面的原因，对这些原因的逐一分析会让我们找出对应性的方法。以村干部角色变迁为例，当前的村干部在上级政府与村民夹缝中生存的现实意味着其需要在各类项目中拓展自己的经济空间和权力空间。若是能够在制度层面改善村干部的生存空间，并设计激励机制，建立健全村民参与和监督机制，我们就可以在一定程度上降低村干部的精英俘获率。

第四节　研究方法

从本书的研究内容和研究过程看，本研究属于以村庄为个案的质性研究，也是一种社区研究的方法。该方法所面临的主要质疑是它的普遍性和代表性。而实际上，个案研究，或者说是质性研究方法，又或者说是个案研究方法，本身并不以追求个案数量的多少为目的，而是深入挖掘潜藏在看似典型和特定个案背后的学术理论价值与实际意义本身，是要通过对个案中稳固性、普遍性和一般性机制与内容的挖掘和揭示，来展现普通个案所能展现的具有相对广泛普遍性的东西，而这种东西是超越单一和小区域个案而存在的。

一　个案研究方法

本研究主要采用的是定性的研究方法，也就是质性的研究方法。不过，正如我们都知道的那样，"法无常法"，在具体的研究中，我们还需要具体地开展我们的工作。从方法论的层面上讲，我们是无法超越实证主义和人文主义两大传统的，但是在人文主义的阐释与解释中加入类似实证主义的数据结构和图表等，则是当前较为常见的。在陈向明（2000）看来，质性研究方法是一种以研究者自身作为研究工具，通过研究者与被研究者之间的深入互动，通过多种手段收集研究资料的过程，其是对社会现象的整体性探究。质的研究方法要求研究者通过与研究对象的互动以建构研究对象的行为及其意义，而这恐怕也是多数实证研究者比较担忧的。自韦伯提倡社会科学研究的价值中立命题以来，针对这个问题的讨论就没有中断过，而讨论的结果也是各有特色。价值无涉或说价值中立，至少强调了我们要秉持一个尊重研究对象的原则，同时也要求我们在研究中放弃自己的主观偏好与价值立场，能够移情和设身处地地从访谈对象的角度认识问题，能够从具体的社会环境中认识人物的语言与行动。正因为我们的访谈对象是人，所以开展互动是必要的，也是必需的，不然所获资料的真实性与目标性都无法保证。具体来讲，本书试图通过个案研究方法来展现和安排研究过程，在个案研究中使用访谈方法、文献方法、参与观察法和比较法等来收集研究资料，通过实地研究来建构自己的分析框架和理论概念。本研究从根本上说是一个个案研究，这里的个案既是村庄的个案，也是乡镇的个案，同时也是扶贫项目实施和落地的个案。

本书将精英俘获的出现和扶贫工作本身与村庄整体社会结构相关联，以此来解剖现象并发现事象的本质。到目前为止，应用社区研究方法即个案研究方法对中国社会展开的研究中，有很大一部分为村庄研究，村庄既是研究对象，也是研究场域。在社区的村庄研究中，村庄成了社会的缩影，而社会则是村庄的无限扩展。个案研究注重发现个案事件与人类行为当中的一般逻辑和机制，研究者需要通过自己的研究来告诉读者更加丰富的信息和精彩的故事，而事实上这也是可行的。正如马克思主义辩证法所强调的那样，特殊性与普遍性是辩证统一的，其共存于同一个体当中。类似地，社会科学研究对象本身也是典型性与一般性的交织和统一。对于研究者来讲，其最关键的工作是要将特殊性与一般性的内容进行剥离，要让读者看到藏匿于特殊性背后的一般性，看到特殊性与一般性之间的互动关系和结构特征。成功的个案研究是要能够呈现个别研究对象整体性和普遍性的内涵与特征的。

在追求个案本身价值和意义的村庄研究中,研究者追求形成对社会的整体性认识,强调的是村庄研究对于知识生产、积累和问题分析的意义。对于本研究而言,扶贫工作在很多村庄都是普遍存在的,而精英俘获也是扶贫工作中常见的一种现象,所以对个案村庄扶贫场域内精英俘获的研究是具有一般意义和普遍价值的。尽管在扶贫资源的具体分配方式或数量上,不同的村庄确实存在差异,但是制度、权力和社会结构对扶贫资源分配的重要影响则是普遍存在的。

以现象或问题事件为切入点,而不是就事件论事件,其重心在于通过事件发现背后的事件发生机制以及政策过程与村庄精英治理环境的变迁,以此发现研究问题当中的普遍性问题和知识。嵌入乡土社会的各种公共政策的实施是与村庄层面的观念、制度、人和物等因素深深牵连的,而个案的讨论正是想呈现这种深深的牵连。这也正是本研究选择从村庄层面进行扶贫研究的原因。关于个案研究的方法,笔者试图将过程—事件的研究方法纳入本研究当中。过程—事件的研究方法是与结构—制度的研究方法相对应的一种研究方法,两者其实是不相互排斥的。从本研究的内容来看,对扶贫项目实施过程的研究主要应用的是过程—事件的研究方法,在扶贫项目实施的过程中,研究者可以捕捉到丰富的研究信息并发现与研究主题密切相关的关键细节内容,不过要是无法获取事件的完整过程,那么该方法就难以取得应有的效果。而对扶贫项目实施结果即精英俘获出现机制的分析则需要在结构—制度的分析方法下展开。因为本书试图从精英与大众的社会结构、村民社会分化的结构、村庄权力结构、扶贫项目信息传递结构和扶贫项目的制度设置等出发来阐释扶贫场域中精英俘获出现的基础与原因。笔者的研究属于经验研究的范畴,而经验研究并没有研究方法的独特偏好和限制,因为若是努力综合结构—制度的分析方法以及过程—事件的分析方法,势必能够让本研究获得更加丰富和较有质量的成果。个案研究的方法不仅仅是一种访谈的方法，还包括有限度地"介入"村庄生活进行观察、调查等。在本田野点的调研过程中，笔者不仅进行了充分访谈，同时也有意识地倾听和观察了村民之间、村民与村干部之间和村干部之间的谈话，以移情地理解笔者所关注的一些内容。

本书的田野调查点在我国中部省份湖北省的东部边缘，这是一个山区村庄——湾村，也是国家扶贫工作重点县内的村庄。从整个乡镇所有村庄中的经济发展水平和贫困发生率的情况看，湾村属于中等偏下的一个村子。湾村所在的湾镇共有42个行政村，湾村是全镇人口最少的村子之一，全村共有416人，而笔者的田野调查就主要在这个村子。当然，为了便于进行比较分析，与湾村紧邻的河村也成为笔者的调查对象。同时，为了发现湾村在整个乡镇扶贫工作中的位置和结构，笔者也对湾村周边同属一镇的其他几个村庄进行了简单的了解。湾村属于山区村，扶贫的主要类型在这里都有体现，而这也是比较适合研究的。本研究主要以访谈法收集资料，主要是访谈村干部和村民。通过村干部，我们可以得知其所在村庄各类扶贫资源各年度的获得情况，同时也能够挖掘一些重要的信息，如其在争取扶贫资源过程中所使用的资源，其争取扶贫资源的过程与经历等；而通过对村民的访谈，我们则可以获得其对村庄内扶贫资金的知晓情况，其对扶贫资源使用情况的评价和主观感受等。同时，我们还从整个乡镇层面上，对不同村庄获得的扶贫资源数量与类型进行了分析和统计，并找负责扶贫工作的干部了解了扶贫资源差异分配的各类原因等。本研究的访谈对象有100余位，其中有乡村干部20余人，共获得访谈记录资料20余万字。除了使用湾村的访谈资料外，笔者还使用了以往田野调查中所获得的第一手资料，这些调查也都是围绕扶贫主题展开的。

二 研究与写作思路

这里的所谓研究思路，其实更多是对整个研究过程的一个概括，也是不同研究阶段的展示。本书的研究思路在于，首先梳理出关于贫困资源分配研究的脉络和既有不足，同时在结合自身实地调查发现的基础之上，引入相关研究主题。与本书最为直接的研究文献主要集中在关于扶贫资金渗漏、偏离和难以瞄准的问题上，而这些研究主要从宏观层面着手，并没有对微观机制深入分析和把握。本研究试图在冲破既有研究思路的基础上，对扶贫资源配置中的更多微观细节和机制进行呈现。本书要强调的是，国家政策从中央到地方，直至乡村社会，要经历多次"转变"，尤其是在政策与地方社会相对接的时候，挖掘和分析出这里的"转变"及其实践就显得较有意义和价值。不少研究者关注政策"最后一公里"的事情，本研究也对扶贫资源在村庄与村民层面分配的"最后一公里"进行了阐释与探讨，将政策实践的部分"黑箱"呈现给大家。

全书的研究写作思路在于：首先是对新中国成立以来中国扶贫工作的回顾，这是本研究的前提和历史基础，同时对以村庄为基础的扶贫工作进行重新审视。不能厘清这些内容，就无法展开本主题的研究。这些内容主要体现在第二章中。其次，本研究介绍了田野调查点所在县和乡镇的扶贫状况，尤其是介绍了所调查村庄湾村的各方面情况，这就是本书第三章的内容。再次，本书从村庄和村民两个方面呈现了扶贫资源分配中的精英俘获现象，即本书第四章的内容，没有该现象作为客观事实，本研究就成了"无源之水和无本之木"，因此该部分也非常关键。从第五章开始，就是本书的核心论述部分了。第五章主要从制度、权力和社会结构三个方面对精英俘获的产生机制进行了分析。在第六章我们分析了精英俘获现象所产生的后果，这是完成对精英俘获认知和研究的必要内容。在第七章，我们将精英俘获放置在国家—社会的分析框架中进行一些理论层面的认识，从而获得对精英俘获现象的更加普遍性和稳定性的认识。最后，在第八章，我们对研究主题进行了总结，同时也对相关的几个问题进行了新的或延展性的讨论。

第二章 "雨顺民意":贫困治理伊始及其战略纵深

在正式论述本书的田野调查内容之前,我们非常有必要对国家扶贫战略的确立及其变革过程进行一个系统和全面的再认识,这是我们展开下面研究和分析的前提与基础。中国贫困治理工作的开始,应该是始于新中国成立之初。从解决温饱问题等绝对贫困的角度看,新中国的相关工作是能够被视为贫困治理的,尽管这个时候并没有提出明确的贫困治理目标,也没有专门的扶贫工作机构。但对于中国共产党和中国政府来说,其革命的成功也就是要给广大贫困者改变贫困状况的机会并兑现其为中国劳苦大众创造美好生活的承诺。所以,贫困治理是中国执政党兑现承诺并履行其政府责任的主战场。从广大贫困者的角度来说,分田地和合作化等都是体现国家尽快解决农民温饱的重要举措,这在多数农民看来,也是对民意的一种顺应,各种政策像及时雨一样,让大家在新中国成立初期充满了与贫困战斗的精神和力量。以"雨"来象征国家的扶贫资源,尽管不是很贴切,却有丰富的内容,而且从历史上看,雨或者水对于中国这样的农业社会曾产生着异常重要的影响,就是在当今时代,也代表着广大农民或社会边缘群体对国家保护与关照的期待。

第一节 一段被边缘的贫困治理史

在笔者所看到的大多数关于中国贫困治理历史或是贫困治理

政策变迁的研究中,新中国成立一直到改革开放前,这段历史对于中国贫困治理的潜在价值和意义较多地被研究者所忽视。尽管李小云、李周和唐丽霞(2005)等人的研究一直在强调新中国成立初期到改革开放前这段历史对后期中国扶贫治理的重要意义,但是从整体上看,对这段历史所具有的贫困治理意义的重视、研究还不够,认识也不够。不少研究者对这段扶贫治理历史,或是象征性地提及,或是一笔带过。如于远亮(2006)在自己的硕士学位论文当中,根本就没有提及新中国成立后到改革开放之前这段历史进程和中国相关工作对于扶贫和贫困人口脱贫的价值和意义。社会变迁的承继性,或者说政策演变的历史连续性都意味着,我们不能简单地割裂历史,更不能有取舍和偏好地选择历史阶段来展开关于中国扶贫政策的研究。

一 新中国成立后到改革开放前:贫困治理的重要探索

我们认为,历史进程的不同阶段从来都是紧密联系在一起的,而这种联系是不能被轻易割裂的。就如同本研究将要讨论的中国贫困治理问题一样,新中国成立初到改革开放之前的一段历史,其实对后面几个阶段出台针对性的扶贫政策和战略是非常有帮助的。从1949年到1977年,尽管在国家层面没有出台专门的扶贫政策和措施,但是以土地改革为核心的经济政策,极大地改变了农村农民的极端贫困状态,而这一措施至少在很大程度上减少了极端贫困人口的存在。"在中华人民共和国的反贫困历程中,1957到1986年是一个极其关键的阶段。这不仅仅是因为在这一历史时期,中国的扶贫工作取得了比较明显的成效,更重要的是因为中国的扶贫工作经过三十多年的努力,跨越了由实践探索到理论总结的崭新阶段。"(国风、魏晓东、董锁成,2003)不过,仍有较多的研究者没有对这一段历史投入足够的研究精力。祁亚辉(2003)也是以改革开放为起点论述中国扶贫工作的阶段变革的。王晓丽(2008)认为,中国的扶贫开发工作是从1978年开始的,作为针对扶贫开发工作进行的讨论,这个界定并没有什么问题。但是不提及之前历史阶段相关工作对新时期扶贫的铺垫和基础作用是不合适的，这也是对历史认知的缺失。正如白皮书所言，"新中国成立以来，一直致力于发展生产、消除贫困的工作，但是真正严格意义上的扶贫工作，是从改革开放以后提出并逐步明确的"（国务院新闻办公室，2001）。而这段扶贫工作的探索是十分关键的，"这个阶段的贫困问题不仅仅是局部面临的问题，而是整个中国面临的主要经济问题"（国风、魏晓东、董锁成，2003）。"在20世纪的二三十年代，毛泽东在从事革命活动时，做了大量的农村社会调查，写出了如《兴国长冈乡调查》、《寻乌调查》等重要篇章，对中国的农村社会和中国的农民状况有着最为透彻的分析，农民的翻身做主人、农民的富裕，始终是毛泽东思考的问题。"（施由明、刘清荣，2007）而在这个过程中，通过对列宁合作社理论的思考，毛泽东也提出了合作社是："人民由穷苦变富裕的必由之路"（毛泽东，1991）。"全国大多数农民，为了摆脱贫困，改善生活，为了抵御灾荒，只有联合起来，向社会主义大道前进，才能达到目的。"（毛泽东，1991）接着，在1955年，毛泽东在《关于农业合作化问题》中提出了"共同富裕"的概念，并设想了共同富裕的路径："在逐步地实现社会主义工业化和逐步地实现对于手工业、对于资本主义工商业的社会主义改造，即实行合作化，在农村中消灭富农经济制度和个体经济制度，使全体农村人民共同富裕起来。"（中华人民共和国国家农业委员会办公厅，1981）其实，农业合作化运动和人民公社体制本身是包含着扶贫和脱贫目的与思想的，只是并没有明确提出而已。

二 新中国成立后到改革开放前：贫困治理的实践与尝试

正如研究者所认为的那样，"从毛泽东到邓小平，提出了共同富裕的理论，为扶贫开发理论的明确提出奠定了基础"（施由明、刘清荣，2007）。尽管计划经济时期，中国政府并没有提出明确的扶贫开发理论和相应的工作，但是其提出了共同富裕的发展目标。从这个目标看，毛泽东当时一系列与共同富裕有关的观点，是符

第二章 "雨顺民意": 贫困治理伊始及其战略纵深

合当时的社会现实的，同时也是遵循了历史唯物主义和辩证主义的马克思主义思想的。在20世纪50年代初，一些省就开始了现代意义上的扶贫行动，这个行动主要是解决农村的春耕生产困难问题（杨秋宝，1999）。到60年代，国家有关部门就依据《加强农村社会保障工作、帮助贫下中农克服困难的报告》精神，提出要使贫困农户和生产大队与小队"依靠集体经济，通过生产自救，逐步走上与其他社员共同富裕的道路"。到70年代后期，"国家民政部门则委派多个工作组奔赴十几个省、区调查了解农村困难户和各地的扶贫情况，并对全国扶贫工作进行了安排"（杨秋宝，1999）。从此以后，中国扶贫工作即将进入正式的轨道。不管如何，新中国成立后到改革开放前的这段历史为中国后期的扶贫开发和贫困人口脱贫工作奠定了多方面的基础：经济方面、政治方面和理论方面。

当然，对于1949年到1978年的这段历史，一些研究者还是给予了其在中国扶贫工作中应有的地位。"客观地说，从新中国成立到改革开放前的30年间，虽然农村扶贫工作进展缓慢，没有从根本上改变农村和农民的贫困状况，但中国共产党领导全国人民为解放和发展农村生产力做出了不懈努力，我国的农业生产力和绝大多数农村人口的生活水平都有了明显提高，为后来农村改革、发展和扶贫工作提供了良好的基础。"（朱小玲、陈俊，2012）而这段历史，也被朱小玲和陈俊称为小规模救济的扶贫工作阶段。除此以外，在张磊、田小红、李小云等人的相关研究中，改革开放之前的扶贫工作也被给予了关注，这种关注搭建起了我们系统理解中国扶贫工作开展的平台和认知背景。

1949年到1978年，中国政府及其职能部门并没有明确的扶贫工作概念，也没有与此相应的扶贫工作机构和机制，但是从客观意义上讲，该阶段的相关工作同样具有扶贫的意义和效果。简单地说，中央对农民致富道路的设计就是"从平均地权到土地改革到农业合作化和人民公社"（田小红，2009）。新中国成立之后实施的平均分配土地的政策在很大程度上解决了农民极端贫困的问题，也基本上消除了明显的贫富差距。农民因为占有了生产资料，具有很高的生产热情，逐步摆脱了极端贫困的生活状态。在新中国的计划经济体制下，确定了城市优先发展重工业的战略，在农村实行土地改革，并通过组建合作社和人民公社等将主要农业生产资料转变为集体所有，同时农产品的指令性低价收购和平均分配等制度并存，积累资本用于国家的工业化建设。优先发展工业化的战略具有特殊的时代与政治背景，这其中建立的"剪刀差"成为扶贫研究者批评国家发展政策对农民不公的重要依据。但是从整个国家建设和发展的角度看的话，这样的发展战略可能也是客观的选择。农民与农村为国家建设和发展做出了重大贡献，这一点是不容抹杀的。而这也构成了中国扶贫工作关注农村、反哺农村的主要依据和历史基础。以集体生产形式展开的农业生产，至少扼制了极端贫困人口的出现。同时，在计划经济体制下，农村内丧失劳动能力的极端贫困人口获得了政府和社会的救济。

三 新中国成立后到改革开放前：贫困治理的基础举措

新中国在农村的诸多其他政策还是让农民生活和农业生产情况有了很大的改善，而这些则在本质上具有扶贫的功能和价值，其为后期专门性扶贫工作的开展奠定了良好的基础。在确立了农村生产资料公有制的同时，国家还在农村生产力发展方面采取了一些有效措施和政策，主要包括：（1）大规模的基础设施建设，主要是道路和水利、电力设施建设。笔者的田野工作点湾村，共有11口堰塘和1座水坝，这些水利设施都是集中在1957年到1969年建成的；全村300多亩的耕地，绝大部分也是那个时候进行坡地造田完成的。（2）建立农业技术推广服务网络系统，农机、农技、种子等方面的推广工作对农业生产发展发挥了巨大作用。这个时期建立的农业技术推广体系，为改革开放后中国农村生产力的大幅度提升提供了基础。而通过对湾村村民使用化肥和农药情况的调查，笔者发现，在人民公社时期，农村已经使用了化肥和农药，但是因为数量短缺，其对粮食增产的效果并不明显，而在改革开

第二章 "雨顺民意":贫困治理伊始及其战略纵深

放后,农民耕种土地时的化肥使用量从每亩不足 20 斤,增加到 20 世纪 90 年代的每亩 100 斤以上。①(3)建立全国性的农村合作信用体系,解决农村资金匮乏的问题。(4)推进农村基础教育和农村基本医疗卫生事业快速发展。农村教育大大增加了农民的人力资本,而医疗卫生制度的发展则可以保证农民的健康体魄,也在一定程度上减少了因病返贫情况的发生。对于那个时期的教育,湾村很多年龄在 60 岁以上的人还有印象。"各个村子都有自己的小学,老师虽然不多,但是基本上主要的课程都进行学习;那个时候的医疗基本上都是免费的,要是收钱的话,也是收一点点钱。那个时候,湾村医疗室共有一个中医、一个西医和三个挖中草药的,还有一个抓药的。那个时候,医疗室,在我们这个地方是做了贡献的,至少是为消除天花、霍乱、痢疾等传染性疾病的蔓延做出了贡献。"② 我们不难想象,要是没有那个时期的教育和医疗制度,我们当代的乡村发展恐怕要面对更加严峻的扶贫形势。(5)农村社会基本保障体系的初步设立,其核心是社区五保制度和农村特困人口救济制度。而这些制度也一直延续了下来,最终确立了其在中国扶贫工作中的位置。(6)通过政治和经济体制大大缩小了不同阶层之间的贫富差距,这缓解了相对贫困的问题。尽管有人会说,在改革开放之前,整个农村人口的生活水平都是比较低的,但是这个时期并没有出现大面积的极端和绝对贫困,而这对于扶贫来说,已经算是非常突出的成绩了。

政府与政策层面的上述努力促进了中国农业生产力的发展,农村人口素质的提高和农村人口福利水平的提升,带来了中国历史上第一次大规模的贫困缓解。但是,由于计划经济体制的历史局限性以及一些国家发展战略的不足,国民经济和各项社会事业的快速进步和现代工业体系的基本建成并没有能够同步提高广大居民尤其是农民的生活水平。

---

① 化肥使用数量的情况,来源于对湾村多个农户不同时期化肥使用量的统计。
② 该内容来自对湾村赤脚医生张某的访谈。

第二节 改革开放以来的贫困治理

一 1978—1985年：改革开放后经济增长与大规模贫困治理

"中国共产党深刻认识到贫穷不是社会主义，如果不能让全国人民特别是广大农民脱贫致富，就极有可能失去人心进而失天下。"（朱小玲、陈俊，2012）正是基于这种认识，邓小平（1993）指出："农村人口占我国人口的百分之八十，农村不稳定，整个政治局势就不稳定，农民没有摆脱贫困，就是我国没有摆脱贫困。"正是对农村和农民工作的高度重视，改革开放之后，中国扶贫治理工作就很快有了制度保障。1978年以后，中国政府启动经济体制改革工作，计划经济体制转向市场经济体制。一系列的制度变革使得中国逐步步入市场经济行列，中国经济也开始进入全球市场经济当中，其中以土地制度改革为核心的农村经营方式的改变，极大地调动了农民生产的积极性并推动了农村经济的发展，故而该阶段展现了独特而显著的扶贫效果。当然，扶贫效果的取得不是单独靠土地制度的改革就能够获得巨大成效的。农村经济制度的改革是与其他制度配合在一起才发挥出了巨大的作用。

1978年年底，按照当时国家贫困衡量标准统计，国内农村贫困人口超过了2.5亿，占同期农村总人口的31%左右。从当时的具体情况来看，很多因素导致农村贫困的发生。但人民公社制度等体制性因素以及国家优先发展重工业和城市的发展战略是制约农业发展和农村生产力提高的主要原因，这是一种不均衡发展战略所导致的结果。因此，改革农村制度以刺激农村经济增长成为改变中国农村贫困状况的最重要途径。具体地讲，这样的一些改革措施和内容主要包含以下几个方面。

（1）推行家庭联产承包责任制。农村土地制度改革将土地经营权承包到户，使农民享有自主的土地经营权和一定程度的农产品自主处理权，充分调动了农民的生产积极性，解放和发展了农村生产力。"从粮食总产量上看，1978 年为 30480 万吨，1980 年为 32050 万吨，1982 年为 35450 万吨，1985 年为 37910 万吨。"（程丹峰，2000）到 1985 年，中国的粮食总产量达到了历史的最高水平。"1979 至 1983 年间，我国农业总产值平均每年增长 7.9%，1984 年增长 14.5%，远远超过了 1953 至 1978 年的 26 年间平均年增长速度。"（中共中央文献研究室，1986）这说明制度改革释放了巨大的增长效应，而农民也在这种制度效应中获得了生活水平的快速提升。

（2）以市场为导向的农业生产品交易和消费市场的改革。为了使广大农民更好地发展生产和改善生活，计划经济时期的农产品价格已经被大大超越。中国政府大幅度提高了农产品收购价格，初步改变了农产品与工业品不合理交换的状况，优化了农业交易条件。"1979 年，国家提高了 18 类农副产品的收购价格，而农业生产资料的价格却下调了 10%—15%，当年工农业商品综合比价指数下降到了 82%，农民收入比上年增长 19.4%。1979 至 1981 年，价格因素在农民收入增长总额中的比重分别达到 4.1%，18.1%，18.8%。"（林乘东，1999）到 1984 年，全国农副产品收购价格总水平比 1978 年提高了 53.6%，工农剪刀差缩小了 29.9%（张岩松，2004）。正是对农产品价格的不断提升，及工农产品剪刀差的不断缩小，农民的收入开始有了明显增加，扶贫效果也就正式显现。与此同时，农民劳动力的赡养系数也开始不断下降。"农村平均每个劳动力负担的人口在 1978 年为 2.53 人，1980 年为 2.26 人，1983 年为 1.91 人，1984 年为 1.87 人，1985 年为 1.74 人。"（林乘东，1999）农民收入的不断增加，加上赡养系数的不断降低，农民脱贫也就是自然而然的结果了。

（3）与农民在农业领域收入不断增长相呼应的是，农民开始从农业以外获得更多的收入，这些收入大部分来自乡镇企业中的工作。乡镇企业异军突起打破了农村单一的投资和就业格局，推进了农村经济结构优化调整，富余劳动力向非农产业转移，中国农业开始进入现代化和市场化的进程。中国乡镇企业的诞生与发展，可以说是中国乡村领域的一个发展奇迹，其对扶贫治理的意义也是十分巨大的。

（4）对于乡镇企业而言，农民的就业是不需要离土的，同时也不需要进行人口流动。但是在广大的中西部地区，其地方范围内的乡镇企业发展状况并不理想。农民若想获得非农业收入，可能就要进行劳动力转移和流动。改革开放之后，我国逐步确立了有利于农村剩余劳动力转移的人口流动与管理政策。从改革开放初期将农村流入城市的人员称为"盲流"到后来的合同工与计划工，最后到现在的农民工，可以看到人口管理与户籍政策对农村剩余劳动力的外出流动是逐步鼓励的。农村经济体制改革使得国民经济迅速发展的同时，农产品价格得到提升，农业附加值实现产业转化，农村劳动力实现外出流动并在非农产业就业。这些改革内容使得经济增长收益覆盖到了多数农村人口，提升了农民的收入水平。

以上相关内容，也都是制度改革效应对于扶贫治理的效果。除此以外，这个时期，中国开始了真正意义上具有明确指向的贫困治理活动。一是"1980年国家财政设立了'支援经济不发达地区发展资金'，该资金专门用于支持老少边穷地区发展"（朱小玲、陈俊，2012）。该专项资金规模逐年增大并在后来成为中国财政扶贫资金的一条主要渠道。二是1982年，中国政府决定对特别贫困的"三西"地区实施扶贫开发建设计划，由中央财政专项拨款，重点支持"三西"地区农业基础设施等方面的建设。该工作的实施开启了中国区域扶贫和开发扶贫的先河。三是1984年，中共中央、国务院发布了《关于帮助贫困地区尽快改变面貌的通知》，针对当时贫困人口分布的地域状况，提出了集中力量解决18个连片地区的贫困问题。《通知》要求各级政府高度重视贫困问题，并采取切实可行的措施加以解决。四是加大对贫困地区的实物支持力度。中央政府决定实施"以工代赈"政策，用粮棉和工业品支持贫困地区开展以农田水利为主的基础设施建设，所需资金由财政部和国有银行共同负担。

从1978年12月十一届三中全会第一次明确指出中国存在较大规模贫困人口开始，到1984年9月中共中央、国务院发出《关于帮助贫困地区尽快改变面貌的通知》，中国才真正意义上把贫困治理列为国家任务，而关于扶贫对于政治发展和社会稳定的意义，从新中国成立以来一直没有变过，甚至其地位还有所上升。这一阶段，依赖农村经济体制改革、市场经济的建立及国家制定的各项反贫困政策和开展的相关活动，中国农村贫困人口大幅度减少，贫困地区经济情况也得到一定程度的改善。国家以制度变革为依托，通过各方面的努力使得中国的扶贫工作迎来了高潮，农民也从中得到实惠。农民人均纯收入由1979年的160.7元增加到1985年的397.6元，上涨了近1.5倍（程丹峰，2000）。扣除通货膨胀的因素，农民收入实际增长了87.23%，年均增长率为11.02%。同时，中国农村贫困人口平均每年减少1786万人，没有解决温饱的贫困人口从1978年的2.5亿减少到1985年的1.25亿，占农村人口的比例由1978年的30%左右下降到1985年的15%（国务院新闻办公室，2001）。应该说，这个阶段的扶贫工作取得了非常突出的成绩。该时期，贫困治理的单位是一种整体与局部并行的情况，所谓的整体就是各个省、自治区等都有扶贫工作和贫困治理行动，同时在国家的层面上还有一些重点的区域，如"三西"地区和18个集中连片贫困区以及边疆和少数民族地区等。

二　1986—2000年：高速经济增长与政府主导型开发式扶贫

随着经济改革的不断深化，从20世纪80年代中期开始，体制改革扶贫的边际效益就逐渐下降了。在中西部区位条件恶劣的地区，农村经济增长和农民生活状况改善都基本停滞，与前一阶段相比，此阶段农民实际人均收入年增长率大幅下降，仅达到3.6%。中西部和东部沿海地区农民的收入差距逐渐扩大，农村内部收入不平等程度也在不断加剧，各种衡量收入差距的指数都呈不断扩大的趋势（韩广富，2005；汪三贵，2007）。区域集中性的贫困显得更加突出，贫困的原因也变得更加多样和复杂，在庞大的贫困人口中，易于脱贫的早就摆脱贫困了，部分还开始了小康生活；而遗留的贫困人口脱贫难度很大，单纯的经济增长已经很难达到大幅度扶贫的效果了，经济增长的扶贫效应日趋萎缩。在1985年的中国共产党全国代表大会上，与会人员共同提出要"十分重视少数民族地区的经济和文化建设，同时采取有力的措施，积极扶持老革命根据地、边疆地区和其他贫困地区改变落后面貌"（中共中央文献研究室，1986）。该阶段的扶贫工作是将"扶贫与开发结合起来，即把解决农村贫困人口的温饱问题与对农村贫困地区进行全面开发有机地结合起来"（韩广富，2005）。该阶段扶贫工作的主要措施如下。

（1）成立扶贫专职机构。该阶段扶贫工作的重要标志和转折点是专门扶贫机构的成立。中国扶贫机构是政府管理机构的延伸，贫困治理要求多部门共同参与，这也是扶贫工作成为国家重要任务的体现。中国扶贫工作的最高领导机构是国务院扶贫开发领导小组，于1986年5月成立，一般由国务院副总理任组长，其成员包括国务院下属有关部门的负责领导。其基本任务是：组织调查研究；拟订贫困地区扶贫开发的方针、政策和规划；协调解决开发建设中的重要问题；督促、检查和总结交流经验。国务院扶贫办为国务院扶贫开发领导小组的日常工作机构，负责主持具体工作。与此呼应，省（自治区、直辖市）和地（市）、县政府也成立了相应机构，负责当地的扶贫开发工作。从扶贫机构的规格看，扶贫工作至少是上升到了国家战略的层次并建立了完善的从中央到地方的行政系统。

（2）确立开发式扶贫战略与方针。在该阶段，中国政府提出开发式扶贫的战略规划。开发式扶贫即在国家的必要支持下，利用贫困地区的自然资源，进行开发性生产建设，逐步形成贫困地区和贫困户的自我积累与发展能力，主要依靠自身力量解决温饱、脱贫致富。开发式扶贫强调贫困地区农民自力更生与国家、社会扶持相结合，在开发当地资源、发展经济的同时，增强贫困地区自我积累和发展的能力，改善其生产条件。确定该战略的出发点有三：第一，经济增长在一定时期内很难带动老少边穷等贫困地区脱贫和发展，专门扶持才能取得效果。第二，重点贫困地区都呈现集中连片的地理特征，该特征是经济社会的区域发展不平衡和滞后造成的。扶贫开发正是对这种不平衡和滞后发展状况的一种干预，只有这种积极的干预和扶持才能改变社会经济的落后面貌，才能有效解决贫困问题。第三，以往的扶贫工作主要采用的是救济式扶贫，该方法虽可缓解贫困状况，但无法充分发展贫困地区及其区域内个体的抗风险和脱贫能力、自我发展能力。与此同时，还很可能诱发贫困群体对外界支持的依赖性，最终可能会出现扶贫造就"懒汉"的结果。因此，开发式扶贫就是要将经济开发和能力开发作为扶贫工作的重要内容。

（3）确定贫困标准和扶贫重点区域。1986年以来，中国政府不断规范扶贫方式，到1994年为止，主要进展为：第一，确定贫困线。该贫困线标准是在1986年由政府有关部门抽取6.7万户农村居民家庭消费样本并进行其家庭收入开支等各方面调查的基础上制定的。贫困标准的制定使得中国扶贫工作的科学化水平不断提高，同时为开发式扶贫的对象瞄准和效果评估提供了依据与方向，中国扶贫工作也有了明确的与世界扶贫对话的基础。第二，该阶段确定了重点扶贫区域，即扶贫工作重点县。1986年，中央政府首次将县作为一个基本瞄准与贫困工作单元，并筛选出国家重点扶持的贫困县名单，这些县共有331个。当时选定贫困县的标准是："1985年人均纯收入低于150元的特困县；1985年人均纯收入低于200元的少数民族自治县和位于一般的老革命根据地的县；1985年人均纯收入低于300元的在国内外具有重大影响的老革命根据地县；1984至1986年人均纯收入低于300元的牧区县（旗）和低于200元的半牧区县（旗）。"（林乘东，1999）在这之后，一系列有针对性的政策措施得到制定和实施，从当时的考虑看，中央政府是希望能够在集中扶持贫困县脱贫的基础上，使这些县充分发挥脱贫的带动作用。从选定重点扶贫工作县的举措看，国家贫困治理的单位进行了进一步的沉降，减贫工作的针对性更加显著。当然，从扶贫工作所带有的国家主导的特征看，国家权力也随着扶贫单位的沉降而日益深入基层社会。

（4）继续执行"支援不发达地区发展资金""以工代赈""三西扶贫"等资金投入政策，实施信贷扶贫政策。这方面的内容与上一阶段的扶贫工作是紧密延续的，这也说明了"支援不发达地区发展资金"等扶贫政策和措施发挥了较好的扶贫作用，而本阶段则是要进一步加大实施力度。在看到一些发展中国家小额信贷对扶贫发展效果后，中国的扶贫工作也将信贷资金扶贫作为重要工具。在推动农村经济结构调整和农村企业发展方面，信贷资金发挥了非常显著的作用。为了让有限的扶贫资金切实发挥效果，中央扶贫部门提出"解决贫困地区的问题要突出重点，要集中力量解决十几个连片贫困地区的问题，改变了以往单纯由财政拨款、资金无偿使用的方式，转向财政拨款和银行信贷相结合、有偿使用与无偿使用相结合的方式"（韩广富，2005）。这也使得扶贫资源从全面覆盖和无条件使用的状态，变成有限有偿竞争使用的状态。

1986年中国出现有组织的扶贫开发活动，但扶贫开发工作的关键点在八七扶贫攻坚计划期。在该时期，出台了两个指导扶贫工作的纲领性文件，即1994年的《国家八七扶贫攻坚计划》和1996年的《关于尽快解决农村贫困人口温饱问题的决定》。两个文件的颁布实施，标志着中国农村反贫困行动的规范化道路已经开始，同时也标志着扶贫制度化体系的基本完成。

1.《国家八七扶贫攻坚计划》

《国家八七扶贫攻坚计划》明确提出要集中人力、物力、财力，动员社会各界力量，力争用7年左右的时间，到2000年年底基本解决当时全国农村8000万贫困人口的温饱问题。该计划的主要扶贫措施包括：（1）确定了592个国家级贫困县，扶持的贫困县数量约占全国县级单位的27%；中央的扶贫资源主要用于这些国家级贫困县。全国348个少数民族地区县和非民族地区少数民族自治县中有257个被列为国家级贫困县。（2）明确提出扶贫工作省长（自治区主席）负责制，地方政府领导对该工作负总责。（3）提出东西对口扶贫,要求北京、天津、上海等大城市,广东、江苏、浙江、山东、辽宁、福建等沿海较为发达的省份都要对口帮助西部的一两个贫困省区或是贫困省区的地(市)发展经济。(4)明确各部门的责任,对所有与扶贫有关的部门提出了明确的扶贫工作任务和责任。(5)扩大和强化了部门定点扶贫,要求中央和地方党政机关及有条件的企事业单位,都积极与贫困县定点挂钩扶贫,一定几年不变,不脱贫不脱钩。(6)承诺随着财力的增长而增加扶贫资金投入。(7)调整资金分配结构,集中用于西部省(区)的扶贫和脱贫工作。(8)税收优惠,对国家确定的老少边穷地区新办的企业予以税收优惠或返还。(9)鼓励国际和民间机构参与中国的扶贫开发。

《国家八七扶贫攻坚计划》是中国第一个扶贫领域的纲领性文件,其为中国扶贫工作提供了政策依据与合法性基础。为了确保该计划目标能够顺利实现,在后续的几年内中央部门多次召开了扶贫开发工作会议,会议强调坚持开发式扶贫的方针,并且进一步完善了逐年增加扶贫财政投入、鼓励社会参与、加强地区间协作、支持自愿移民、扩大国际组织间的合作等各项扶贫开发措施。对社会扶贫的重视也是中国扶贫工作的特色,江泽民在2001年5月的中央扶贫开发工作会议上的讲话中指出:"要继续动员全社会为扶贫开发共同努力。发挥社会主义制度能够集中力量办大事的政治优势,把全社会各方面力量组织起来,形成强大合力,帮助贫困地区加快发展,这也是这些年来,我们在扶贫开发实践中坚持贯彻的一条重要经验。"(江泽民,2006)从政府主导贫困治理到政府动员社会各界力量参与贫困治理工作,我们发现,政府在贫困治理中的主体地位并没有减弱,但是贫困治理的整体力量获得了加强。从贫困治理主体构成的变迁过程,我们能够看到贫困治理中的多中心治理格局的存在,也能够看到国家与社会力量在贫困治理中的合力。

2.《关于尽快解决农村贫困人口温饱问题的决定》

1996年9月中央召开扶贫开发工作会议后,中共中央、国务院出台了《关于尽快解决农村贫困人口温饱问题的决定》。该决定继续加大政府扶贫工作的支持力度,以保证到2000年能够顺利完成扶贫计划。其核心内容见表2-1。

表2-1 1996年中央扶贫开发工作会议的主要内容

	核 心 内 容
1	确立农村扶贫的省级负责制,制定了资金、权力、任务、责任"四到省"的制度;扶贫工作不力的官员,就地免职
2	大幅度增加了扶贫投资
3	确定了十对"对口帮扶"的省、自治区、直辖市,要求沿海的省、市用多种形式扶持西部的十个贫困省、自治区
4	要求东部三个直辖市和六个经济发达省主要用其自身的资源来解决当地的贫困问题
5	推广小额信贷项目
6	强调扶贫到户
7	开始重视特殊群体(如残疾人、妇女)的贫困问题
8	加强扶贫监测,建立中国农村贫困监测领导小组,指定国家统计局负责对592个贫困县的经济和社会发展以及扶贫投资情况进行跟踪监测,并发布贫困监测年度报告

注:表中内容来源于会议公开的资料。

表2-1的第1项内容表明国家治理贫困的决心和力度已经到了前所未有的高度。当然,在这个过程中,我们也能够看到国家对地方政府的授权,这种地方权力的扩大也伴随着国家权力监督的出现。而这种监督最直接的体现就是对扶贫监测的加强,中国年度扶贫监测报告开始出现。表2-1的第3、4项内容告诉我们,在国家的意志里,扶贫不仅仅需求国家力量的投入,同时也需要区域之间的帮助和协调。同时,扶贫也被视为统筹区域和城乡发展的一种战略,其本质上是实现中国社会经济发展成果为大家所共享的一种举措。当然,在扶贫中也有明显的区别对待,发达省市的扶贫工作没有国家财政的投入,而多数省份的扶贫资金需要国家财政的投入。这种有区分的扶贫资源供给,其实是应该贯彻到基层的,但基层并没有严格执行这种区别的扶贫资源分配政策。

明确而有针对性的特殊扶贫措施有力地推动了全国扶贫开发工作的展开，加快了扶贫攻坚的进程。1997年、1998年两年解决温饱问题的贫困人口数均达800万。1994年至2000年，中央政府累计投入财政扶贫资金1127亿元，是1986年到1993年投入资金的3倍。扶贫资金的投入，重点支持了贫困地区的基础设施、农业生产和农村经济的改善。

为了确保扶贫攻坚的胜利，1999年6月，中共中央、国务院再次召开中央扶贫开发工作会议，对扶贫开发工作进行再动员、再部署。会议出台了《关于进一步加强扶贫开发工作的决定》，强调扶贫开发要坚持成功经验，以贫困村为单位，以贫困户为对象，村级扶贫工作规划成为工作手段；扶贫工作要改善基本生产生活条件和发展种养业，坚持多渠道增加投入，坚持动员和组织社会各界参与扶贫开发。政府主导、有组织和计划的开发式扶贫在一定程度上缓解了经济增长扶贫效应不足的问题，使得农村贫困人口继续减少。到了2000年，经过7年的努力，基本实现了解决贫困人口温饱问题的目标，农村贫困人口从1993年的8000万进一步减少到2000年的3200万，农村贫困发生率下降到3%左右（国家统计局农村社会经济调查司，2006）。在这段时间里，"我国政府重新划定了贫困县的标准和范围，确定了592个国家级贫困县。其标准为：新列入的县1992年人均纯收入低于400元；1986年已经列为国家级贫困县的县，只要1992年人均纯收入不超过700元，就仍保留资格"（康晓光，1995）。国家级贫困县的动态变动使得扶贫资源的分配和使用更具合理性与科学性，但是随着扶贫资源投入的增加，一些贫困县"脱贫而不摘帽"的现象出现了。

三 2001年至今：开发式扶贫与惠农政策并举的贫困治理

进入21世纪以来，贫困人口进一步减少，中国农村贫困人群特征也有较大变化。一是农村贫困群体分布更加分散，易于脱贫的人口已经脱贫。不过，"我国农村贫困人口的减贫速度明显趋于缓慢，贫困人口数量在 3000 万左右徘徊。农村贫困问题也发生了从区域性贫困到阶层性贫困的变化"（朱小玲、陈俊，2012）。2002 年新确定的 592 个国家扶贫重点县的农村贫困人口仅覆盖了全国农村贫困人口的 62% 和低收入人口的 52%。二是部分极端贫困者贫困性质变化。据民政部救灾救济司提供的材料，截至 2002 年年底，全国农村社会救济对象共计 2288.6 万人，这些人口多为农村极端贫困人口（民政部救灾司，2003）。这说明，目前中国农村极端贫困人口中的多数是缺乏正常劳动能力的人群。三是脱贫群体的脆弱性。据国家贫困监测结果，农村低收入农户的收入波动很大，贫困地区的低收入人口每年的返贫率在 30% 左右。统计数据也表明，2003 年新增返贫人口占当年贫困人口的 53.3%（鲜祖德，2004）。在贫困线附近徘徊的农户处于贫困边缘，尽管一些年份越过了贫困线，但是一旦遭受不利因素的影响，就极有可能陷入贫困之中，形成脱贫与返贫的恶性循环。

在全面建设小康社会的目标下，中国农村扶贫工作出现了新的内容和特征。2001 年国家颁布并实施了《中国农村扶贫开发纲要（2001—2010 年）》，农村扶贫工作进入了一个新的阶段。这个阶段的突出特点是，在继续坚持开发式扶贫的同时，政府出台了多项惠农政策，形成了一个多部门、多政策综合参与的"大扶贫"格局。

在专项扶贫政策方面，开发式扶贫政策发生了两个方面的重大变化。一是对贫困地区的扶持，由过去的瞄准扶贫县向瞄准贫困村转变，主要表现为大范围"整村推进"项目的实施，这种瞄准目标的转移，使得扶贫项目和扶贫资金更加贴近贫困人口（刘坚，2006），并开始把参与式村级扶贫开发作为推动"整村推进"工作的主要理念和方法，扶贫资源更倾向于到村庄和农户。确定的贫困村分布在全国 1861 个县中，占全国县级行政单位总数的 68.8%，贫困村覆盖贫困人口占贫困总人口的 83%。在村级扶贫开发规划方法的指导下，扶贫资金与资源开始更多地向贫困村流动和集中。在全国的行政村中，扶贫重点村的比重不到 1/4，但是在各种到村、到户项目的行政村中，扶贫重点村占 67.2%（国家统计局农村社会经济调查总队，2004）。二是对开发式扶贫项目进行结构调整，增加有利于贫困地区和贫困人口发展能力提升的项目，主要为贫困地区进行教育投资和转移劳动力培训的项目。

随着"三农"问题的日益严重，2003年公共财政政策开始向农村公共建设领域覆盖。按照统筹城乡发展的政策导向，财政支农走向出现了重大变化。一个新型的农村公共财政框架体系在这个时期初步形成，国家财政支农资金投入也明显增加。1998年国家财政支农资金约为980亿元，2012年达到2.5万多亿元。一系列惠农政策的相继出台，有力地促进了农村基础设施建设，增加了农民收入，进而缓解和部分解决了农村贫困问题。在众多的惠农政策中，对扶贫效应最大的主要有以下政策。

农村税费改革政策。2006年取消了在中国实行数千年之久的农业税，所有农业人口都从这一政策中受益了。对于贫困地区和贫困人口而言，其收入主要来源于农业，因此该政策对其意义更加显著。有研究认为，2004年和2005年贫困人口数量的下降即与农业税费改革有着密切的关系（中国发展研究基金会，2007）。从短期内看，农村税费改革对中国贫困治理工作具有重大的意义，不过从长远来看，因为工业品价格上涨并拉动生产资料价格上涨，税费改革对贫困人口的减贫效应不断减弱。

农村义务教育中的"两免一补"政策。自2001年开始，中国政府开始对中西部地区农村义务教育阶段的学生免除书本费，2005年扩大到全国所有义务教育阶段的农村学生，政策内容拓展为免书本费、免学杂费、补助寄宿生生活费。从2007年起，农村所有义务教育阶段学生被免除了学杂费和书本费。2006年，国家财政安排农村义务教育经费1840亿元，全部免除了西部地区和部分中部地区农村义务教育阶段5200万名学生的学杂费，为3730万名贫困家庭学生免费提供教科书，对780万名寄宿学生补助了生活费（中国发展研究基金会，2007）。"两免一补"政策的实施，大大降低了贫困家庭的教育负担，增加了贫困人口的人力资本。

新型农村合作医疗与医疗救助政策。新型农村合作医疗是由个人、集体和政府多方筹资，以大病统筹为主的农民医疗保险制度。该政策2003年试点，2007年约覆盖了全国80%以上的县，2008年全国铺开实行。从2004年开始，民政部门开始对农村五保户、特困户、重点优抚对象等实行医疗救助政策，资助这些对象缴纳个人应负担的全部或部分资金，参加当地合作医疗并享受该待遇。因大病导致个人负担的医疗费用过高，如影响家庭基本生活的，其将会再获得一定额度的医疗救助。新型农村合作医疗政策与贫困人口医疗救助政策改善了农民的生活与就医条件，并减少了因病返贫的数量。2005年，农村贫困人口医疗救助体系的建立使304万名农村困难人口受益（中国发展研究基金会，2007）。2011年全年累计救助贫困农村居民6297.1万人次，其中：民政部门资助参加新型农村合作医疗4825.3万人次，人均资助参合水平45.6元；民政部门直接救助农村居民1471.8万人次，人均救助水平635.8元。

农村社会保障政策。根据民政部2012年社会服务发展统计公报，2012年年底，全国有农村低保对象2814.9万户，5344.5万人，比上年同期增加38.8万人，增幅为0.7%。同期，有农村五保供养对象529.2万户，545.6万人，分别比上年下降0.2%和1%。如果说贫困治理对贫困对象有要求的话，一些丧失劳动能力的人和重度残疾人是无法通过扶贫而摆脱贫困的，这些人就需要社会保障的扶持和关怀。农村社会保障政策的实施和不断完善，为从根本上解决农村贫困，特别是丧失劳动能力的绝对贫困问题提供了可能。与社会保障政策相对应的，还有减灾救灾工作的不断提升。"2012年全国各类自然灾害共造成2.9亿人（次）不同程度受灾，因灾死亡失踪1530人，紧急转移安置1109.6万人次；农作物受灾面积2496.2万公顷，其中绝收面积182.6万公顷；倒塌房屋90.6万间，严重损坏145.5万间，一般损坏282.4万间；因灾直接经济损失4185.5亿元。国家减灾委、民政部共启动11次预警响应和38次应急响应，协调派出40个救灾应急工作组赶赴灾区，财政部、民政部下拨中央救灾资金112.7亿元，民政部调拨账篷 7.7 万顶、棉衣被 54.8 万件（床）、折叠床 1.7 万张等救灾物资，累计救助受灾群众 7800 万人次，帮助维修和重建住房 410 万间，受灾群众基本生活得到妥善保障。"（民政部办公厅，2013）救灾工作的不断进步使得因灾返贫的人口不断减少，这也为贫困治理增添了新的保障。

2010 年年末，中共中央、国务院为了继续深入推进扶贫开发工作，印发了《中国农村扶贫开发纲要（2011—2020 年）》。该纲要要求各级政府继续加强扶贫开发工作，并指出：在坚持政府主导和统筹发展的前提下，通过转变经济发展方式，增强扶贫对象自我发展能力，强化公共服务均等化，破除发展制约因素等相结合来推动新时期的扶贫开发工作。根据纲要的精神，下阶段的扶贫工作将继续坚持开发式扶贫方针，实行扶贫开发和农村最低生活保障制度有效衔接，鼓励和帮助有劳动能力的扶贫对象通过自身努力摆脱贫困；把社会保障作为解决温饱问题的基本手段，逐步完善社会保障体系。进入 21 世纪以来，由于党和政府对"三农"问题高度重视，各部门、各行各业、社会各界力量更加关注贫困地区和贫困群体，扶贫开发工作在社会各界的共同关注和支持下步入了新的阶段。各项惠民政策和开发式扶贫的结合使得 2010 年农村的生存贫困人口降到了 2688 万，贫困发生率为 2.8%；同时，各项政策的实施也使得贫困地区的产业结构进一步优化，生产和生活条件进一步改善，贫困者的收入水平不断提高。

2011 年 11 月 16 日，中国政府发布了《中国农村扶贫开发的新进展》白皮书，系统介绍了 2001 年到 2010 年，这 10 年当中中国农村扶贫开发领域的进展情况。2012 年全年累计救助贫困农村居民 5974.2 万人次，其中民政部门资助新农合参保对象 4490.4 万人次，人均资助额度 57.5 元；民政部门直接救助农村居民 1483.8 万人次，人均救助额度 721.7 元。全年各级财政共支出农村医疗救助资金 132.9 亿元，比上年增长 10.8%（民政部办公厅，2013）。"2009 年，国家开展新型农村社会养老保险试点工作，到 2011 年 7 月已覆盖全国 60% 的农村地区，共有 493 个国家扶贫开发工作重点县纳入试点，覆盖率达到83%。2010年，中央财政对新型农村社会养老保险基础养老金补贴111亿元人民币，地方财政补助资金116亿元人民币。"（国务院新闻办公室，2011）随着农村人口所获得的保障力度的加大，贫困人口治理从制度层面讲，实现了从开发性制度到保护性制度的转变。在扶贫白皮书里，其对中国扶贫开发政策的特征有以下总结：（1）坚持开发式扶贫与社会保障相结合；（2）坚持专项扶贫、行业扶贫和社会扶贫相结合；（3）坚持外部支持与自力更生相结合。这些特征，不仅仅是中国扶贫开发政策的特色，更是中国扶贫开发在多年实践中总结出的经验。在这10年当中，专项扶贫、行业扶贫和社会扶贫等，都取得了诸多的成绩。

中国扶贫工作的演变过程是中国政府及相关部门探索和实践中国特色与实际扶贫工作的过程，是体现中国扶贫工作逐渐科学化、规范化和系统化的过程，亦是不断总结扶贫工作经验并解决扶贫现实问题的过程。正是这样一个过程的不断推进，中国的扶贫工作取得了众人瞩目的成绩，同时也走出了一条与中国实际相结合、有中国特色的扶贫道路。

第三节　扶贫战略纵深及其暗喻

贫困治理历程的历史性回顾使得我们能够发现，扶贫战略是不断向基层社会和微观单位纵深的。国家对扶贫机构的工作和资源的监管也是逐渐细化和具体的。这种扶贫战略上的纵深首先是与贫困治理的政治性紧密相关的。

一　贫困治理的政治性

从新中国成立初期没有专项的扶贫工作，到建立国家层级的贫困治理机构，这首先体现了贫困治理中的国家意志。同时，因为扶贫工作所具备的显著的政治性，贫困治理被提升到了关系社会稳定、民族团结、社会发展和国家强盛的大事。贫困不是社会

第二章 "雨顺民意"：贫困治理伊始及其战略纵深

主义，社会主义的本质是共同富裕，是摆脱贫穷落后的状态。因社会主义制度的性质，贫困治理工作在一开始就带上了明显的政治特色。在坚持社会主义发展道路的背景下，大力推进中国的扶贫开发工作，首先是要通过中国扶贫工作来证明社会主义制度的正当性和优越性。"我国实施扶贫战略、进行大规模扶贫开发，使大多数贫困地区解决了几千年没有解决的温饱问题，这个事实无可辩驳地说明，以消灭剥削、实现共同富裕、解放和发展生产力为本质要求的社会主义制度具有巨大的优越性。"（杨秋宝，1999）从上述论述中，我们可以看到，扶贫工作被赋予了太多政治的内涵，也被赋予了建构和证实社会主义制度合法性的期待。中国扶贫所取得的巨大成绩，可以说是与其携带的强烈的政治任务气息相联系的，没有完成任务的地方领导，肯定是无法获得满意的政治前途的。"我国扶贫开发之所以能取得伟大的成就，这和我国扶贫开发工作具有强烈的政治特色密不可分。我国扶贫开发的政治特色，已成为独具中国特色的扶贫工作体系中的重要部分。"（李步超、罗隆渭、周晓红，1996）被视为一种政府责任，因为政府要保证人民基本生存需求的满足。从这个角度出发，贫困治理可以被视为一种公共品，而供给的主体则是政府。不过，在中国的政治体制下，政府本就有责任和动力来做这个事情。"整个经济发展过程中，党和政府始终将扶贫开发工作作为政治大事来举力推动。我国在基本解决温饱问题之时，就成立专门机构、列出专门计划来实施扶贫工作。社会主义本质决定了我国的扶贫开发工作是党和政府的一项长期任务。为达到共同富裕的目标，我国就会持续地而不是一时救济性地抓好扶贫开发工作。"（李步超、罗隆渭、周晓红，1996）应该说，扶贫的政治性对推动扶贫工作发展具有很大的正面作用。在任何一个国家，扶贫工作的开展都离不开政府的主导作用。但是恐怕没有几个国家的政府能够具备中国政府这样的动员能力，中国执政党的动员能力是让很多其他国家的执政党很吃惊的。而这，恐怕也正是邹谠所谓的中国政府"全能主义"（邹谠，1994）的特征。

从扶贫工作的缘起上看，如果没有中国共产党对贫困问题的重视和执政党对自身执政基础的体认，中国的贫困治理工作是不可能成为国家战略的，也就不可能成为一项政治任务。党中央要求各级党组织将扶贫工作作为一项长期的政治工作做下去，为此还制定专门的扶贫发展规划并成立各个层级的扶贫工作机构。1994年，江泽民在中央扶贫工作会议上讲，中国的扶贫工作不仅仅是一项经济工作，更是一项政治性和群众性的工作。1994年是一个关键的时间点，在此之前，中国并没有市场经济的概念，而在此之后，中国经济开始步入市场经济的轨道。而扶贫工作也是在这样的经济环境中发生变化和铺展的。之前，没有人提及扶贫工作是一项经济工作，但是在这个时候，扶贫工作的政治性仍要胜过经济性。"独具中国特色的政治扶贫，是以物质文明建设和精神文明建设一起抓，以加强贫困地区村级党组织建设、突出社会主义道德建设、加快思想观念转变、提高贫困人口文化素质为主要内容的。"（李步超、罗隆渭、周晓红，1996）中国的扶贫实践和变革过程表明，扶贫工作的政治性加快了贫困问题的治理，同时也为贫困治理奠定了政治基础。

扶贫工作的不断推进使得中国贫困治理的政治性成为伴随扶贫治理的内在特征，但是随着意识形态教育的松动和经济理性的崛起，加上基层党组织和干部对扶贫资源认识的变化，即扶贫资源不再被视为不可触碰的政治"禁区"，而现在则变成了国家资源下乡背景下与其他资源无明显差异的资源。这种资源甚至在一些地方变成了招商和发展城市经济的资源。不过，好在中国扶贫战略对基层社会的不断深入弥补了这种不足，这至少能够从扶贫瞄准单位的不断精准和缩小方面得到证实。

二 扶贫战略的纵深

1. 扶贫战略的纵深过程

从扶贫政策的变动和沿革过程，我们看到，扶贫瞄准的对象从来源的宽泛化、抽象化转变为具体化、实体化。在贫困治理的

第二章 "雨顺民意":贫困治理伊始及其战略纵深

初期,最典型的是在新中国成立初期到改革开放之前的这段时间,贫困治理是瞄准所有农民的。有学者认为,"1986年以前扶贫目标是直接瞄准穷人的,即将救济物资或资金直接发放到穷人的手中,但现在看来这只能算作一种民政系统的救济,而不能算作真正意义上的扶贫。"(洪名勇,2009)这个时候,贫困治理的权力集中在国家高层,地方政府并没有明确的贫困治理的权力和责任。"1982年,第一次提出要确定'三西'扶贫项目。这是中国历史上第一次集中连片的扶贫工程。在1986年,随着国家级贫困县的划分,国家开始有意识地把扶贫重点放在这些贫困地区,扶贫瞄准进入了区域化阶段。"(许源源,2006)从全面覆盖到有选择和有重点地进行贫困治理,这说明贫困治理权力已经从中央开始下放。在这种权力下放的过程中,区域性的扶贫治理机构应运而生。不过,有研究认为,在扶贫瞄准单位变成县之后,将扶贫资金用于贫困者身上的目标变得很难实现。而到1997年的时候,我国才确立了扶贫工作省级负责制。这个时候,"省级政府成为扶贫考核工作的一个主体,并明确了责任到省、任务到省、资金到省和权力到省的'四到省'的工作原则"(财政部农业司扶贫处,2008)。扶贫工作省级负责制在贫困治理权力的变革上具有显著的意义,它是中央向地方分权的标志。但是随着扶贫区域瞄准的出现、贫困人口地区分布的分散化,扶贫工作省级负责制已经无法回应新形势下的贫困治理。加上扶贫工作的省级负责制导致扶贫资金无法保证扶贫项目的针对性和有效性,也无法对贫困对象需求中的项目优先顺序进行积极回应,因而也无法实现扶贫工作效果的大幅度提升。而且扶贫工作省级负责制导致扶贫资金需要经过层层传递才能够到达县级部门,这就容易出现资金到位不及时等问题。因而在一些地方,县级政府尝试扩大经济社会发展的自主权限,他们希望实现从"四到省"转变为"四到县"。"县级政府执行以往省级政府的部分功能,通过实行'四到县'使权利和责任对等。"(财政部农业司扶贫处,2008)但是,县级瞄准机制也存在一些不易克服的困难。

精英俘获

随着时间的推移,以县为单位的扶贫瞄准的边际效益不断下降,尽管以此为基础的扶贫开发工作取得了诸多的成绩,但是要想更好地推动贫困治理,就需要转变扶贫瞄准的单位。"由于自然条件、基础设施、社会状况、经济实力等空间分布上的差异性和不均衡性以及扶贫资金利用、管理、组织水平、适应市场能力、竞争意识、机遇把握等的差别比较明显,所以贫困县与贫困县之间,县境内不同阶层、不同群体、不同乡镇乃至不同村、社之间,经济增长幅度、人均收入水平有着较大的差异。"(国风、魏晓东、董锁成,2003)而这也正是扶贫战略继续纵深实施的客观原因和实践尝试。"由于以县为目标瞄准所存在的问题,因此,世界银行建议扶贫瞄准机制由县向乡镇转变,提高对贫困人口的覆盖率,有效地减少扶贫资金向非贫困人口的漏出量。"(洪名勇,2009)以县为单位的扶贫瞄准经历了较长的一段时间。而以乡镇为单位的扶贫瞄准,并没有成为我国贫困治理工作中一种正式的瞄准方式。在我国的乡镇政府层级上,并没有专门的扶贫工作机构和人员,这就导致世界银行的这种倡议并不是可行的。不过,很快以村庄为单位的扶贫瞄准机制就得到了实施。"2001年全国确定了14.8万个重点村,分布在1861个县份,覆盖了全国80%的贫困人口,其中82256个重点村分布在重点县,占全国重点村总数的55.6%。"(洪名勇,2009)有学者通过对一些省份确定的重点村的研究发现,其中89%的村子是真正的贫困村,以村庄为基础的扶贫开发瞄准率还是比较高的(李小云等,2006)。以村庄瞄准为基础的扶贫开发,以村级组织为依托,不需要新的机构和人员,因而这种扶贫瞄准方式一直沿用至今。不过,全国扶贫工作重点村并不排斥全国扶贫工作重点县的机制,两者是并存的。

"2010年2月4日,温家宝总理在中央举办的省部级主要领导干部深入贯彻落实科学发展观加快经济发展方式转变专题研讨班发表重要讲话,要求把扶贫开发的重点放在贫困程度较深的连片贫困地区。"(韩广富、李万荣,2012)这是自1982年以来,中国在扶贫领域再次提出进行集中连片扶贫开发的工作。2011年12

第二章 "雨顺民意":贫困治理伊始及其战略纵深

月,中共中央、国务院印发了《中国农村扶贫开发纲要(2011—2020年)》,明确提出要把六盘山区等11个连片特困地区和已明确实施特殊政策的西藏、四省(四川、云南、甘肃、青海)藏区、新疆南疆三地州作为未来10年中国扶贫工作的主要战场。《纲要》强调在攻坚集中连片地区扶贫工作的同时,还要继续做好国家扶贫工作重点县和重点村的扶贫开发工作,国家对这些地方的扶贫支持政策不会改变。"集中连片地区的扶贫攻坚意味着中央和地方财政都将加大投入和支持力度,加强对跨省片区的协同和统筹工作。根据集中连片扶贫开发规划的规定,各省要对所属连片特困地区负总责,在国家的指导下,以县为基础制定和实施扶贫攻坚工程规划。"(邢成举、葛志军,2013)集中连片扶贫规划出台之后,在中国扶贫瞄准领域就出现了集中连片地区、国家扶贫开发工作重点县、国家扶贫开发工作重点村三者并存的现象。从集中连片扶贫的有关政策看,县级政府在集中连片扶贫框架下拥有制定和实施本单位扶贫规划的权力,这也说明贫困治理的权力在进一步下放。

在扶贫瞄准的区域或单位不断发生变化的情况下,扶贫工作所瞄准的对象,也在发生变化。正如有研究者所言,扶贫开发瞄准对象实现了从"以农村贫困人口为主向扶贫标准以下的全部农村人口转变"(韩广富、李万荣,2012)。为什么扶贫瞄准的对象会越来越多呢?这是为了让更多的人享受社会发展的成果。2007年,中共中央和国务院决定在农村实施最低生活保障制度。农村低保的实施使得那些丧失劳动能力和没有劳动能力的农村居民的生存权利得到了保障。与此同时,国家有关部门还要求做好扶贫开发和农村低保两项制度的有效衔接工作,即明确低保与扶贫对象,明确不同对象的识别标准等。到这个阶段,中国农村的贫困治理就进入了扶贫开发与社会保障双重驱动的模式。随着中国贫困标准的不断提高,更多的农村低收入人口成为扶贫开发的扶持和帮助对象。"2011年11月29日召开的中央扶贫开发工作会议又决定将农民人均纯收入2300元(2010年不变价)作为新的国家扶贫标准，这个标准比 2009 年 1196 元的标准提高了 92%，对应的扶贫对象约为 1.28 亿，占农村户籍人口比例约为 13.4%。"（顾仲阳，2011）扶贫工作的内涵发生了转变，以前主要是为了解决贫困人口的温饱问题，而现在则是为了提升贫困人口的发展能力并致富奔小康。

2. 扶贫战略纵深的权力隐喻

为什么每过一段时间，中国农村的扶贫开发瞄准就要进行调整呢？而且这种调整的区域单位是不断缩小的，其瞄准的精度也是不断提升的，瞄准的贫困人口也不断增加。国家扶贫战略对基层社会的不断深入到底具有什么意义呢？就如同王斯福在《帝国的隐喻》一书中所讲的，地方社会的宗教信仰活动中使用国家确定的形象，也是地方社会为了模仿帝国的行政与架构。而同时，帝国在这个过程中也传递了其权威、权力和思想意识（王斯福，2008）。"在 20 世纪 80 年代初期，一个财政包干体制取代了统收统支的体制。在财政包干体制下，地方政府能获得长期的财政合同，进行更好的治理，且能获得一部分增长的财政收入。"（Moreno-Dodson，2006）这个体制尽管在 20 世纪 90 年代中期被取代，但是其确实发挥了激励地方政府发展本地经济的作用，而这种体制正是中央到地方的财政分权。在扶贫战略与瞄准单位不断下沉和缩小的时候，基层政府和社会在扶贫工作中拥有的主动性和能动性不断增加，而且随着瞄准范围的不断缩小，加上监测技术的不断成熟，扶贫工作的可控性也越来越强。从 2001 年开始，统计局每年都会出版一部《中国农村贫困监测报告》。而该报告的主要数据来源就是全国扶贫工作重点县及其内部的贫困村。从参与扶贫的主体上看，除了财政专项扶贫外，行业扶贫、社会扶贫等都成为中国贫困治理领域的重要力量，这在很大程度上实现了扶贫行动的多元参与。

从每一次扶贫瞄准单位调整的背景看，研究者都认为是原有的扶贫瞄准模式已经不适应新的扶贫形势，同时该瞄准模式下扶贫瞄准的效果也越来越差，所以才建议更改扶贫瞄准的单位。那

第二章 "雨顺民意":贫困治理伊始及其战略纵深

么从国家的角度出发,为什么要进行这样的调整呢?自 1978 年开始,中国在农村实行家庭联产承包责任制,虽然改革的是制度层面的内容,但是其主要的瞄准资源在经济层面。家庭联产承包责任制的实施虽然提升了农村的生产力水平,但是也带来了农村社会资本的破坏。正如温铁军所言:"在这种以土地为中心的财产制度创新中,政府在放弃对农村土地和其他资产的控制的同时,也放弃了对占中国人口 70% 左右的农村人口的社会保障,例如对村社的行政管理、抚养乡村鳏寡孤独,以及其他农村基础设施建设和一般公共品的供给等。"(温铁军,2001)家庭联产承包责任制的实施在一定层面上意味着国家从乡村社会的退出,其并没有履行政府应有的公共品供给和社会保障的职责。而从 20 世纪 80 年代开始的具有针对性的扶贫工作,其实是对政府职能和责任的回归。国家权力一旦退出基层社会,再要想回来,就需要有一个过程,而依托于扶贫瞄准单位不断变革过程的国家权力下沉则为国家权力的回归提供了一个很好的载体和平台。

从扶贫工作的省级负责制,到对扶贫工作重点县的大力扶持,再到对扶贫工作重点村的强调,国家权力主导的扶贫瞄准单位是不断缩小的。在国家的意志里,更低层级的单位似乎是更容易控制的,当然更低层级的单位距离权力中心也就更远。所以,从省到县再到村的过程,就体现出了国家权力对基层社会不断渗透和控制的一个过程。如有研究者认为的那样,"中国扶贫的发展历程也体现出两极思维,即个体主义扶贫范式和社会结构扶贫范式。无论是农村扶贫还是城市扶贫,这种两极思维的分野都表现得很明显,且呈现阶段性。"(郑杭生、李棉管,2009)国家权力对乡村社会的重新介入,不仅仅是对改革开放以来经济理性挑战政治理性的应对,同时也是对因经济理性主导社会发展路径从而产生严重的贫富分化、区域分化的回应。这种分化与割裂对政府的制度合法性和社会主义本质形成了挑战,因此国家必须及时处理这些问题。对于国家权力而言,其能够改变个人特质,可以援助其经济资本、增强其人力资本,但是社会资本却无法通过国家力量来弥补。随着可以改变个人特质的政策措施效用的下降，群体性、区域性贫困所彰显的结构性贫困成为更加难以应对的贫困问题。在这种情况下，国家权力的介入才最有可能改变贫困群体和贫困区域所处的社会结构和自然环境结构。正如米格代尔所言，国家和社会并非是泾渭分明的，其两者之间的关系是异常复杂的，国家与社会是相互建构的，国家是社会中的国家，社会也是国家中的社会，国家与社会内部，有力量的结盟，也有力量与利益的冲突，冲突导致分裂，所以不能简单地使用国家与社会的二分法来进行思考和分析（Migdal and Vivienne，1994）。其实，扶贫瞄准单位的持续性调整正好向我们说明，社会和地方政府并非完全是被中央政府控制的，其具有行动自主性。正是在这个意义上，每一次调整后，其明显的效果只能维持一段时间，而并非是长久不变的。

扶贫瞄准单位的不断缩小和扶贫瞄准对象的不断增加，其隐喻是呈现国家在场的效应。正如税费改革大大提升了中央政府的权威与形象一样，扶贫工作与贫困对象的直接接触，可以让农民直接体会到来自国家的关怀和恩惠。借此，国家调和了与农民之间的紧张关系，也获取了农民对国家政权的认同。从2001年开始，扶贫领域开始启动整村推进，整村推进的一个背景就是20世纪90年代末期以来的基层政府与农民之间因税费征收所带来的紧张关系。2000年，世界银行曾经建议中国扶贫实行以乡镇为单位的瞄准，但是基于以上背景，以乡镇为单位的瞄准并未被采纳。所以，扶贫瞄准就从县下降到了村庄。扶贫瞄准不断下降的过程体现了高层政府对基层政府的一种不信任，也是对基层政府权力运用的一种监督。"中国大范围的减贫是通过快速的经济增长和制度改革来实现的，但减贫的进程在时间和空间上是高度不均衡的。"（Moreno-Dodson，2006）尤其是当以省为单位的扶贫负责制实施之后，因为各个省份在自然环境、经济基础、人口素质、竞争意识、区位条件、财政收入等方面，都有着显著的差异，贫困治理的难度和效果也相差很大。"地区性公共支出的分配是倾向城市和帮助富人的,富裕地区人均能够得到的公共支出多于贫困地区。"(Moreno-Dodson,2006)不光是地区性的公共支出具有偏爱城市和富人的实践特征,就是以国家财政支出为主要构成的财政扶贫资金的分配也具有偏爱相对富有者的特征。

第三章 "久盼甘霖"：扶贫资源下乡

关于中国农村问题的核心，很多人都给出过答案。例如，毛泽东认为中国农村的问题就是土地问题，解决农民的土地问题才能够解决农民、农村的问题。费孝通在《江村经济》中也对中国农村的基本问题给出过判断，其认为，中国农村的问题是农民的收入不足以维持其基本生活，是农民的饥饿问题（费孝通，2007）。从中国扶贫开发工作的直接动机出发，就是要解决农民的温饱问题，也就是解决吃饭的问题。我们曾经引以为自豪的是，我们用世界上7%的土地养活了世界上21%的人口，但是这种养活是低水平的，我们并不满足于这一水平。"一个国家可能有一些对增长起决定作用的资源：物质资本、人力资本、自然资本和社会资本。如果增长要对贫困产生影响，那么穷人的资源，特别是人力资本和土地，就需要得到提高和更公平的分配。"（Moreno-Dodson，2006）也就是说，经济发展的成果必须是能够为大家所共享的，资源的分配本质上是机会的分配和公正的分配，扶贫资源的分配就更是这样。笔者调查的湾村，是中国中部普通村庄当中的一个，它所在的湾县属于革命老区，曾经是大别山革命根据地的重要组成部分。国家扶贫开发的故事也在这里演绎，只是并没有像"三西"地区那样获得最早的关注。对于笔者调查的湾村来讲，扶贫资源入村就像是一场盼望已久的"甘霖"降落下来，因为他们自己觉得已经很久没有感受过国家的"关爱"了。而21世纪以来，扶贫工作的不断深入以及扶贫资源投入的不断加大，都开始让村民对扶贫资源产生了期待，他们都希望扶贫资源的"甘霖"能够洒落在自己身上。

第一节　田野调查中的县、乡与村

一　湾县概况

湾县位于湖北省东北部，大别山主峰的南麓。该县北接安徽两县，东又邻安徽其他两县，南连湖北春、水二县，西与田县接壤，是鄂豫皖三省交界的腹地中心。湾县古为皋陶部落所在地，在汉代为英布的封疆之地，在宋代为创造了中国四大发明之一的毕昇的故里。今天的湾县，尽管经济发展水平不是很高，但是已经乘上了经济发展的高速列车。湾县是湖北省远近闻名的温泉之城、茶丝故乡和休闲胜地。湾县是一个集老区、山区、库区、省际边界地区为一体的国家级扶贫开发工作重点县。全县面积为1449 平方公里，辖 3 乡 8 镇，307 个行政村，总人口 40.5 万。湾县先后被授予全国计划生育"三为主"先进县、全国社会治安综合治理先进县、全国绿化模范县、全国科技进步先进县等荣誉称号。

湾县自从被国家首次确定为扶贫重点县以来，就一直是国家级贫困县和国家扶贫工作重点县。如此长久的扶贫过程，足见当地贫困的深度和广度，以及贫困治理工作的难度。依据 2011 年的统计数据，2010 年，湾县共有耕地面积 17448 公顷，拥有林地面积 95796 公顷。2010 年，全县居民平均预期寿命是 70.58 岁，全县人口出生性别比是 121。该县全年平均气温是 16.2 摄氏度，全年平均降水量是 1915.3 毫米，全年日照小时数为 1929.7 小时。2010 年，湾县工农业总产值是 782030 万元，其中农业总产值是 317868 万元，工业总产值是 464162 万元。2010 年，湾县财政总收入是 37574 万元，地方一般预算收入是 15549 万元。当年，广播人口综合覆盖率为 95.26%，电视人口综合覆盖率为 95.6%，全县有线电视入户率是 77%。2010 年，全县出生人口符合相关政策的生育率是 90.58%。2010 年，全县农村居民可支配收入是 3976 元，农村居民恩格尔系数为44%。2010年，湾县常住人口是36万人，人均地区生产总值是11033元。2010年，全国农民人均纯收入是5919元，湖北省平均水平为5832元，湾县所在的地级市平均水平为4634元，湾县农民人均纯收入是3976元。从这个情况看，湾县农民人均纯收入不仅大大低于同期的全国平均水平，同时也低于所在地级市农民纯收入的水平。

2005年，湾县财政总收入是1.1365亿元，到2010年则为3.7574亿元，五年间的平均增长率为27.02%。2005年，湾县生产总值是18.5657亿元，到2010年为33.6787亿元，五年平均增长率为12.65%。2005年，湾县人口自然增长率为-14.01‰，到2010年为4.86‰，五年内平均增长率为-180.92‰。2005年，湾县农民人均纯收入为2369元，到2010年为3976元，五年内平均增长率为10.91%。通过以上数据，我们可以清晰地看到：2005年到2010年，湾县财政收入的增长率大大高于农民人均纯收入的增长率，同时也大于当地生产总值的增长率。从人口增加的情况看，2005年到2010年，人口年平均增加0.29%。财政收入和地区生产总值增长的速度大于人口增加的速度，这是有利于地区财富积累和投资扩大的。截至2010年年末，湾县农村卫生厕所的普及率为65.31%，从2005年到2010年，年平均增加率为7.73%。农村居民的恩格尔系数，从2005年到2010年是下降的，2010年，全县农村居民的恩格尔系数为44%，从2005年到2010年，农村居民恩格尔系数的下降为2.45%。从未来的情况看，湾县农村居民的恩格尔系数可能还会上升。因为，随着经济结构的调整，不少农田改种经济作物，同时一些农业劳动力更倾向于外出务工，所以，在食品等基本生活方面的开支有可能会上升。

湾县共有307个行政村，到2010年年末，全县通自来水的村庄为265个，通汽车的行政村数为307个。全县共有9.78万户，乡村总人口是34万人。同期，乡村劳动力资源数为22.77万人，其中劳动年龄内的人数为20.35万人。2010年，全县年初耕地总量为17410公顷，到当年年末，耕地总量为17440公顷。其中，年内增加耕地 200 公顷，同期减少耕地面积为 170 公顷。在全县的耕地中，常用耕地面积是 17220 公顷，其中水田面积 14530 公顷，旱地为 2690 公顷。全县坡度 25 度以上的耕地为 70 公顷。在全县耕地当中，有效灌溉的面积是 8680 公顷，旱涝保收的耕地面积是 6750 公顷。作为全县的支柱农业经济产业，当地茶叶的种植面积是很大的。2010 年，全县实有茶园面积是 13400 公顷，其中当年可以采摘的面积是 11201 公顷，本年新增的茶园面积是 757 公顷。全县年度产茶叶 27575 吨，其中名优茶为 15640 吨，大绿茶为 11935 吨。

二 湾镇概况

湾镇位于大别山南麓，地处鄂皖两省三县的交界地带，素有鄂东门户之称。2000 年的时候，湾镇被湖北省人民政府确定为全省十大"口子镇"① 之一和湖北省"一乡一品"茶叶专业镇。随着近几年开通的高速公路的穿过，该镇交通开始变得相当便利。湾镇所在的片区，按照当地人的划分，被称为东河流域。全县共被分为 3 个流域片区，分别是西河、东河和南河。东河流域共有十几万人，而湾镇则可以称得上是该流域的核心，是该流域的交通、文化、商贸和信息中心。湾镇临近武汉航空港、京九铁路、长江黄金水道，境内有 318 国道、武汉至合肥高速公路、大别山腹地公路以及其他公路纵横穿过，交通十分便利。这是一块古老的土地，系古代"英国"国都所在地。武汉到合肥的高速公路贯通，使得本镇的多个村庄因征地补偿而改变了面貌，一举从债务村变成了拥有存款的村。湾镇是所在县的第二大集贸城镇，同时也是县域副中心城镇。

全镇下辖 42 个行政村，412 个村民小组，5.8 万人。全镇面积是 202 平方公里，其中山地面积 20 万亩，耕地面积 5.6 万亩。该

---

① "口子镇"即省级边境上的乡镇，其同时也是省级经济发展和城镇建设的"窗口"。

镇是湾县农业第一大镇。同时，该镇也是集老区、山区、贫困地区、省际边界地区为一体的乡镇。该镇目前有贫困人口2.2万人，占总人口的38%，是典型的贫困乡镇。2010年，湾镇共有耕地面积2832公顷，其中水田面积是2392公顷。2010年，湾镇共有人口53209人，其中乡村人口52801人。2010年，湾镇乡村从业人口为33893人，其中农业从业人口为21461人。湾镇耕地当中，可以进行有效灌溉的耕地面积是1240公顷，农作物播种面积是6837.5公顷。2010年年末，湾镇茶园面积是2498.3公顷，茶叶产量是5440吨，其中名优茶的产量为2560吨。2010年，湾镇农民人均纯收入为4092元，2008年和2009年分别为3361元和3699元。

湾镇是一片红色记忆浓厚的地区，该地区早在抗战时期，就是鄂豫皖革命根据地的重要组成部分，这里曾经被誉为"三十年红旗不倒"，是最为牢固的红色苏区根据地之一，是中国革命的重要历史区域。红二十七军是在这里组建的，红二十五军也是在这里开始北上长征的，刘邓大军从这里转战湾县威震敌军。按照民政部确定革命老区的标准文件，经过湖北省人民政府的认定，湾镇成为湖北省重点老区乡镇之一。忠厚朴实的老区人民跟着共产党，为民族的复兴，为人民的解放，为国家的富强和革命的胜利，做出了巨大的贡献和牺牲。在这片红色的土地上，革命先辈抛头颅、洒热血，建立了红色政权，为中国革命的胜利立下了不朽的功勋。老区人民不顾自己一贫如洗的困境，倾其所有，将仅有的粮食、食盐都贡献了革命，老区人民也踊跃参加革命，不少人为此献出了生命。从土地革命时期到新中国诞生，湾镇以湖村、泥村、桥村和岭村4个村为代表的老区贫困村，为中国革命的胜利牺牲了3000多人，长眠在这块土地上的烈士共有49人。湾镇革命烈士陈××，1920年就参加了董必武创建的武汉共产主义小组，并担任中共湖北省委组织部部长。1931年，刘邓大军在湾镇的"红军岗"与国民党军队展开了七个昼夜的激战，团长柯××牺牲。在该镇的相关宣传上，"血染红土三尺深，老区人民不怕流血，不怕牺牲，为革命的胜利作出了巨大牺牲"等几句话，让人印象深刻。基于以上历史事实，湾镇人认为湾镇应该获得国家扶贫资金和老区建设资金的大力扶持，这些扶持是对这个乡镇过去做出贡献的一种补偿。

从湾镇在该县所处的位置看，湾镇的人口和经济水平在全县处于中等偏上，加上湾镇农业人口是全县各个乡镇当中最多的，所以在扶贫资源的获得中还是有一定的优势。湾镇在全县各个乡镇中所具有的较突出的地位和角色，使得该镇的主要领导基本上都能够获得晋升，这种晋升也使得湾镇有着许多可以利用的社会资本。2008 到 2012 年，湾镇通过与县委、县政府的积极有效互动，获得了县发改委的大力扶持。湾镇坚持把经济建设和社会发展放在突出位置来抓，适应新形势，开拓新思路，立足资源抓开发，突出特色抓调整，大力开展基本农田建设、人畜饮水建设、乡村道路建设和流域治理工程，使该镇以工代赈和产业扶贫项目取得了一定成绩。全镇特色经济不断壮大，交通条件明显改观，基础设施不断完善，产业质效明显提高，财政收入快速增长，乡村面貌发生了显著变化。这些成绩的取得离不开县发改委的大力扶持，这些扶持有力地促进了湾镇经济持续、健康、快速发展。2009 年以来，湾镇共获得来自县发改委地区经济股投入的以工代赈资金约 400 万元，其中，2008 年 57 万元，2009 年 79 万元，2010 年超过 80 万元，2011 年以工代赈加上易地扶贫搬迁资金 77 万元，2012 年以工代赈加上易地扶贫搬迁资金 90 万元。湾镇对每一个项目都制定并实施了事前规划、事中监督、事后验收的制度，并建立了责任考评机制。项目实行终身责任制，项目竣工后对项目所发挥的效益要进行客观的估价和评估，这样的做法得到了项目所在地干部群众的肯定。

按照县发改委关于落实"十个全覆盖"项目监督检查工作实施方案的要求，湾镇在 2010 年年末对三年来的以工代赈资金进行认真查对核实，具体情况如下。

第一，2008 年全镇以工代赈资金 57 万元，经查账核实，资金已拨付到下列项目单位。（1）基本农田建设项目单位及其支持金额分别是：竹村1万元、王村1万元、朱村1万元、泥村1万元、夹村1万元、宋村1万元、湖村1万元、翻村茶场低改2万元、土村1万元、河村1万元、庄村1万元，共计12万元；（2）人畜饮用水项目单位及其支持金额分别是：庄村1万元、街村1万元、笕村1万元、湾村1万元，共计4万元；（3）乡村道路项目单位及其支持金额分别是：马村15万元、腰村15万元、金村2万元，共计32万元；（4）小流域治理项目单位及其支持金额分别是：马村5万元、腰村3万元、流水村1万元，共计9万元。以上这些项目资金已全部拨付到项目单位，并且全部用在项目上，专款专户。

第二，2009年全镇以工代赈资金79万元，经查账核实，资金已拨付到下列项目单位。（1）基本农田建设项目单位及其支持金额分别是：虎头村5万元，共计5万元；（2）人畜饮水建设项目单位及其支持金额分别是：胡墩村4万元、界岭村6万元、水桥村10万元、莲尖村3万元，共计23万元；（3）乡村道路建设项目单位及其支持金额分别是：杨堰村18万元、界岭村18万元、东河村4万元，共计40万元；（4）小流域治理项目单位及其支持金额分别是：笕村3万元、杨堰村1万元、游冲村2万元、东河村5万元，共计11万元。以上这些项目资金已全部拨付到项目单位，并且全部用在项目上，专款专户。

第三，2010年的以工代赈项目主要解决了三个方面的工作。首先是完成农田水利基本建设项目4个，主要解决了水桥大堰辖区内4个村2500亩农田灌溉问题，解决了锣坳大堰资金建设瓶颈问题。其次是完成了芭街至河村共6个村的片区开发项目，使片区开发项目村的道路获得了拓宽并进行了绿化和美化的工作，环境脏乱差的问题也得到了有效治理。最后是解决了泥村、河村两个村部分小组的人畜饮水问题，使群众喝上了安全饮用水。

第四，2011年县发改委安排湾镇以工代赈基本农田项目资金共计44万元。该资金具体落实在以杨柳大堰水桥村为主的16个村的基本农田建设项目上，新修了造价200万元的杨柳大堰一座，解决了水桥、笕村、游冲、老冲4个村的近2000亩农田的灌溉问题，

第三章 "久盼甘霖"：扶贫资源下乡

解决了锣坳村、湖村、陈岩村的低产田改造问题。资金已全面到村，资金到位率100%。与此同时，县发改委还下拨了易地扶贫搬迁的资金。在湾镇，该资金主要用于街村易地扶贫搬迁工程，该村共搬迁贫困农户20户80人，总投资34万元，国家预算内扶持资金33万元。主要用于建房开挖宅基地及附属设施3165平方米，新建棚圈600平方米，老宅基地改造为耕地6.5亩，新建人畜饮水工程1处，铺设饮水管网4公里，新建道路2.5公里，建沼气池10口。资金到位率100%，资金使用率100%。

第五，2012年县发改委下拨到湾镇以工代赈项目资金共计65万元，具体落实情况为：泥村3万元、笕村6万元、宋村2万元、河村4万元、柴村1万元、湖村2万元、陈岩村2万元、赵村3万元、水桥村2万元、湾村2万元、王村1万元、虎头村2万元、胡墩村2万元、岭村3万元、东河村3万元、三河村2万元、街村3万元、翻村2万元、金鸡村5万元、湾镇基本农田改造15万元。以上资金已全部落实到村和项目，湾镇基本农田改造已全部竣工、验收。资金到位率100%，资金使用率达100%。同时，还有易地扶贫搬迁工程，该易地扶贫搬迁资金用于腰村共8户22人的搬迁。易地搬迁，预算内国家扶持资金20万元。该项资金主要用于新修腰村金坳小组通组公路，全长2.5公里的水泥路达标工程，其中，水泥、石头、沙子共用12.6万元，挖土石方共用7.6万元，共计20.2万元。

我们无法对每个村庄落实的项目和项目建设的质量情况进行逐一调查，但是从我们了解到的一般情况看，多数群众对项目建设的情况还是满意的。当然，通过分析湾镇扶贫资金使用的自查报告，湾镇自身也对以工代赈项目的实施总结出了几个问题：（1）少数项目单位报账不及时；（2）极少数单位存在改变资金计划的现象；（3）少数单位有白条入账现象。应该说，在自查报告中，其对问题的揭示都是比较含蓄的，现实当中出现的问题，比这里提出的问题更加严重。从2014年年初审计署公布的对16个国家扶贫工作重点县扶贫资金审计的情况来看，湾镇在自查过程中出现的情况并非个案。

三 湾村概况

1. 政治与经济概况

湾县统计资料显示，2010年年末，湾村共有6个村民小组，166户，共计476人。2010年年末，该村共有21.3公顷耕地，其中水田的面积是17.9公顷；茶园面积是53公顷，其中2010年当年新发展茶园的面积是1公顷。湾村2010年茶叶产量是93.4吨，农民人均纯收入是3816元。据湾村党支部胡支书①讲，湾镇共有42个行政村，基本上每年有一个整村推进的村子。这些年，每个村子整村推进的资金都是100万元，另外再加上150万元的彩票公益基金。

湾村现有农户136户，共计416人。该村村域面积是4.36平方公里。全村有耕地328亩，山林面积6000亩，茶园面积450亩（这个数据与县统计资料中的数据有很大的出入，核实之后发现，村干部告知的茶园面积是准确的）。湾村共有3个村干部，一个负责会计、治保和民兵工作，一个负责计生、妇女和低保、五保工作，最后一个就是村支书兼村主任。在1996年之前，湾村有5个村干部，一直到2002年税费改革之前，村里也是5个村干部。在2006年税费改革完成之后，村里的干部就变成了3个，这是为了响应上级减轻农民负担的号召。税费改革之初，3个村干部都是男的，后来上级要求村干部当中要有女性，在2005年换届选举后，就有了一个女性村干部。

在实行家庭联产承包责任制的时候，湾村内的土地承包是以各个小组为单位进行的，因为在历史上各个村民小组的土地和人口不同，所以在实行家庭联产承包责任制的时候，不同小组内人均耕地的数量是不同的。湾村在家庭联产承包责任制实行后，基

---

① 在湾村自新中国成立以来的历史上，共有2位姓胡的村支书。笔者这里讲的胡支书是现任村支书。在其之前，仍是一个胡姓人当村支书。

本上没有再调整过土地。当涉及公共基础设施占地的时候，村集体一般是使用村集体的茶园和山林与农户承包的土地进行置换和对调。在1998年进行土地二轮延长承包的时候，上级政府要求村集体不留集体土地和山林。也就是从这个时候开始，村集体的茶园和山林就承包给了一部分村民。对于湾村的村民而言，土地延长承包主要是确权和发证，他们承包的土地面积并没有增加。

目前，茶叶种植是湾村农民农业生产的中心，茶叶也构成了农民收入的主要来源。在2004年之前，湾村每年都还种植粮食作物，即春夏种植水稻，冬季种植油菜和小麦。从2004年开始，就仅剩下很少一部分田地种植粮食作物了。20世纪80年代末期，当地村民就有零星种植茶叶的现象出现，后来，随着政府提倡茶叶产业化和实行"一乡一品"的工作力度的不断增加，大规模种茶就开始了。到2008年的时候，只剩下零星的一些地块进行粮食种植，即在一些边角地和房前屋后的自留地上种植，村民的粮食基本上在市场购买。尽管在现有的各种政府统计资料上，我们还是能够看到其对粮食作物产量和种植面积等都有统计，但这些统计都是虚假的。从国家粮食补贴等角度看，村庄与基层政府共同维持着当地仍在种植粮食的"谎言"。这个"谎言"是善意的，但是可能会带来不善的结果。这种现象在不少农村都是存在的，即使是那些已经被抛荒的耕地，其承包者仍然能够从国家获得相关的补贴。

除茶叶种植外，构成村民经济收入主要来源的就是外出务工。本村有一部分打工者进入沿海的工厂，也有一部分村民从事建筑行业，一共约有10多个村民。泥瓦匠一般都是在本乡镇工作，有技术的务工者不多，他们在本地能够找到合适的工作。外出务工的农户，一般都是家里有富余劳动力的。打工者以中青年人为主，以20—40岁的村民为主。村民打工的地方主要是深圳、广州、福建沿海和上海等，去北方城市的少一些。本村从事建筑行业的，一般都是中年人，年轻人进厂的比较多，工厂主要是电子厂、服装厂和鞋厂。这些打工的村民，一年四季都在城市打工，家里的

精英俘获

农业生产基本上不需要他们帮忙。村民中年龄更大一些的人,他们外出打工都是季节性的,流动性也比较大,家里农忙的时候就回来了。采茶季节①,他们一般都在家中采茶,等到采茶季节结束,就会到外地打工,到春节的时候就返回家乡。等到来年的三四月份就又开始采摘茶叶。

在湾村,种植和采摘茶叶的主要是中老年人。这些年龄的农民很难在城市获得打工的机会,而且打工获得的收入也相对较少。种植茶叶的比较收益还是不错的,而且这种工作是相对轻松和自由的。所以湾村中老年人种茶叶的比较多。这个地方从20世纪80年代就开始有个别村民发展茶叶,一直到现在还在发展茶叶。20世纪80年代茶园在山上,20世纪90年代茶园就下山了。② 湾村胡支书告诉我们:"我们村茶叶的发展相对滞后一点,从2004年才开始大规模地发展,也就是那个时候茶园面积才有大面积的增加。2004年,政府搞茶园百亩大连片,正好当年我们也在进行扶贫的整村推进。借助这样的形式和项目,我们很快就发展了较多的新茶园。"

现在湾村还有两个集体茶园,面积总计是40亩,不过这些茶园都已经承包给了农户。实行家庭联产承包责任制的时候,村里的山林也分到各家各户承包了。不过,村集体还是留有一些集体的山林。山林是按照当时各家各户的人口承包的,跟土地承包一样,是以各个小组为单位进行承包的。有的小组,山多人少,这样人均的山林就多一些,而有的小组,人多山林少,人均山林就比较少了。山林并没有给村民带来明显的经济效益,主要是为人们烧火做饭提供了柴火。山上的树木以松树为主,还有不少的竹子。山上的木材需要进行采伐的话,农户是必须向林业部门申请

---

① 根据当地茶叶种植的气候等条件,该地方的采茶季节一般从每年的3月中旬开始,到9月下旬结束。
② 在20世纪80年代的时候,茶叶都是种植在山坡地上,到后来,因为茶叶收益高,村民将原来山下用来种植水稻的农田都种上了茶叶,这就是茶叶的上山与下山。

采伐证的。农户建房所用的木材也都是从山林里砍伐的。湾村范围内,有 2 户农民在山上种植板栗,为了扩大规模,他们还流转了其他村民的山林。从山林流转的角度看,湾村并没有出现大面积的山林流转,小规模和村民自发的流转也是比较少的。村集体的林场面积是 1000 亩,这个林场承包给村民了。

湾村村民人均纯收入是 3000—4000 元,这个数值比较模糊,但是比较客观。湾村现在只有 5% 的耕地还在种粮食,绝大部分村民的口粮都是买的,菜园各家基本上都有,但是买菜也是非常普遍的。现在村里 60% 的农户还养猪,以前则是家家户户都养猪。通过调查村民日常生活中粮食和蔬菜的来源,我们发现,伴随着湾村茶叶种植面积的不断扩大,湾村村民生活的市场化程度是逐步提高的,他们生活的货币化程度也是逐步提升的。村民以前基本自给自足的生活被打破了,现在他们的日常生活都已经离不开货币和市场。对于村级组织而言,其运转也离不开货币和市场。

在我们的访谈中,村干部总是跟我们强调一个事情,那就是如他们自己所讲的:"我们村干部,现在就是要饭的,会要的,你就能够过得好点。不会要的,可能就会被饿死。"这句话,很简单,却深刻且形象地揭示了当前形势下村干部的工作境遇。为什么会有这样的感受呢?在税费改革之后,村级除了上级的转移支付外,基本上没有什么收入。但是村集体仍要承担供给公共物品的责任,在自身缺乏资金的情况下,他们只能到处跑项目。村干部将跑项目比喻为"要饭",这是很值得思量的。在后面的内容中,我们会对其进行更加深入和全面的讨论。

2. 家门结构

在湾村,村民的主要姓氏有:张、胡、谭、周、明、蔡、余、凤、赵、游、王。张姓是最多的,有 30 多户;胡姓人口是第二多的,有 20 多户;蔡姓人家有 20 户左右;明姓人家在 18 户左右;周姓人家在 10 户左右;谭姓户数不多,只有 5 户左右;余姓人家有 5 户,凤姓人家有 6 户;赵姓的人家,共有 4 户;王姓人家在 5 户左右。村里的居民基本上都是老户,大集体的时候有插队下乡的，不过后来回城了。村干部告诉我们："在1949年前，我们这个地方是属于安徽管辖的，后来才划归湖北管辖的。"由于居住环境相对封闭，这里的农村仍然有类似宗族的社会结构，即家门①的存在。

通过对湾村各个姓氏人口的访谈，我们得知，在这个村庄，有人口居住的历史也就是300年左右。他们多数是从江西迁居到这个地方的，其祖辈首先在湾县县城定居，之后又分迁到了湾县不同的乡镇。以湾村的胡姓家门为例，其家门的联系人告诉笔者："在湾县，各个乡镇都有胡姓的人，但是湾镇的胡姓人是最多的。我们的始祖是从江西瓦屑那个地方迁过来的，在嘉定十五年，也就是1222年的时候，就迁到了这个县。后来，我们的一个始祖又来到了这个村子。"

在湾村所在的区域，大家都讲家门。什么是家门呢？广义上讲，同一个姓氏的人就是一个家门的。但是具体点讲，一个家门是指五服以内的同姓氏的人。在20世纪80年代之前，湾村还曾经有家门之间械斗的情况，改革开放之后，这种情况就再没有出现过了。不过，目前家门在红白喜事、村干部选举和获得国家下乡资源方面，还是能够发挥多方面的影响和作用。在生育方面，因家门结构所带来的生育压力是存在的。也就是说，不同姓氏的家门之间还是存在较多的隐性竞争，而通过生育男丁来壮大家门的力量，是当地隐性竞争最常见的一种方式。不过，正如湾村村民所强调的，家门也并不维护本家门成员的所有行为，关键是要看有没有理。如果本家门的人受到了欺负且对方是没有道理的，那么本家门的人就会为受欺负者出头。

从姓氏情况看，湾村是一个多姓杂居的村庄。这也能够说明，很多姓氏的村民是陆续从外面迁入本村的。不同姓氏的人，其家门在本村居住的历史不同。居住历史最长的，已经在这个村庄繁

---

① 家门是当地人的一种说法，从本质上讲，它类似于家族和宗族。但是，现在的家门已经与传统时期的家族和宗族有极大的差异。

衍了十四代人,而居住历史较短的,则只有八代人。与家门结构相伴随的是,各个家门基本上都有家谱。胡姓、张姓、明姓等家门,都在2000年以后重修了家谱。现在,这些姓氏的家谱都与全国同姓氏人的家谱连在了一起。尽管湾村还保留了一些传统时期家族的印迹,但是很多内容已经没有了。在"文革"之前,湾村内的多个姓氏建有祠堂,而在"文革"中,这些祠堂都被拆掉了。不过,胡姓已经在湾县其始祖生活的地方重修了祠堂。各个家门的村民,每年都要举办清明祭祖活动。每年都有小型的祭祖活动,每隔2年或5年,则有大型的祭祖活动。大型的祭祖活动,其范围经常会跨越湖北省。在大型的祭祖活动中,同家门的人会派出自己的代表参加祭祖活动,祭祖也需要家门内的每个男丁交钱,一般是每人50元左右。这些钱是祭祖的活动经费,主要是纸钱、鞭炮,还有宴请的费用。

3. 湾村集体经济

在取消农业税费之后,村集体没有了来自"三提五统"的费用,其基本办公费用都要靠上级转移支付。对于大多数资源贫瘠和区位偏远的村庄来说,村"两委"的日常运转以及村干部的工资都要依靠财政转移支付。在村集体经济收入来源剧变的过程中,村干部的类型也发生了变化,以往的村干部都是踏实而能干活的人,而现在村民都喜欢"社会人"来当村干部(邢成举,2009)。湾村现任村支书告诉笔者:"上级转移支付,一年给我们村是9800元;其他的多数资金都是争取来的,要是不争取的话,我们村集体的基本生活都没有办法维持。扶贫的、移民的、发改委的,只要有可能的话,我们都会去争取的。湾村有1000多亩的集体山林,已经经历了2次发包。最早的一次是在1998年,那个时候林场里的木材蓄积量很大,当时以3万元的价格承包给了本村3个村民,他们利用该林场出售木材,收入颇丰。该林场第二次发包是在2002年,当时定下的租期是20年,现在已经过去了14年。20年的承包期,村集体获得租金收入10400元。1992年到2002年,村集体2个茶园发包10年获得的租金是3万元。现在村集体茶园又进行了发包。现在的茶叶加工厂都是私人的,当时集体茶厂的机械等都卖掉了。集体茶园的承包费是每亩350—450元,茶园是1997年发包的。计算下来,湾村村集体每年比较固定的收入也不超过3万元。"

在就贫困问题与湾村村干部进行讨论的时候,村干部告诉我们,现在的贫困是"村里比较困难,村民其实还是比较可以的。除了一些确实丧失劳动能力和没有劳动能力的人,只要勤劳,生活都过得不错"。"现在村集体的经济收入太差了,要是能够多扶持一下村集体经济就好了。"湾村村干部,对通过扶贫项目来扶持村集体的经济充满期待。村支书告诉我们:"我们村开始有扶贫是2004年,那年是湾村进行的整村推进。当时利用一半的整村推进资金即17.5万元,修通了从外村到我们村的道路,而真正用这个资金修建在我们村子内部的道路就只有960米。这段路是从新朴街村,途经河村、宋村、金村、腰村、烂村,最后才到我们湾村。这段路长约5公里。当然,他们其他村子也都自己筹集了一些资金,各村根据经过自己村的道路长度等出资,剩下的17.5万元,就是修了从与我们相邻的村子到我们村村委会的960米道路。"

第二节 湾镇扶贫工作的掠影

通过湾镇扶贫办主任,我们了解到该镇涉及的主要的扶贫工作是:整村推进、产业扶贫、雨露计划和搬迁扶贫。当然,除了财政专项扶贫外,还有行业扶贫的内容。

一 整村推进

整村推进工作在湾镇始于2003年。2003年,全镇整村推进项目村是1个,到2004年是2个,2005年2个,2006年2个,2007年2个,2008年2个,2009年5个,2010年5个,2011年1个,2012年1个,2013年1个。整村推进的项目资金也是有变化的。从2003年到2008年,湾镇及其所在的湾县,每个村整村推进扶项目资金是40万元；从2009年到2010年，单个村是30万元项目资金；2011年到2012年，80万元；2013年是100万元。2012年和2013年的整村推进村，还同时获得了中央彩票扶贫公益资金的支持，每个村子的扶持额度是150万元。笔者实地调查的湾村，是在2004年实施的整村推进，村干部说当年他们只知道有35万元资金，至于另外5万元的去向，他们是不清楚的。

2003年到2010年，湾镇按照贫困村的平均海拔高度选定村庄作为整村推进项目实施点，当时确定的村庄平均海拔高度要高于300米。2003年，岑坳村成为该镇第一个整村推进扶贫工作村。该村在全镇所有村庄当中属于中等经济水平的村庄，现在也仍然是中等水平的村子，同时其还是典型的山头村。2003年到2010年，整村推进扶贫资金中，有一半的资金是由扶贫系统提供的，还有一半的资金使用的是发改委系统的以工代赈资金。2011年至2013年，所有的整村推进项目资金是由扶贫部门提供的。"十二五"规划期间，全镇规划要对6个村庄实施整村推进项目，目前已经实施了3个村子的整村推进工作。

二 产业扶贫

湾镇的产业扶贫工作，以重点贫困村为主，发展茶叶、桑叶、板栗和药材种植。2003年到2013年，全镇共发展茶叶2万亩、板栗1.1万亩、药材8000亩。目前，全镇已经形成了2个万亩茶叶带。第一个是从东铺村到陈岩村，这个茶叶带共有13个村子，茶叶面积是1.3万亩。第二个茶叶带是从北水村到界岭村，这个茶叶带有9个村子，茶叶面积是1.2万亩。全镇在产业扶贫方面实施的是"两带一片"战略，"两带"就是上面说的茶叶带，而"一片"则是白村、丝村到桥村这一片，该片共有5个村子，发展茶叶3000亩。

茶叶产业扶贫，从2003年到2009年，主要是提供茶叶种子和茶苗。2009年以后，以给予现金扶持为主。2003年到2009年，全镇产业扶贫的资金约为10万元。2010年以来，产业扶贫的支持比例要求达到全部财政扶贫资金的70%以上。2010年以前，农村扶贫以基础设施建设为主，现在则产业扶贫资金更多。对于很多贫困村而言，其基础设施建设还没有完成，急于加大对产业扶贫的投入力度，对贫困村脱贫是很不利的。湾镇扶贫办主任①告诉笔者："在20世纪90年代，我们这个地方还种植着比较多的桑树，后来随着产业改革，我们这个乡镇就没有种植桑树了，茶叶成为我们这个地方核心的经济作物。但是因为交通和茶叶产业工业基础较弱，我们这里的茶叶效益受价格波动影响挺大。"

三 雨露计划

"雨露计划"这个名字是2009年开始有的，但实质上，该计划在2004年就已经出现了。从2004年一直到2008年，这个工程都叫作"农村劳动力转移培训工程"，从2009年开始，这个工程正式被更名为"雨露计划"。从全国的数据看，"到2010年，培训贫困家庭劳动力超过400万人次，其中80%以上实现转移就业。抽样调查显示，接受培训的劳动力比没有接受培训的劳动力月工资可提高300至400元人民币"（国务院新闻办公室，2011）。劳动力培训确实发挥了一定的作用，但是该培训工作对培训对象在客观上存在较强的筛选机制，文化程度较低的贫困农户是无法参与这个培训项目的。

在湾镇，雨露计划主要有短期培训和长期培训两类项目，培训的主体是湾县扶贫办和湾县理工中专、卫东中专和昌华中专。在早些年，湾县卫东中专是负责农民工短期培训的主体，而现在湾县理工中专则是短期培训的主体。对农民工的短期培训，必须在一年以内完成，培训时间一般都会超过一个月。短期培训分为一个月班、三个月班、半年班。培训结束之后，会给学员发放技能与培训证书。长期培训，其时间超过一年半，培训的主体是黄

---

① 其实，与大多数乡镇一样，湾镇并没有扶贫工作的专门办公室，而是由镇经济发展办公室主任负责扶贫工作，因此我们就一般性地称其为扶贫办主任。

市电子信息学校。参加短期培训的学生，每个学生可以获得800元的学费和住宿费补助，而参加长期培训的学生，每个人可以获得3000元的学费和住宿费补助。不论是短训还是长训培训，学员都要自己解决生活费。相对于短期培训的灵活性而言，长期培训显得比较死板，而且费用较高，所以真正对农民进行长期培训是很难的。

湾镇扶贫办主任建议："对于短期培训，要进行实用技术的培训，培训的方式要灵活多样，培训基地要放到乡、村和村民小组，要能够到农民的田间地头去进行培训，那效果就更好。另外，培训要以学生为中心，要以实战培训代替理论的讲解。"其实，这种培训方式也是农民期待的，但要是实行这种培训的话，需要财政投入更多的资金。

从2010年开始，国家为了促进学生就业，实行了对贫困家庭初高中学生就读职业技术学校进行补助的工作，该工作从2012年才在湾镇开始施行。从2012年下半年开始，农村户籍的学生，就读中等职业学校和高等职业学校，国家每年给1500元的生活补贴。2012年下半年到2013年上半年，全镇共有272人获得这个补贴，从学生数量和指标的数量看，指标还是不够的，一些贫困家庭的学生仍然无法获得这个补助。湾镇扶贫办主任告诉我们："这些钱，经过乡村审核后，我们就直接将名单和其家庭的一卡通卡号交给县财政局，由县财政局负责将补助资金直接打入受助学生的家庭账户内。如果让学校发这个钱的话，就可能会出现发不到位的情况。"

从2008年开始，湾镇在上级扶贫办的安排下，还要对全镇各个村的贫困人口进行基本信息的登记，每个年度都确认一下各个村贫困人口的数量和具体的情况，然后将这些信息输入贫困人口动态管理系统。2012年，全镇共有贫困户6341户，共计22430人。在湾镇，扶贫工作系统是这样定义贫困户的，即农户人均收入低于2100元的就算是贫困户。贫困人口动态管理系统里的每户都有1个信息登记表，这个表内有56项信息需要登记。除了贫困人口，低保人口和五保人口等也都按照要求进入了贫困人口登记系统。

四 搬迁扶贫

2010年之前，每个搬迁农户能获得的扶持资金是6000元，现在则是8000元。搬迁扶贫项目是与整村推进项目配合实施的。每年的扶贫搬迁农户即对象是以整村推进村当中的贫困农户为重点的，每年给扶贫整村推进村15户的搬迁扶贫指标。只有整村推进贫困村，才能够获得扶贫搬迁的项目支持。当然，也会有一些例外，这些例外情况跟自然灾害或村干部的社会资本有关。与扶贫系统的扶贫搬迁同时的，还有发改系统的易地扶贫搬迁项目，这个项目的资金来源于国家发改委的易地扶贫搬迁专项资金。易地扶贫搬迁，全县每年是200户的指标。这个项目的重点是配合县乡当地的工程建设和高山移民，项目偏好推动连片农户的搬迁。

湾镇扶贫办主任认为："目前，扶贫搬迁方面的覆盖面还是太小，同时资金扶持的数量也十分有限。现在每户8000元的扶持资金还是太少了，要是能够增加到每户2万元就好了。"从现实看，这种扶贫的补贴额度确实是比较低的，相对于农民最基础的10万元左右的建房成本来说，这种补助的效果并不显著。在贫困村，真正有实力进行搬迁的，都是比较富裕的农户，而真正贫困的农户是不可能轻易搬迁的。我们可以简单地看一下从2007年到2011年湾镇所获得的年度财政专项扶贫资金：2007年，湾镇获得的财政扶贫资金是56.1万元，2008年是78.3万元，2009年是80.5万元，2010年是159.5万元，2011年是156.2万元，5年内获得的财政扶贫资金是530.6万元。2005年到2011年，湾镇获得的老区建设资金分别是：2005年20.3万元，2006年21万元，2007年34.7万元，2008年29万元，2009年25万元，2010年24万元，2011年28万元，7年共计获得老区建设资金182万元。从近几年的情况看，湾镇所获得的扶贫资金有大量的增加，这与国家和地方财政的投入密不可分，但是从另一角度看意味着扶贫工作涉及的

第三章 "久盼甘霖"：扶贫资源下乡

对象和内容等也更加丰富和多样。2011年，湾镇还获得了来自县脱贫奔小康办公室的试点村村庄整治资金80万元，共扶持了16个村子。从脱贫奔小康试点村的项目看，湾镇扶贫工作的内容增加了。

第三节　扶贫资金进湾村

通过镇扶贫办主任，我们得知，湾村在整个镇的42个村子当中并不能算是最贫困的，其在所有村子中算是中等偏下的。湾村人口少，加上平均海拔较高，在乡镇扶贫工作中理应是重点关注的对象。不过，从村民那我们了解到，该村在扶贫资源获得方面，跟不少村子都是有差距的。以下这些内容是湾村自2004年以来获得的所有外来资源。这些资源并不都是扶贫资源，但是这些资源的总量与周边的村子相比，都是较少的。以下资料依据湾村会计账目，由湾村现任会计①告知。

我们通过表3-1来具体看一下自2004年以来湾村所获得的各种外来项目的情况，这些项目包含了扶贫领域的项目和资源。

表3-1　湾村2004—2011年各类进村项目统计

单位：万元

年份	项目来源	项目资金	项目用途
2004	整村推进项目；县发改委以工代赈项目	35；0.6	通村公路建设；村组公路建设
2005	县财政局农业开发项目；县水利局安全饮水项目	0.2；0.29	主要是用于茶园建设；饮用水水源及管道建设
2006	县委组织部农村基层党组织阵地建设项目；县财政局支农捐资	0.5；0.3	湾村村部建设
2007	县委组织部农村基层党组织阵地建设项目；县移民局移民后扶工程；县财政局财政补助	0.2305；1；0.7	用于村部建设和村集体运转经费

---

① 湾村现任村会计姓谭，其从20世纪90年代就开始负责湾村的会计工作。村外进村的每一笔资金都会被村会计记录在案，以备检查。

续表

年份	项目来源	项目资金	项目用途
2008	县扶贫办；县发改委	3.5；1.5	产业扶贫，基础设施建设，农田改造
2009	县移民局；县水利局；县扶贫办；县财政局	1；1；0.5；0.2	基础设施建设；茶叶基地建设；饮用水设施建设；一事一议奖补
2010	县移民局	1	道路修建
2011	县扶贫办；县脱贫奔小康办公室；县水利局；县移民局；县财政局	3；1；1；2；4.9	茶叶生产发展；村庄整治；水利基础设施建设；道路建设；农业产业开发

注：表中的内容来源于实地调研，通过对湾村会计的访谈和对湾村账目的查看获得。

尽管湾村在2004年获得整村推进项目，资金总额是35万元，不过从六冲村到湾村有8公里的道路，镇政府从这个资金中拿出了一半用来修建这段道路。剩下的17.5万元资金才交给了湾村。一半的项目资金对湾村来讲就无法集中办大事了。至今湾村的村干部对乡镇如此处理本该全额拨付给他们村子的这笔资金仍是记忆犹新，依然是不满和无奈。

2012年，湾村获得县财政局一事一议奖补资金2万元，县扶贫办5万元财政专项扶贫资金。2012年，村里通过一事一议项目，每人收取了15元，共收取了6000多元；加上筹劳，即每个劳动力付出10天劳动，愿意出钱的就出钱，不愿意出钱的就劳动，这样收到的钱有1.7万元。有些村民没有交钱，也不参加劳动，这就要村干部做工作了，做群众的思想工作。当年，县质监局也给湾村拨了6000元资金，质监局是该村的帮扶单位。2012年的挖万塘项目，县质监局为湾村补助了1.5万元，主要是用于堰塘的清淤和扩建。2012年，县移民局给了村里8万元，这个资金主要是用于修建该村的山上公路，该道路的工程量很大，花费很多。村干部将移民局的领导请到山上来，让他们看看道路修建的情况，这样也就好要钱了。为了支持修路，2013年，县扶贫办给了湾村5万元，不过这些钱在村干部看来还是太少。"我们的工程太大，这些钱都

第三章 "久盼甘霖": 扶贫资源下乡

是杯水车薪。"同年,湾村还获得了县发改委以工代赈项目2万元资金。加上村集体茶园发包6年,获得租金6万多元。

湾村2012年因修通省际连接路而花费了一大笔资金,为了付款,村干部向农户借款6.5万元。同年,村集体茶园发包收入6万元。农户捐款5万多元。加上农户盖房子收取的土地占用费几万元。也就是说,在2012年,村集体偿还修路款20万元。2003年,村里负债15万元。2008年,村里负债28万元。到2013年,村里负债竟达到了60多万元。正如现任村支书对这种情况的补充:"现在,村里做事情的话,就要出现债务。想着偿还以前的债务,但是这个也不容易。债务只能往后继续拖着了,有能力还就还,没有能力也不会赖账的。"

从社会大扶贫的格局来讲,我们有必要提一下湾村低保、五保、新型农村养老保险等内容。村干部告诉我们,低保对象主要是年龄大的、身体不好的、有病的。一些村民代表认为,村干部在政策落实方面做得还可以,干部经常到每家每户去走访。"比如,今年(2013年)春天发生的倒春寒,就使得茶园大面积受灾。茶叶受灾就会到农户家里去看看,国家要是有项目下乡的话,就给村民补贴一些。没有的话,我们也没有办法。村干部都是百姓选上来的,在社会上多少还是有点活动能力的。"村干部的这些话告诉我们,项目和资源是不能靠等而获得的,而是要主动"出击",要利用自己的活动能力。湾村共有54个低保对象,有16个五保对象。在低保评选方面,村里做得还是比较公开和透明的。从程序上讲,村里首先会通知村民,需要申请低保的农户就向村"两委"递交低保申请书,接着村干部会召开村民代表会议,对各个村民小组内的低保申请者进行讨论和筛选;之后,村"两委"召开会议,初步确定低保对象名单;接着村里会贴出候选人的名单,要是村民对这个名单有异议,就直接给村干部打电话。低保对象一般都是由村民代表和村"两委"干部共同确定的,条件好的一般是拿不到低保的,但是每个村子总是有个别家庭条件较好的人获得了低保。与全县各个村的情况一样,湾村的低保也分为三个等级，最高等级每个月的补助是110元，第二类每个月的补助是80元，第三类每个月的补助是60元。一般情况下，低保对象都比较稳定，因大病而吃低保的，治疗结束就会退出低保。村干部说："据说，上面已经不再增加低保指标了，所以我们也就没有再向镇里要低保名额。"另外，据县民政部门的最新通知，低保补助标准将在2013年进行较大的提高，其中一等低保补助，每个月150元；二等低保补助，每个月110元；三等低保补助，每个月80元。在低保标准不断提升的情况下，大家想获得低保的冲动也是越来越强。处于低保线标准边缘的农户，最有可能通过自己的运作而成功获得"非分"的低保补助。

除了低保和五保，新型农村合作医疗保险在湾村的覆盖率为近100%，仅有几户家庭因自己购买了商业保险而不愿意加入新农合。家庭特别贫困的农户和低保户等，他们参加新型农村合作医疗的费用是由政府财政负担的。中小学生"两免一补"政策，因为与学生家庭和学校对接，所以也执行得较好。此外，种粮补贴等也都是与农户对接，补贴资金直接打入农户的一卡通账户。

有学者研究发现，税费改革前后，乡村社会的民主类型发生了变化，即从汲取型民主转变为分配型的民主（赵晓峰，2010），这种民主类型的转变是以国家推动城乡统筹发展、大量公共资源下乡反哺农村为背景的。具体地讲，扶贫资源下乡，有其特定的背景和要求，这也是我们在上一章当中讨论的。关于扶贫瞄准单位的沉降和缩小这一过程，中央政府仍对地方政府的权力使用进行了监督。在国家从乡村汲取资源的背景下，基层政府与乡村组织之间形成了一种工作上的利益共同体与日常交往中的情感共同体，这是造成乡村治理危机的重要原因（赵晓峰，2011）。也正是基于对这一事实的认定，中央政府在取消农业税费之后，发起了一场乡镇综合配套改革。在这一改革中，乡镇七站八所等或被裁撤，或被改变性质，而村庄或被合并，或被拆分，村民小组组长也被取消。好在笔者调查的地方并没有进行如此猛烈的改革运动，而这为当地乡村良好社会秩序的形成提供了可贵的基础。扶贫资源如同种粮补贴等一样，像久违的甘霖，很快就滋润了农民渴望被重视和关注的心田。通过现代媒体的传播，中央的各项政策能够很快地为村民所熟知，对于各种进入村庄的资源，村民都认为："这都是中央政府的好，中央的好政策，到下面就被下面的干部给弄歪了。中央政府肯定是一点问题都没有的，省级以下的，就不好说了。"这样的话，我们在农村调研的时候会经常听到，尤其是当问及村民国家各项政策在农村的落实情况时，他们更是众口一词地告诉我们以上内容。不仅国家对基层政府和乡村组织存在误解，农民对它们也同样有误解和偏见。下面一章，我们将会展现乡村干部在扶贫资源分配与使用中所扮演的角色，由此我们可以更加全面和完整地理解乡村干部的行为逻辑。

第四章 "进贡求雨":扶贫资源分配与精英俘获

尽管有大量的扶贫资金开始进入乡村社会,但是相对于庞大的贫困人口数量和广阔地域内的贫困状态而言,现有的扶贫资金总是显得捉襟见肘。与扶贫资源相关的僧多粥少的现象是一直存在的。所以,动员一切能够动员的力量,利用一切可以利用的资源,搭建一切能够触摸的关系等,都成为村干部争取扶贫资源的固有策略。为了求得扶贫资源的"雨露",村干部和村民都需要付出和投入一定的资源和成本,而这些资源和成本主要是给扶贫资源的控制者与分配者"进贡"。这种"进贡"既可能是时间层面的,也存在物质层面和情感层面的内容。

在展开正式论述之前,我们需要对几个关键概念进行界定。首先是精英俘获。在本书的研究范围内,精英俘获主要包含两个层面:一个是精英个体层面的,另外一个是精英所治理的村庄层面的。从本质上讲,村庄层面的精英俘获体现的是精英个体对扶贫资源分配的干预。尽管从具体内容和机制上看,两个层面的精英俘获并不相同,但是其对扶贫目标偏离和资源分配不公的效果都是一样的。另外,我们还需要界定一下精英的概念。泛泛地讲,村庄内有政治精英、经济精英和文化精英,但是在精英俘获的影像里,政治精英和经济精英具有极其密切的互动,其对扶贫资源具有其他精英不具备的影响力。本研究中的政治精英主要指村干部,而经济精英主要指村庄内的大户和私营企业主等。精英个体获得了本该由贫困者获得的扶贫资源或者精英所在的村庄获得了本该由更贫困村庄获得的扶贫资源,都是本书研究意义上的精英

第四章 "进贡求雨":扶贫资源分配与精英俘获

俘获。

本章主要通过乡镇分配乡村扶贫资源的过程来展现扶贫资源配置中的权力、结构与社会资本等关键元素之间的关系,通过对村庄的比较,我们会发现扶贫资源的分配并不与贫困程度一致。因为下达到村庄内的扶贫资源更多地被用来进行公共工程建设,所以也就不存在分配的问题,但是存在扶贫资源使用方向的确定与选择问题。无论是扶贫资源的配置还是使用,在其过程中都会出现精英俘获的现象。精英俘获本身并不是一个带有强烈感情色彩的词语,而是对精英获取不应该得到的资源和利益的社会现象的概括。以笔者实地调查所在的湾县为例,其现有的各种进村的补贴达70多项,其具体的名目如下。

百镇千村基础设施建设补助资金,财政扶贫资金,测土配方施肥补助资金,柴油、化肥综合直补资金,村级公益事业建设一事一议财政奖补资金,村级综合服务社建设补助资金,村级组织支出补助资金,低产林改造,电视村村通设施补助费,扶贫专项资金-发展资金,扶贫专项资金-发展资金-劳动力培训,抚恤补助资金,公共卫生服务体系建设补助资金,公共租赁房专项补助资金,国家免费孕前优生健康检查项目专项资金,环保项目资金,基本农田保护项目资金,计划生育家庭特别扶助制度专项资金,家电下乡补贴资金,就业补助资金,科普惠农兴村计划专项资金,库区口粮补助资金,廉租房保障专项补助资金,粮食直接补贴资金,粮食主产区农业技术推广补助资金,良种补贴资金,农村"五保户"供养资金,农村部分计划生育家庭奖励补助资金,农村低保资金,农村分散供养孤儿救助资金,农村改水资金,农村劳动力转移培训资金,农村适龄青年婚前体检资金,农村税费改革转移支付资金,农村危房户改造及灾后重建资金,农村文化设施建设资金,农村新型合作医疗补助资金,农村医疗救助补助资金,农村义务教育公用经费补助资金,农村义务教育校舍维修补助资金,农村中小学免费教科书、补寄宿生活费资金,农村综合改革以钱养事资金,农机公共服务能力与体系建设专项补助资金，农机购机补贴资金，农民专业合作经济组织补助资金，农田水利设施建设资金，农业生产救灾资金，农业综合开发产业化经营项目资金，农业综合开发土地治理项目资金，生态公益林补偿资金，省定重点贫困村补助资金，省级无线电视广播覆盖专项资金，水产大县建设扶持资金，水土保持综合治理及小水电燃料生态保护补助，送戏下乡补贴专项资金，通村公路补助资金，退耕还林补助资金，退耕还林粮食补助资金，外贸公共服务平台建设资金，小麦良种补贴资金，新农村建设工作队帮扶专项资金，新农村建设示范资金，新农村现代流通服务网络工程资金，新型农村社会养老保险补助资金，畜牧良种补贴，优势农产品板块资金，油菜补贴资金，玉米良种补贴资金，沼气推广和改厕所补助资金，中等职业学校国家助学金，中等职业学校免学费资金，自然灾害生活补助资金。

当然，以上的一些项目并不是直接到村或到户的，其也不可能在一个村庄内全部出现。但是它们与农民有着十分紧密的关系。不过，对于这些种类繁多的补贴，很多村干部并不知道其全部内容，通常情况下，他们只是熟悉其中的30种左右。这也在一定程度上告诉我们，公共资源下乡工作当中的信息通报与传递工作仍有很大的进步空间。从湾镇与其他乡镇所获得的扶贫资金看，其基本是与该镇的贫困发生状况相一致的，但是湾县县政府所在地的泉镇获得了与其贫困状况不一致的扶贫资金。2008年，湾镇获得财政扶贫资金73.8万元，而同年，泉镇获得财政专项扶贫资金94.8万元。湾镇是湾县第一农业大镇，其贫困人口也是全县各个乡镇中最多的，它没有获得最多的扶贫资金，这可能是由不同乡镇政治地位所导致的。作为县政府的所在地，泉镇自然与县政府有着更加紧密的联系，而这种紧密的关系也必定能够反映在扶贫资金的拨付上。规模更小的河镇在2008年获得了36.9万元的扶贫资金。总体上看，湾县各个乡镇所获得的扶贫资金与其贫困人口规模和经济发展水平紧密相关。我们不妨看下表4-1。

表 4-1 各乡镇农民人均纯收入、财政扶贫资金和人口统计

乡镇名	人口（万人）	2010年农民人均纯收入（元）	2011年财政扶贫资金（万元）	2006年老区建设资金（万元）
陶乡	1.3	3911	70.5	20
雷镇	4.2	3755	152	23
湾镇	5.8	4092	188	23
泉镇	10.79	4096	153	6
河镇	2.2	3978	102.5	8
金镇	2.8	4095	131	21
孔乡	2.7	3826	62	9
方乡	3.1	3922	126	27
石镇	4.2	4080	147.5	23
红镇	2.2	3996	121.5	23
草镇	2.5	3910	119	8

注：表中内容来源于实地调研。

如表 4-1 所示，依据 2010 年湾县各个乡镇农民人均纯收入的情况，我们可以看到，湾镇农民的人均纯收入位列全县各个乡镇的第 2 位，加上其是全县农业第一大镇，其贫困人口的比重也是较大的。相应地，我们也能够看到，2011 年，湾镇获得了最多的财政扶贫资金，而在 2006 年开始的老区建设资金中，湾镇获得的扶持资金也是居于前列的。这能够说明，湾镇是湾县扶贫工作的重点，也是各个乡镇中贫困人口最多的乡镇。依据该镇 2010 年的统计资料，当年，湾镇共有贫困村 40 个，其中省定贫困村 22 个，省级以下政府确定的贫困村 18 个。湾镇的 40 个贫困村均有村级债务，2010 年各村债务总额为 3000 万元。到 2010 年年底，湾镇仍有 20 个行政村没有村卫生室，5 个行政村没有通公路，不通邮政的村子有 7 个。2010 年年底，湾镇需要搬迁的农户是 350 户，共计 1200 人，当年仍有 1.5 万人和 1.2 万头牲畜需要解决饮水困难。以上，只是为下文的论述进行铺垫，本研究的重心在于从乡镇到行政村之间的扶贫资源分配，及其过程中精英演绎的不同故事。

第一节 扶贫资金的分配格局与结构

为了简化本研究的分析,笔者选择湾镇内的 8 个村子进行研究。这 8 个村子曾经都属于同一个乡,而该乡在 2001 年时被合并进了湾镇。这 8 个村子分别是湾村、河村、赵村、陈村、腰村、金村、烂村和宋村。以下将主要展示湾镇扶贫资源不同年度在这几个村子的分配情况。不过,我们首先需要对这几个村子的基本情况进行了解。具体内容可以参见表 4-2。

表 4-2 八村 2010 年基本情况统计

村庄名	人口（人）	耕地面积（公顷）	贫困人口（人）	贫困发生率（%）	人均纯收入（元）
赵村	506	28.77	292	57.8	3218
河村	1801	99.33	689	38.3	5500
宋村	1006	40.4	352	35.0	4628
烂村	934	42.77	475	50.9	4010
湾村	476	21.3	293	61.6	3816
陈村	519	30.2	286	55.1	3317
腰村	719	35.51	347	48.3	3324
金村	998	50.27	350	35.1	4219

注：以上数据来自笔者实地调查所得,部分数据是计算后获得的。

从以上 8 个村子人均纯收入的情况看,赵村、陈村和腰村的农民人均纯收入是低的。而从贫困发生率的情况看,贫困发生率最高的三个村子分别是湾村、赵村和陈村。8 个村子当中,农民人均纯收入最高的是河村和宋村,与此相一致,这两个村子的贫困发生率也是最低的。

一 财政扶贫资金的分配格局

2007 年,湾镇所辖的以上 8 个村子当中,陈村获得扶贫搬迁资金3万元，河村获得村组道路建设资金1万元。除去这两个村子，其他村子在2007年度都没有获得财政扶贫资金。2007年度，湾镇共获得财政扶贫资金56.1万元，而笔者调查的这8个村子，共获得财政扶贫资金4万元。

在湾镇2008年财政扶贫资金第一批项目的分配中，以上8村中，腰村获得人畜饮水项目扶持资金3万元，获得沼气建设项目资金12万元，获得扶贫搬迁项目资金3万元；同年，陈村获得扶贫搬迁资金2.4万元。在第二批项目中，湾村获得1万元茶叶生产经费，也就是产业扶贫资金，宋村也获得了1万元的茶叶生产经费。在2008年的财政扶贫资金中还安排了村集体办公经费的项目，以上8村当中，腰村、赵村和河村各获得了1万元的工作经费支持。从2008年财政扶贫项目的分配情况来看，腰村获得的财政扶贫资金是19万元，是8个村子当中最多的，而烂村和金村则没有获得财政扶贫资金。具体如表4-3所示。

表4-3 八村2008年度财政扶贫项目资金统计

单位：万元

村庄名	扶贫项目名称	资金额度	资金总计
赵村	村级组织工作经费	1	1
河村	村级组织工作经费	1	1
宋村	茶叶生产	1	1
烂村	无	0	0
湾村	茶叶生产、村级组织工作经费	1，1	2
陈村	扶贫搬迁	2.4	2.4
腰村	人畜饮水、扶贫搬迁、沼气建设、工作经费	3，12，3，1	19
金村	无	0	0

注：数据来源于湾镇扶贫办统计资料。

在湾镇2009年扶贫资金的分配中，只有湾村、河村和腰村获得了财政扶贫资金，其中，湾村获得1万元的生产发展经费，腰村获得1万元的工作经费，河村获得11万元的沼气建设资金、10万元的村组道路建设资金、3万元的扶贫搬迁资金和1万元的工作经费。接下来的 2010 年,各个村子获得财政扶贫资金的情况又是如何呢?我们可以参见表 4-4。

表 4-4　八村 2010 年度财政扶贫项目资金统计

单位:万元

村庄名	扶贫项目名称	资金额度	资金总计
赵村	工作经费	1	1
河村	茶叶生产	4.5,1	5.5
宋村	茶叶生产	1	1
烂村	无	0	0
湾村	茶叶生产	1	1
陈村	茶叶生产	2	2
腰村	救灾资金	1	1
金村	茶叶生产,村组道路建设,救灾资金	15,10,1	26

注:数据来源于湾镇扶贫办统计资料以及实地调研。

在湾镇 2010 年的资金分配中,八村当中金村和河村获得的财政扶贫资金是最多的,分别是 26 万元和 5.5 万元。而烂村则与 2008 年、2009 年的情况一样,已经连续 4 年没有获得财政扶贫资金了。为什么会出现这样不均衡的状况呢?也许现在下结论还太早,那么我们就接着再看几年的数据。

我们看看 2011 年度湾镇下辖的这 8 个村子,在扶贫资金分配结构中所处的位置及其获得财政扶贫资金的情况,具体内容参见表 4-5。

表 4-5　八村 2011 年度财政扶贫项目资金统计

单位:万元

村庄名	扶贫项目名称	资金额度	资金总计
赵村	无	0	0
河村	茶叶基地建设,新建茶园 20 亩经费	1,3	4
宋村	无	0	0
烂村	茶叶基地建设	2	2

续表

村庄名	扶贫项目名称	资金额度	资金总计
湾村	茶叶基地建设	2	2
陈村	新建茶园150亩经费，药材基地建设	2,13	15
腰村	新建茶园50亩经费	5	5
金村	茶叶基地建设	2	2

注：数据来源于湾镇扶贫办统计资料及实地调研。

通过表4-5，我们可发现，在2011年的财政扶贫资金分配中，8村当中的赵村和宋村没有获得财政扶贫资金，同时烂村结束了连续4年没有获得财政扶贫资金的历史。从2011年的资金安排情况看，获得财政扶贫资金的6个村子中，5个村子获得的扶贫资金数额差距不大，而陈村获得的扶贫资金在众多村子当中比较突出。同年，湾镇全镇共获得财政扶贫资金156.2万元，我们关注的8个村子共获得扶贫资金30万元。从表4-5中，我们还能够看到，在新建茶园扶持资金方面存在"奇怪"的现象：河村新建20亩茶园获得了3万元扶持，陈村新建150亩茶园却只获得2万元扶持；同样地，腰村新建50亩茶园，获得了5万元的扶持。

我们接着看2012年的相关数据，参见表4-6。

表4-6 八村2012年度财政扶贫项目资金统计

单位：万元

村庄名	扶贫项目名称	资金额度	资金总计
赵村	基础设施建设	2	2
河村	茶叶生产	1	1
宋村	无	0	0
烂村	茶叶生产	2	2
湾村	茶叶生产	2	2
陈村	茶叶生产	5	5
腰村	茶叶生产	1	1
金村	茶叶生产	1	1

注：数据来源于实地调研及镇扶贫办相关统计资料。

我们不妨将 2007 年到 2012 年以来这 8 个村子获得扶贫资金的情况进行简单的统计,这样,我们就可以更加清晰地看到不同村庄在获得扶贫资金方面的差距。参见表 4-7。

表 4-7　2007—2012 年八村所获财政扶贫项目资金统计

单位:万元

村庄名	2007 年	2008 年	2009 年	2010 年	2011 年	2012 年	各村扶贫资金总计
赵村	0	1	0	1	0	2	4
河村	1	1	25	5.5	4	1	37.5
宋村	0	1	0	1	0	0	2
烂村	0	0	0	0	2	2	4
湾村	0	2	1	1	2	2	8
陈村	3	2.4	0	2	15	5	27.4
腰村	0	19	1	1	5	1	27
金村	0	0	0	26	2	1	29

注:数据来源于实地调研,且经过计算后获得。

通过表 4-7,我们可以清晰地看到,从 2007 年到 2012 年,获得扶贫资金最少的是宋村,仅 2 万元;获得扶贫资金最多的是河村,达 37.5 万元。财政扶贫资金的最高支持额度是最低支持额度的 18.75 倍。这样的差距就出现在相邻的两个村子之间。河村与宋村紧密相连,不过宋村只有河村一半的人口和土地,在扶贫支持上二者差距确实很大。客观地讲,两个村子的贫困发生率是基本相同的。通过对周边不少行政村村干部的访谈,我们得知,宋村的主要干部都在忙于自己的"生意"——绿化树种培育和销售,对村级事务关注较少。

二　老区建设资金的分配格局

从 2005 年开始,湖北省确定了扶贫老区经济发展与社会进步的战略,当年确定了全省 302 个乡镇为重点扶持的老区乡镇,其中笔者调查点所在的湾县共有 7 个乡镇被确定为省级重点扶持老区乡镇，湾镇也在其中。到 2008 年，湖北省又确定了 27 个中心老区乡镇，这次湾县没有任何乡镇入选。为了清晰描述不同村庄获得的老区建设资金数额及其用途，我们将呈现 2005 年到 2011 年的老区建设资金在以上 8 个村子的分配情况。

表 4-8 2005 年八村老区建设资金的分配情况

单位：万元

村庄名	扶贫项目名称	资金额度	资金总计
赵村	农田水利项目，道路建设项目	4，5	9
河村	无	0	0
宋村	无	0	0
烂村	道路建设项目	1.8	1.8
湾村	无	0	0
陈村	无	0	0
腰村	无	0	0
金村	无	0	0

注：数据来源于实地调研和县乡相关统计资料，且经过计算后获得。

2005 年，8 个村子当中，获得老区建设资金扶持的是赵村和烂村，其获得扶持的额度分别是 9 万元和 1.8 万元。而当年湾镇获得的上级下拨的老区建设资金总额是 20.3 万元。该年度，老区建设资金的重点似乎是在以上的两个村子。接下来，我们再来看 2006 年的老区建设资金分配情况，如表 4-9 所示。

表 4-9 2006 年八村老区建设资金的分配情况

单位：万元

村庄名	扶贫项目名称	资金额度	资金总计
赵村	无	0	0
河村	无	0	0
宋村	无	0	0
烂村	无	0	0

精英俘获

续表

村庄名	扶贫项目名称	资金额度	资金总计
湾村	无	0	0
陈村	无	0	0
腰村	无	0	0
金村	无	0	0

注：数据来源于实地调研。

2006年，湾镇共获得上级拨付的老区建设资金21万元，在我们关注的8个村子里，没有任何一个村子在该年度获得老区建设资金的支持。从这一情况看，老区建设资金的分配具有很强的选择性或者说是变动性，而且其要考虑同一个乡镇不同地域范围间的平衡。我们继续关注2007年的老区建设资金分配情况，如表4-10所示。

表4-10　2007年八村老区建设资金的分配情况

单位：万元

村庄名	扶贫项目名称	资金额度	资金总计
赵村	无	0	0
河村	茶叶基地	2	2
宋村	茶叶基地	1	1
烂村	无	0	0
湾村	无	0	0
陈村	无	0	0
腰村	无	0	0
金村	人畜饮水，村组道路	9，6	15

注：数据来源于实地调研，且经过计算后获得。

2007年，湾镇共获得老区建设资金34.7万元，共对镇内13个村子进行了扶持。我们关注的8个村子当中，有河村、宋村和金村获得老区建设资金的扶持，在扶持力度上，金村明显高于其他两个村子。接着看2008年的相关数据，参见表4-11。

第四章　"进贡求雨"：扶贫资源分配与精英俘获

表 4-11　2008 年八村老区建设资金的分配情况

单位：万元

村庄名	扶贫项目名称	资金额度	资金总计
赵村	无	0	0
河村	茶叶基地	1	1
宋村	无	0	0
烂村	无	0	0
湾村	无	0	0
陈村	无	0	0
腰村	无	0	0
金村	村组公路	1	1

注：数据来源于实地调研和相关统计资料，且经过计算后获得。

2008 年，湾镇共获得财政扶贫资金 29 万元，我们关注的 8 个村子里，有 2 个村子获得了老区建设资金的扶持，即河村和金村各获得了 1 万元的扶持资金。数据告诉我们，2008 年度老区建设资金的重点不在这 8 个村子所在的区域。

2009 年，湾县从省级老区建设资金中共获得 229 万元的扶持资金，其中湾镇获得的省级扶持资金是 28 万元，我们关注 8 个村子在 2009 年度均没有获得老区建设资金的支持。由于资料所限，我们没有能够获得 2010 年到 2011 年以上 8 个村子获得老区建设资金的情况。不过，有一个信息是可以提及的，那就是在湾镇上报 2011 年的老区建设项目申请表上，以上 8 个村子中，陈村和烂村位列其中，其中陈村上报的项目共设定申请资金 129 万元，烂村打算申请资金 36 万元，但是两村具体获得了多少扶持资金，我们不得而知。2012 年，在以上 8 个村子中，只有赵村获得了 2 万元的老区建设扶持资金。

二　以工代赈资金的分配格局

从 2005 年国家发展和改革委员会颁发《国家以工代赈管理办法》开始，以工代赈就成为农村扶贫开发的一个重要手段，同时也构成了国家扶贫资金投入的一个重要来源。接下来,我们来看看,湾镇8村在以工代赈项目分配中所处的结构和位置,同时也对这些村庄之间的扶贫情况进行简单的比较。以工代赈项目的投入重点是与农民生产生活密切相关的小型基础设施工程,如道路、农田水利、人畜饮水和基本农田建设等。首先来看2008年湾镇以工代赈资金在8个村子中的分配情况。

表4-12　2008年八村以工代赈资金的分配情况

单位:万元

村庄名	扶贫项目名称	资金额度	资金总计
赵村	无	0	0
河村	基本农田建设	1	1
宋村	基本农田建设	1	1
烂村	无	0	0
湾村	无	0	0
陈村	无	0	0
腰村	乡村道路建设,小流域治理	15,3	18
金村	乡村道路建设	2	2

注:数据来源于实地调研和相关统计资料,且经过计算后获得。

从表4-12,我们看到,以上的8个村子当中,有4个村子获得了以工代赈的项目建设资金,其中腰村获得了18万元的项目资金,金村获得了2万元的建设资金,宋村和河村各获得了1万元的建设资金。2008年,湾镇共获得了57万元的以工代赈项目建设资金。我们再看2009年,湾镇以工代赈项目资金与以上8村之间的关系,具体内容参见表4-13。

表4-13　2009年八村以工代赈资金的分配情况

单位:万元

村庄名	扶贫项目名称	资金额度	资金总计
赵村	无	0	0
河村	无	0	0
宋村	无	0	0

第四章 "进贡求雨":扶贫资源分配与精英俘获

续表

村庄名	扶贫项目名称	资金额度	资金总计
烂村	无	0	0
湾村	无	0	0
陈村	无	0	0
腰村	无	0	0
金村	无	0	0

注:数据来源于实地调研。

2009年,湾镇共获得以工代赈项目资金79万元,8个村子均没有获得以工代赈项目资金的支持。这再次印证了湾镇的以工代赈项目资金分配上,不同年度对乡镇内不同区域进行重点扶持的倾向,而且,8个村子都是被放在同一个片区内来考虑扶贫资金分配的。接下来,我们看2010年的数据,具体内容如表4-14所示。

表4-14 2010年八村以工代赈资金的分配情况

单位:万元

村庄名	扶贫项目名称	资金额度	资金总计
赵村	无	0	0
河村	片区综合开发,人畜饮水	3,2	5
宋村	无	0	0
烂村	无	0	0
湾村	人畜饮水	1	1
陈村	无	0	0
腰村	无	0	0
金村	无	0	0

注:数据来源于实地调研,且经过计算后获得。

2010年,湾镇共获得以工代赈扶贫资金43万元,以上8个村子当中,河村和湾村获得了项目资金支持,额度分别是5万元和1万元。从2011年开始,以工代赈扶贫资金开始分为两个部分,即基本农田项目资金和易地扶贫搬迁项目资金。在该年度,湾镇共获得77万元的以工代赈项目资金,其中基本农田项目资金44万元，易地扶贫搬迁项目资金33万元。在基本农田建设项目中，陈村获得了2万元的扶持，除此以外，以上几个村子没有获得以工代赈项目资金。2011年，根据湾县脱贫奔小康办公室的要求，湾县确定了湾镇的16个村子作为该镇脱贫奔小康的示范点，每个村庄获得了5万元的资金，以进行村庄环境整治。在以上的8个村子中，陈村和腰村是示范村。下面，我们继续看2012年以工代赈项目资金的分配情况，如表4-15所示。

表4-15 2012年八村以工代赈资金的分配情况

单位：万元

村庄名	扶贫项目名称	资金额度	资金总计
赵村	基本农田改造	3	3
河村	基本农田改造	4	4
宋村	基本农田改造	2	2
烂村	基本农田改造	1	1
湾村	基本农田改造	2	2
陈村	基本农田改造	2	2
腰村	易地扶贫搬迁	20	20
金村	基本农田改造	5	5

注：数据来源于实地调研和相关统计资料，且经过计算后获得。

2012年，湾镇共获得以工代赈中基本农田改造资金66万元、易地扶贫搬迁资金20万元。该年度也是2008年以来，以上8个村子同时都获得以工代赈项目资金的一年。以上8个村子获得的以工代赈资金总额为39万元，占全镇以工代赈资金的45%稍多。下面，还有一个有价值的统计表，是关于以上8村2008年贫困人口统计内容的。

表4-16 2008年八村贫困人口统计

村庄名	2008年人口（人）	人均纯收入低于1196元的人口（人）	贫困发生率（%）	人均纯收入处于1197—1500的人口数及其在全村人口中的比重（人/%）
赵村	465	133	28.6	103/22.2

续表

村庄名	2008年人口（人）	人均纯收入低于1196元的人口（人）	贫困发生率（%）	人均纯收入处于1197—1500的人口数及其在全村人口中的比重（人/%）
河村	1623	305	18.8	237/14.6
宋村	860	151	17.6	115/13.4
烂村	846	242	28.6	187/22.1
湾村	415	132	31.8	99/23.9
陈村	462	132	28.6	99/21.4
腰村	648	218	33.6	149/23.0
金村	914	160	17.5	122/13.3

注：数据来源于实地调研，且经过计算后获得。

在当地的政策中，2008年人均纯收入低于1196元，其在2009年就被视为贫困人口，而人均纯收入介于1197—1500元，被称为低收入人口。在贫困发生率方面，腰村和湾村是最严重的，其贫困发生率都超过了30%。在低收入人口的比重中，湾村和腰村的比重也是最大的。这也足以说明，在以上8个村子中，湾村和腰村的扶贫工作难度是很大的。对于湾村内现有的低收入人口来说，其一旦遭遇疾病、灾害或重大家庭支出，就会进入贫困状态。

在列举了不同年度各个村子获得以工代赈扶贫资金的基础上，我们有必要对各个村子2008年到2012年获得的以工代赈扶持资金的总体情况进行一个总结。具体情况如表4-17所示。

表4-17 2008—2012年八村获得以工代赈资金的情况统计

单位：万元

	赵村	河村	宋村	烂村	湾村	陈村	腰村	金村
2008年到2012年以工代赈资金	3	11	3	1	3	4	38	7

注：数据来源于实地调研及相关统计资料，且经过计算后获得。

通过表4-17，我们对湾镇八村2008年到2012年所获得的以工代赈扶持资金的总体情况有了一个清晰的认识。在5年时间里，腰村获得的以工代赈扶贫资金是最多的，其额度为38万元；接下来是河村，其额度为11万元；获得以工代赈扶贫资金最少的是烂村，其只获得了1万元的扶持。财政专项扶贫资金是扶贫资金的主要构成和来源，同时也有行业扶贫等资金大量进入乡村。因为这方面并没有易得的资料，所以关于行业扶贫的情况，我们就不在这里进行详细介绍。但是，我们还是会就自己在调查中了解到的一些村子的情况进行必要的介绍。

第二节 行业扶贫中的资源配置格局

我们将主要通过河村和湾村的资料，呈现两个村庄在行业扶贫中获得扶贫资金的情况。行业扶贫是指，各行业部门履行行业管理职能，支持贫困地区和人口脱贫与发展的政策及项目，其承担了改善贫困地区经济社会发展环境、提高贫困人口发展能力的任务。客观地说，行业扶贫是财政专项扶贫外推动中国扶贫事业进步和发展的非常重要的力量，其对扶贫的作用和影响不可小觑。

一 河村的行业扶贫

我们具体看看河村和湾村在行业扶贫方面所获得的扶持项目。先来看一个统计表，即河村扶贫开发数据对比的统计表，见表4-18。

表4-18 河村扶贫开发数据对比统计

年度	全村贫困户（户）	全村贫困人口（人）	人均纯收入（元）	村集体经济收入（万元）	茶叶种植面积（亩）
2003	205	820	1675	4.9	580
2004	150	600	2806	7.8	780
2005	88	350	2943	11	980
2006	45	180	3208	16	1180
2007	10	35	3995	20	1380

注：数据来源于实地调研和村级统计资料，且经过计算后获得。

第四章 "进贡求雨":扶贫资源分配与精英俘获

河村是目前湾镇范围内仅有的两个不存在村级负债的村子之一,通过表4-18,我们能够看到,其村集体经济收入自2003年以来都是有节余的,这为其村集体经济的增强奠定了基础。到2013年上半年,河村已经有将近200万元的村集体存款。2012年,全村人均纯收入为6500元,基本上是全镇农村居民人均纯收入的最高水平。

河村位于湾县湾镇的东南部,与安徽省中镇接壤,周边与本镇8个行政村交界,地理条件优越,辐射带动效应十分明显。因其特殊的地理位置,湾镇很多的村庄试点与检查工作都是在河村展开的。据现任村支书讲,到过河村考察、检查和学习、工作的,有上至部长、省委书记这样的领导,也有下到其他兄弟单位的村干部。

河村现有16个村民小组,462户,居住人口1801人,面积5.7平方公里,耕地面积1401亩,茶园面积1328亩,山林面积3250亩,水塘40口,小(2)型水库一座。2012年茶叶产量480吨,茶叶产值1210万元,全村社会总产值1850万元。目前该村已建成四处居民集中住宅小区,居民住房条件大为改善,328户住进了漂亮的小洋楼,楼房入住率80%。全村的16个村民小组都已修通通组公路,该村向东可与318国道、武合高速公路相通,东至合肥、南京、上海,西至武汉、北京,交通条件十分便利。村内已建成电信"村村通"基站和移动通信基站各一座,达到通信信号全覆盖,固定电话入户率85%,有线电视网络入户率80%。全村现有行医资格医师4人,个体医疗点4个,95%以上的农业人口已参加新型农村合作医疗。2006年已建成沼气池200口,村容村貌得到了很大的改善。

茶叶是河村的主导产业,茶叶收入占村民收入的70%以上。河村现已建成年产干茶100吨、销售收入过百万元的村中心茶厂1个,辅以8个茶叶加工分厂,基本实现了茶叶产、供、销一体化。2010年河村组建了茶叶专业合作社,为茶农提供生产资料的购买和茶叶的加工、销售以及与茶叶生产经营有关的技术、信息等服务。为了更好地配合茶叶产业发展,村党支部将现有的54名党员划分成立了3个与茶叶相关的党支部,分别是:茶叶生产支部、茶叶加工支部、茶叶销售支部。

1998年，河村就获得了中共中央组织部授予的"全国基层组织建设先进党支部"，从这个时候起，河村的发展与建设受到了来自各级政府和相关部门的重视与关注。2007年，河村被列为湖北省"百镇千村"社会主义新农村建设示范村；2008年2月，村党总支被中共湖北省委表彰为农村党的建设"三级联创"村级组织建设"十面红旗"村；2008年5月，河村被中共湖北省委、省政府命名表彰为"湖北省新农村建设示范村"；2008年8月，河村被中共湖北省委、省政府表彰为"2005—2007年度省级文明村"；2010年被评为市级文明村。对于河村来讲，荣誉与资源是相互依存且共生的，其初期获得的荣誉为其获得外来扶持资源提供了有力的支持，而这些资源的获得也让河村拥有了更加雄厚的发展基础，其发展能力和发展水平与一般村庄间的差距开始扩大。在承接外部资源的基础上，河村不断增强了自身的发展能力，同时也减少了贫困人口。

据河村村会计讲，2009年到2011年，河村共争取到了500万元的各类项目资金。而2009年到2011年，河村获得的财政专项扶贫资金和以工代赈扶持资金超过100万元，这也证明了河村在获取扶贫资源方面的能力很强。河村在这3年内获得的多达500万元的资金主要是通过行业扶贫的途径获得的。

我们首先看河村从县移民局获得的扶持资金情况。从2008年到2011年，河村获得县移民局扶持的资金情况是：2008年人畜饮水项目扶持资金2万元；2008年河村茶厂建设资金35万元；2009年河村村组公路建设资金2万元；2009年村茶厂建设资金90万元；2010年村茶厂建设资金35万元；2011年河村主干河道拦河堰建设资金30万元；2011年村组公路建设资金2万元。从2008年到2011年，河村共从县移民局获得扶持资金196万元。而河村在20世纪60年代只是接纳了4个水库移民，移民的存在是其申请县移民局资金扶持的重要依据，但如果不是河村，县移民局也是不可能给予如此多扶持资金的。不过，没有移民的村庄并不意味着

第四章 "进贡求雨":扶贫资源分配与精英俘获

无法获得移民局的扶持资金。

此外,在2004年,河村获得了县水利局的2万元安全饮用水项目资金,同时还获得了县农业局的4万元农田基本建设资金。2008年,河村从县农村环境整治办公室获得的村庄整治项目资金是84万元,该项目资金主要用于农村环境连片整治管网、饮用水源建设,还有就是污水处理和垃圾桶、垃圾车的购置。2008年,河村还从县农村能源办公室获得了11万元的沼气项目补助资金。2009年,河村获得了由县水利电力局和水土保持局联合确定的"水土保持与小流域综合治理"项目,资金30万元。2010年,河村获得县水利水电局1万元水库岁修资金;在该年还获得了省水利厅和财政厅批复的村茶园自动喷灌项目,其资金额度超过200万元。2011年,河村在市纪委等帮扶单位的帮助下,获得了县水利局的扶持项目,建立了村自来水厂,项目资金130万元。2011年,同样是在市纪委的帮助下,河村获得了县电力局3台变压器的扶持,其价值在100万元以上。2012年,河村利用本村合作社的名义申请了农业产业化综合开发项目,获得农业综合开发扶持资金30万元。同年,河村还获得了县移民局扶持的40万元河道整治资金。2012年年底,河村获得了县水利局对该村水库除险整治的项目支持,扶持资金是140多万元。2012年,河村从县交通局获得通村公路建设补助3万元;同年,县科技局还在河村竖立了"农业科技推广示范基地"的牌子,村支书说县科技局要给3万元的资金,不过还没有到账。2013年,河村又从县交通局获得了2.5公里道路建设的补贴资金,共计30万元。2013年6月,河村获得了县教育局立项的农村幼儿园建设项目扶持资金,共计80多万元。为了清晰呈现以上数据,我们还是看一个表,即表4-19。

表4-19 河村2004年以来所获行业扶贫资金的不完全统计

单位:万元

年度	项目名称	各个项目额度	共计资金额度
2004	安全饮用水,农田基本建设	2,4	6

续表

年度	项目名称	各个项目额度	共计资金额度
2008	人畜饮水，茶厂建设，环境整治，沼气建设	2，35，84，11	132
2009	村组道路，茶厂建设，水土保持与小流域治理	2，90，30	122
2010	茶厂建设，水库岁修，喷灌项目	35，1，200	236
2011	拦河堰建设，村组道路，自来水厂，变压器	30，2，130，100	262
2012	农业综合开发，河道整治，水库除险整治，农业科技推广	30，40，140，3	213
2013	道路建设补助，农村幼儿园建设	30，80	110
总计			1081

注：数据来源于实地调研和村级统计资料，且经过计算后获得。

表4-19只是河村2004年以来所获得的行业扶贫资金的不完全统计，表中的几个年度内，河村获得了1081万元的行业扶持资金。河村的现任村支部书记告诉笔者："2000年以来，我们村子争取到的各种项目资金应该是超过2000万元的。"[①] 最初，笔者还不太相信河村村支书的说法，但是通过上表可以看到，其几年内获得的行业扶贫资金就超过了1000万元，而考虑到2005年到2007年数据的缺失，加上2013年下半年争取到的资金，河村村支书对于本村获得扶持资金的估计也就无须怀疑了。

二 湾村的行业扶贫

以上我们对河村近几年所获得的行业扶贫资金的情况进行了分析，接下来，我们对湾村的行业扶贫情况进行分析。

湾村位于鄂皖两省三县交界之处，全村辖6个村民小组、136户、416人，面积4.36平方公里。耕地面积328亩，山林面积6000亩，茶

---

① 村支部书记对村内的财务情况非常熟悉，掌握财权是村支书权力的重要组成部分。村会计是具体业务的负责人，其没有财务支出的审批权。

第四章 "进贡求雨":扶贫资源分配与精英俘获

园面积450亩,板栗、杜仲、白果基地360亩。通过前面章节的一些内容,我们已经对湾村有初步的认识,在上面分析的8个村子里面,湾村和腰村的贫困发生率是最高的,湾村也是低收入人口占全村人口比重最大的两个村子之一。湾村的平均海拔在100米以上,最高的居住海拔在400米左右。因为村域面积大,居民居住分散,地势起伏较大,当地的交通发展比较滞后。2012年10月份,湾村才修通了从村部到达本村4、5、6村民小组的通汽车的公路,而之前只是摩托车能勉强通过的狭窄小道。2012年年底,湾村村民人均纯收入在4000元左右,这与河村的人均6500元的收入相比,已经有了很大的差距。

湾村在行业扶贫方面,基本上没有获得什么扶持。严格说起来,该村自2004年以来获得的行业扶贫和社会扶贫资金主要有:2006年获得县委组织部帮扶的5000元资金,用于补贴村部楼房的建设;2007年获得县移民局的1万元扶持资金,也用于村部建设;2007年获得了县民政局下拨的5000元救灾资金;2010年,县移民局下拨了1万元资金,用于弥补村组道路建设资金缺口;2010年,县水利局下拨5000元,用于安全饮用水工程建设;2012年,作为湾村帮扶单位的县质监局捐赠了6000元,同年因湖北省"万名干部进万村挖万塘"获得了1.5万元帮扶资金,用于村内堰塘清淤和加固;2012年,县移民局拨付湾村8万元扶持资金,主要用于本村省际连接公路的建设;2012年,县交通局承担了省际连接公路的硬化费用,共计100余万元。从2004年到2013年,湾村获得的行业与社会扶贫资金不足120万元。这与河村所获得的超过1000万元的行业扶贫资金相比,相差将近10倍。可是,行业扶贫资金的分配就是这样,不均衡的状态是非常普遍的。但是,我们要问的是,这种不均衡的现状是应该、合理的吗?

恐怕事实并不如我们想象的那样简单,在不均衡获取扶贫资金与项目的背后,隐藏着很多权力与利益的较量和博弈,这种斗争不仅仅存在于个人层面,也存在于村庄层面。如果从财政扶贫资金目标偏离的角度看,富裕村庄获得大量扶持资金,而贫困村庄只获得很少量的扶贫资金,这就是一种扶贫目标的偏离,也是村庄层面的精英俘获。

以上，我们专门列举和统计了专项扶贫资金、以工代赈扶贫资金、老区建设扶贫资金和行业扶贫资金（还没有对社会扶贫进行专门的统计），从笔者对河村和湾村社会扶贫状况的了解看，河村自2005年以来，一直有省级国企集团对其进行帮扶，河村每年至少能够获得10万元以上的社会扶贫资金，而湾村则没有什么社会扶贫资金。从社会大扶贫的格局出发，诸如两免一补、粮食补贴、农村低保、农村新型合作医疗保险等，也都是社会大扶贫意义上的扶贫资源。不过，对这些内容，我们这里不进行详细的介绍，在以后的讨论中，我们还会专门围绕其中的一些内容展开论述。

第三节 精英俘获的浮现

本章前面两节内容，让我们看到无论是财政专项扶贫资源，还是行业扶贫资源，在我们重点关注的8个村子中，扶贫资源都出现了与其贫困发生率、人均纯收入水平不相符的配置状况。这种情况，我们称之为精英俘获。正如有研究者所言，"精英俘获不光是因为精英本身在客观上有着衔接扶贫项目的更明显优势，还在于精英本身会主动地获取其能够接触到的扶贫资源"（邢成举、李小云，2013）。关于精英俘获的现象，其最初是在经济学科中获得关注，之后在关于发展项目的研究中得到发扬，其认为精英干扰和控制了发展项目的实施进程和过程（Dasgupta，Beard，2007）。在本研究中，精英俘获是指精英影响甚至控制了扶贫资源的分配、使用等，导致扶贫资源与项目偏离其最初设置的目标（Bardhan，Mookherjee，2000）。从本书的具体研究看，精英俘获分为两个层次：其一是精英为其所在的集体和单位俘获利益；其二是精英为自身俘获利益。从本质上讲，这两者是联系在一起的，但是从表现形式上看，两者还是有较大的差异，而且精英在两类俘获活动中的行动逻辑是不同的，不过其对扭曲扶贫资源分配和降低扶贫资金效率的作用则是一致的。

一 精英俘获——村庄层面扶贫资金非均衡分配

我们先看一下村庄层面的精英俘获。将8个村子所获得的扶贫资金进行不完全统计，我们大致能够获得一个客观和相对准确的认识。首先我们对8个村子2012年的贫困情况要有一个整体的认识，具体内容参见表4-20。

表4-20 2012年八村贫困状况统计

村庄名	总人口（人）	贫困人口（人）	贫困发生率（%）	2012年人均纯收入（元）
赵村	460	292	63.5	3986
河村	1801	689	38.3	6500
宋村	972	352	36.2	5300
烂村	886	475	53.6	4048
湾村	416	293	70.4	4032
陈村	468	286	61.1	4076
腰村	647	347	53.6	4202
金村	921	350	38.0	4408

注：以上数据来源于2013年湾县贫困人口脱贫任务分解表；关于该年度的人均纯收入，我们是从访谈的村干部处获得的。

从表4-20的数据，我们可以得知，8个村子当中，湾村、赵村、陈村是贫困程度最高的3个村子，而条件较好的村子则是河村、宋村和金村。这也可以通过各个村子的人均纯收入进行印证。我们不妨将上面几节中统计的各个村子所获财政扶贫资金、以工代赈资金与老区建设资金进行比较，如此我们就很容易看到各个村子获得扶贫资源方面的差距，见表4-21。

表4-21 2005—2012年八村所获扶贫资金的不完全统计

单位：万元

村庄名	2007—2012年财政扶贫资金	2005—2009年及2012年老区建设资金	2008—2012年以工代赈扶贫资金	总计
赵村	4	11	3	18

续表

村庄名	2007—2012 年财政扶贫资金	2005—2009 年及 2012 年老区建设资金	2008—2012 年以工代赈扶贫资金	总计
河村	37.5	3	11	51.5
宋村	2	1	3	6
烂村	4	1.8	1	6.8
湾村	8	0	3	11
陈村	27.4	0	4	31.4
腰村	27	0	38	65
金村	29	16	7	52

注：数据来源于实地调研和相关统计资料，且经过计算后获得。

从近几年各个村子获得扶贫资金的不完全统计情况看，8 个村子当中，近几年获得的 3 个项目扶贫资金总额等于或低于 10 万元的村子有 2 个，分别是宋村、烂村。宋村因曾经是公社所在地，其村庄人口中的一大部分从事个体经营，加上其总体贫困发生率较低，获得较少的扶贫资源是比较正常的。但是，烂村获得如此少的扶贫资源就不正常了。尽管湾村获得的扶贫资金超过了 10 万元，但这与其严重的贫困发生情况仍是不相称的。获得扶贫资金最多的是腰村、河村和金村。河村是 8 个村子当中经济发展水平最高、村集体收入最多的村子，但是该村获得的扶贫资金相当多。腰村和金村，其贫困发生率相对较高，获得较多的扶贫资金是可以理解的。但是最贫困的几个村子，并没有像我们想象的那样，获得较多的扶贫资源。这是精英俘获的体现。

表 4 - 21 中的数据，还没有统计各个村子所获得的行业扶贫资金和社会扶贫资金。河村获得的行业扶贫资金至少在 1000 万元以上，而湾村只获得不足 120 万元。河村从 2008 年开始，基本上每年都从帮扶本村的省国企集团获得超过 10 万元的扶贫资金。这就更加大了扶贫资源配置的差距。以上所讲的村庄层面的精英俘获，只是精英俘获的一个角度。在村庄层面上发生的精英俘获，还有另一个含义或类型，即村庄层面所获得的扶贫资源的使用方向与

其原本申请的项目是不一致的。下面我们以湾村的具体情况来进行说明。

表 4-22　湾村 2008—2012 年财政扶贫资金明细

年度	项目名称	资金额度	实际使用方向
2008	茶叶生产，办公经费	各 1 万元	办公经费，偿还村部建设债务
2009	生产发展	1 万元	村组道路修建
2010	茶叶生产	1 万元	办公经费和积累
2011	茶叶基地建设	1 万元	办公经费和积累
2012	茶叶生产	2 万元	公路建设

注：表中的数据和内容来源于实地调查。

从表 4-22，我们可知湾村获得的财政扶贫资金基本上都是扶持茶叶产业发展的，其中只有一年的资金是明确扶持村"两委"的办公经费。但实际上，湾村或者说多数村庄财政的空壳化是非常严重的，它们缺乏办公经费，所以在获得扶贫资金的情况下，将其作为办公经费使用是多见的。我们重点关注的 8 个村子中，除了河村和烂村现在没有村级债务外，其他几个村子都是有村级债务的。赵村的村级债务是 60 多万元，金村的村级债务是 40 多万元，湾村的村级债务是 68 万元，宋村的村级债务是 30 万元，腰村的村级债务是 80 余万元，陈村的村级债务是 40 余万元。[①] 湾村现任胡支书告诉我们，从 2008 年开始，湾村的茶叶产业就已经比较稳定了，这种稳定表现在：其一，种植面积已经比较固定，也没有扩大茶叶种植的闲置土地；其二，现有的茶叶产业已经基本上完成了品种更新和茶园改造。在这种情况下，茶叶产业的发展进入一个新阶段，也就是实现茶叶生产中的技术革新和加工升级，但是这不是一点资金就能够完成的，所以一些资金被用到其他方面也是可以理解的。

---

① 关于各村村级债务的数据，我们是在访谈中获得的，尽管这些数据不准确，但它至少表明村级债务是一个普遍存在的现象。

精英俘获

从 2010 年开始，国家高层扶贫机构要求实现"两个 70%"，即要实现扶贫资金到户 70%，要实现 70% 的财政扶贫资金用于产业扶贫。正是在这样的政策要求下，我们才会看到，湾村的村干部近几年一直都以茶叶产业的名义申请扶贫资金，而地方扶贫机构也对这样的申请进行了积极的回应。与此相应的是，村庄内的基础设施建设等仍需要投入大量的资金，但是政策制定者对此不够重视。

从村庄层面看，精英俘获还有另外一类现象。这类精英俘获中的精英不仅有村庄层面的，也有村庄外的。以下针对新型农村合作医疗实施中的一些现象展开论述。河村现有人口 1801 人，但是在 2006 年前后，河村的总人口在 2000 人上下。2006 年新型农村合作医疗制度开始实施的时候，参加合作医疗的人口数量就是以 2000 人为基础的，经过几年的推行，基层政府要求村庄实现合作医疗的 100% 覆盖，除了一些具有特殊情况的人口外，农民都要参加合作医疗。为了达到上级规定的参合比例要求，那时一些比较难收取合作医疗费用的家庭，是由村干部或是自掏腰包为其垫付，或是使用村集体的资金为其垫付。当参加新型农村合作医疗的人数达到最高值时，之后每年都按照这个人数来收取费用的。但实际上，村庄的人口已经发生变化，从河村、湾村和赵村的情况看，这些村子从 2006 年至今，人口都是减少的。赵村周支书告诉我们："我们村现在只有 476 人，可是合作医疗还是按照 506 人的标准来收的，真是莫名其妙。我们跟乡镇卫生院的人也反映过，但是没有用。我们村里现在还要为死去的人交合作医疗，这样的事情，说出来，你都不信。可是就有这样的事情。村民不愿意为其家庭过世的人交钱，这钱只能是我们村里来交。多出来这 30 个人的费用，去年（2012 年）人均缴费是 50 元，今年是 60 元，大约有 2000 元。村经济这么差的情况下，就是这点钱我们也拿不出来啊！"① 关

---

① 对于按照村庄原有人口收取合作医疗费用的事情，赵村周支书很有意见，但是他觉得这个事情，乡镇卫生院肯定得到了好处，因此卫生院是不会管这些事情的，而县合作医疗办公室的人，他也不愿意去找。他肯定地说，自己不打算在村里干了，还要继续经营自己的生意。

第四章 "进贡求雨":扶贫资源分配与精英俘获

于这样的现象,河村也有。好在河村有较为雄厚的村集体经济,为一些死去的人缴纳合作医疗费用并不是难事。重要的是,河村夏支书告诉我们:"我们村里多缴的这些钱,到时候卫生院还是要给我们返回来的。我们多缴的钱,医院可以通过制作虚假诊疗进行报销而获得返还我们的资金。不过,这个钱只有跟医院领导关系好的村子才能够要回来。"① 以上是村庄在体制压力下的精英俘获,他们获得了利益,但是村庄却遭受了损失,从根本上讲,则是国家公共医疗受到了损失。

除了上面提及的精英俘获,还存在另外一种精英俘获现象,而这一现象与现有的项目下乡的招投标的运作方式是紧密不分的。2009年,河村获得了县移民局和县财政局等建设村茶厂的扶持资金,按照政策要求,该工程建设必须以公开招投标的方式确定施工单位,项目建设资金将直接打入施工单位的账户。公开招标要求至少有3家施工单位投标,但是到河村村委会投标的3家单位都是湾县的。在投标的时候,3家单位的负责人相互不认识,施工结束后,村干部发现,到河村参加投标的3家企业的老板是相互认识的。这是事后村干部通过其他人才知道的。这3家投标的企业,只有一家是真正要投标的,该企业对这个项目谋划已久。而同来参加投标的另外两家单位,则是这家企业请来帮忙"陪标"②的。一般来陪标的单位,其投标的工程报价都会高于主投标单位的报价,这样就衬托出了主投标单位的报价优势。在资质相当的情况下,发标单位一般都愿意选择报价较低的施工单位,所以通过设置陪标单位,一些主投标单位较为容易获得项目。对于陪标的单位来说,其基本费用都是由主投标单位负责的,而陪标则是大家公认的潜规则。一般,关系较好的同类单位都会相互帮忙陪标,它们甚至会排挤那些打破"规矩"的新施工单位参与投标。

---

① 河村夏支书坦言,他与乡镇卫生院的院长关系很好,他们村子多缴的合作医疗费用,可以通过虚假报销的方式得到补偿。
② 陪标,是行话,意为去投标是为了给其中一家投标者做陪衬,目的在于提高该投标单位中标的可能性。

115

河村对茶厂主体工程建设的报价是62万元,但是中标者标的是67万元。62万元是能够完成河村预定的工程建设的,而现在多花了5万元才使项目建设得以进行。对于河村而言,村庄损失了5万元,但是事已结束,他们只能忍气吞声。不过,经历了这个事情之后,村干部们都多了一些心眼,他们现在都要求县直部门帮他们了解企业的性质,但一些干部的亲戚和朋友就创办有各类公司,面对这种情况,村干部只能是望"标"兴叹了。2013年8月,我们在湖北省宜昌长村进行调查时,村干部跟我们讲起了一个有趣的故事。"2011年,与长村同属一个乡镇的黄村,通过财政扶贫资金立项了一座桥梁的建设工程,该工程是县规划设计院的一名工程师负责工程图纸绘制和施工设计的。图纸完成后,该工程师没有将图纸交给黄村,后来他来到村里,找村干部谈判,他说要将该桥梁建设工程承包给他的妻弟,他才会把图纸交给黄村。可是与此同时,该县农业局副局长也给黄村的村干部打了电话,他希望黄村村干部将该桥梁工程承包给他的侄子。左右权衡之后,黄村村干部还是决定将该工程承包给县农业局副局长的侄子。同时,黄村的村干部还带着礼品去了工程设计者的家中,赔礼道歉并说明情况后才要回了工程设计图纸。"

以上关于精英俘获的论述,有的是从精英为村庄俘获利益和资源展开的,有的则是从精英从村庄集体资源中获取利益和资源展开的。不论哪种类型的精英俘获,它们都以村庄整体的利益和资源为目标,这就出现了村庄整体层面的精英俘获。而与此同时,还有一种俘获是发生在个体层面的。

二 精英俘获——个体层面的扶贫资源错位

从社会大扶贫的格局说,低保也可以纳入扶贫资源的研究范畴。与村庄层面的精英俘获形成参照的,是个体层面的精英俘获。个体层面的精英俘获,其瞄准的资源和利益并不是直接给予村庄整体的,而是给予农户和个人的。低保资源就是这种类型的资源。因低保引发的争夺是非常激烈的,也充满技巧。

第四章 "进贡求雨":扶贫资源分配与精英俘获

1. 湾村低保工作概述

湾村共有 54 个低保对象,它们基本上都是残疾人和智障者,也有一些高龄的老人。村干部对低保工作的评价是"在低保评选方面,村里做得还是比较公开和透明的"。村里会贴出低保候选人的名字,要是村民对这个名单有异议,就直接给村干部打电话。低保的对象一般都是由村民代表和村"两委"干部共同确定的,家庭和自身条件好的人一般是拿不到低保的。与全县各个村的情况一样,湾村的低保也分为三个等级,最高等级每个月的补助是 110 元,第二类每个月的补助是 80 元,第三类每个月的补助是 60 元。调查结束的时候,村干部告诉我们:"低保补助马上就要上调了,调整后的一类低保每个月可以获得 150 元补贴,二类低保每个月可以获得 110 元补贴,三类低保每个月可以获得 80 元补贴。一般情况下,低保对象都比较稳定,因大病而吃低保的,疾病治疗结束就会退出低保。据说,上面已经不再增加低保指标了。我们村民没有向镇里要低保的,村民都比较纯朴。"但是再从群众那进行访谈的时候,我们听到了不同的声音。湾村上任村支书的弟弟胡×就讲了一个案例。

> 湾村二组有一个老人,她家里的条件都挺好的。该老人现在和老伴儿两个人在一起生活,但是两个孩子的生活条件都非常好,而且他们对待老人也都是不错的。老人的一个孩子在湾县农业局上班,另外一个孩子在深圳经商,是千万富翁。胡×觉得,这样家庭条件的老人是不应该获得低保的,村里不少村民,也认为这样的老人不应该获得低保扶持,应该让更需要的人获得低保扶持。

对于湾村内的低保工作,第三村民小组的组长这样讲道:"其实,我做小组干部是比较吃亏的。我算是独生子女家庭,因为我的儿子自杀了,现在就只有一个女儿,但是我不是低保,我也没有什么计划生育奖励。通过关系,我也是可以获得低保的,但是我没有这样做。村里的低保不算是真正公开的,也就是在村部的一楼里面有一个牌牌，这样算什么公示啊！"看得出来，该村民组长对村里的低保工作是有意见的，这种意见就是，他作为小组干部，在独自一人生活的状况下，应该获得低保。而客观地讲，这个组长还具备较强的劳动能力，不能因为其是组长就受到照顾。村里有一位卸任的老支书，3 年前（2010 年）中风了，一直瘫痪在床，村里就为其安排了低保。这样的低保安排，大家没有什么意见。

对于村干部而言，低保工作是比较难做的。如果严格按照政策文本上规定的那样执行，低保工作就很好做了。但在实际工作中，低保评定工作涉及多方利益的平衡。对于湾村而言，因村内有"家门"的社会结构，且并不存在压倒性的"家门"势力，所以村干部在低保评定中一般还要考虑"家门"间的均衡。

2. "要"低保——湾村的故事

之前，湾村村干部说村里的低保工作是比较好做的，也不存在什么问题，但笔者在村里待的时间超过 2 个月后，村干部就说实话了："现在只要是受了一点小伤，住了个医院的，做个小手术的，他就来向你要低保。2012 年开始，低保就不再增加名额了。村民来要低保，你要是不给的话，他还威胁你村干部。现在这个社会，太讲和谐了，法律都已经不能约束他们了。村民开始胡搅蛮缠，这样的事情，我们村干部处理起来也是十分痛苦的。"这样的情况，笔者在其他地方的农村进行调查时也遇到过，确实是普遍的情况，而且这种情况还越来越多。

河村的一位村干部向笔者抱怨道："村民当面给你骂娘的，这样的事情，我就经历过。你在前面走，他就在你身后骂的。这些不满的农户，就到处乱讲，说我们村干部怎么收了别人的好处，怎么吃喝拿要才给的村民低保。我们实在是冤枉啊，有的时候，一些村民利用自己的社会关系，直接到乡镇民政办公室和县民政局要低保，迫于这种压力，我们村里也给他们安排了低保。但是这种情况造成的影响是很恶劣的，一些村民就对我们村干部的工作有意见。"

第四章 "进贡求雨":扶贫资源分配与精英俘获

湾村负责低保工作的妇女主任①跟我们讲了两例村民要低保的事情。

2010年6月份,一个村民因为在外面打工受伤,导致脚骨破裂。他在医院看病花了几千元,打工的那个企业给他报销了,还补偿了他劳务费和营养费。但是这个人的老婆还要把他送到镇政府3次,都是为要低保。她每到镇里一次,我就去接人一次。回来之后,村干部还是没有给她丈夫低保,她就厚着脸皮到各家各户去让签字,农户不签字,她就不走。就这样,按照程序,她的老公也算是低保对象了。评上了他,其他人都有意见,可是我能怎么办呢?我也不想管这个事情了。

我们村里还有一个例子。这个村民是二组的,42岁,他因为一场病花费了2万多元。而该农户也是村里的计划生育超生户。他一直找村里要低保,不过他们申请低保的时候,已经过了低保的调整时期。村里没有给他低保,他就给县里的信访局写信。这样的情况,我们该怎么办呢?他得的病又不是什么难治的病,加上合作医疗的保险,他们自己家也花费不了很多钱。加上他们家超生,其实是不符合低保对象条件的。这个人还年轻,这样的人,要低保真是说不过去。鉴于这些情况,我们村干部还是没有给他评低保。我们村里,真正需要低保的对象都还没有获得低保呢,更何况是他这样的人呢。不过,这种情况,我们是能够顶住上面的压力的。有时候我们也顶不住上面的压力,顶不住的时候,我们就只能妥协了。

这里还有来自腰村的第三个故事。

王支书告诉我们:"我们村里那个因为要低保而上访的

---

① 在湾村,3个村干部对村内的日常工作进行了分工,低保、五保、妇联、新农村养老保险和残疾人等工作都由妇女主任负责。

人，他的姐姐在县城做生意。而他姐姐店铺的楼上正好住着县民政局低保中心的一个干部。通过这个关系，该村民就向这个低保中心的人反映了情况，说是我们村的低保评选不公正，不实在。后来，那个人就给我们村里打电话了，要求我们尽快将不符合条件的村民调整下来，将这个农户调上去。不过，后来也就没有什么下文了。我们也没有进行什么调整，这个人本来就不符合条件的，同时还有超生的情况，怎么能给低保呢？不过后来，也不知道他们通过什么手段，还是获得了低保，但是这个低保是没有占我们名额的。"

湾村村干部说："现在不是政府和领导说了算，而是老百姓说了算。你管不了老百姓，而是老百姓来管你。他想什么事情都是他说了算的。毛泽东时期的工作，好做，那个时候讲情面的少。现在是什么都要讲情面，没有这些，你根本就是搞不成的。到县里上访的人，乡镇规定我们必须在30分钟内赶到，并接人。到市里上访的，我们必须4个小时内到达并接人。这个都是不计条件的，我们村里也没有车，怎么办呢？只能是花钱找车，有上访的话，村里的负担还是很重的。计划生育、信访维稳和安全生产，都是一票否决的。每年的评先进、评优秀和表彰模范等，都是与这些工作联系在一起的。有一个方面出现问题，评比的资格就没有了。比如，计划生育有超生现象的话，以前就是扣钱，现在是各种奖励都取消。"

村干部的工作遭遇着多方面的阻碍，她接着讲起了当前农村的计划生育工作："计划生育，如果有超生的，你上报之后，也没有办法处理。怎么做工作呢？都没有用。生育之后，征收社会抚养费都是不经过村里的，也不返还我们村里经费。一些混混，通过送礼和请客等办法，使得计划生育罚款根本就无法落实，或是象征性地缴纳一些，这让我们怎么跟其他群众交代呢？在以前的时候，湖北省允许地方对计划生育出台地方性的政策，那个是1991年左右的事情了，在那个时候，育龄妇女在45岁都要统一结

第四章　"进贡求雨"：扶贫资源分配与精英俘获

扎。现在不能搞强制结扎了，不想结扎的农户，缴纳2000元保证金就行。现在打工收入也高，2000元钱对多数家庭也不算很多钱。不结扎，就很容易再次怀孕，超生也就多了。"在乡镇对村干部的考核中，计划生育工作也实行一票否决，只要出现超生现象，村子评奖的机会就没有了；与此同时，村干部的工资要被扣减，村庄获得的转移支付资金也会减少。以村干部工资为例，每超生一例，村支书和妇女主任，每人扣200元工资；村内其他村干部，每人扣100元工资。村干部的工资本就不多，扣减100元或200元，村干部确实是比较心疼的。

3. 低保评选与精英俘获——成都石村的故事[①]

2012年7月，笔者在成都蒲江石村进行了为期一个月的调查，在调查当中，正逢村内低保评选，因而笔者较为详细地观察和访谈了相关的内容。

（1）低保评选中的精英游说。在2012年7月13日召开的各个村民小组评选低保边缘对象的评议会（也就是当地所称的"坝坝会"）上，我们能够看到游说投票的精英身影，这是笔者亲眼所见。当村组干部讲完评选标准和评选程序后，大家就开始投票了。此时出现一两位投票人拿着自己的选票到每一个投票人跟前"窃窃私语"。很明显，这正是在对投票人进行劝说和游说，申请低保的名单上也有游说者的名字，在现场的游说和劝说是很有效果的。游说者一般站在投票人跟前，等投票人在选票上写下自己的名字之后才离开。这是现场投票中我们能够看到的，在投票之前一些村民也都给投票的其他村民打过招呼了。投票人为了"不得罪"游说者，或者是为偿还游说者的人情，这个时候就不得不"违心"地为游说者投票。当游说者看到一定数量的村民为自己投票时，他们就比较坦然了，这个时候脸上会露出一些轻松的笑容或表情。

精英游说的存在往往会导致真正贫困的农户并不能被选为低保对象，而家庭条件较好的，同时其社会活动能力与人际关系较

---

① 按照学术规范，本节关于石村故事材料中的人名和地名都进行了学术化处理。

121

好的农户则容易被评选为低保对象。投票之前和投票现场的劝说与游说是评选过程扭曲的直接原因。其实，在投票现场，游说者是不需要说话的，只要其往投票人跟前一站，投票人就明白是什么意思了，当投票人在选票上选择了游说者的名字后，他就安然走到另一位投票人跟前。这导致真正贫困的农户，如光棍——其社会交往范围很小，经常不出家门，也没有什么朋友，同时还有一定的自卑心理——落选。这种人尽管很贫困，但是并没有进入多数村民的视野，在评选低保对象的时候，他们的落选几乎是必然的。而非贫困户和低保边缘户则拥有较多的社会资本，他们可以通过投票前后的一系列活动来影响其他人的投票行为，通过人情、面子等改变投票人的行为，使其最终做出与内心想法不一致的选择。

（2）投票弃权：作为一种抗议抑或不平衡。在低保评议的现场还会出现另一种现象，那就是一些村民在领取了选票之后就拿着选票走了。不少农民在面对政府输入的资源时有一种的心态："大家都是一样多的土地，凭什么你得低保，而我不能得低保呢？"这种心态会导致一些真正贫困的村民无法被评为低保对象。按照相关文件和制度的规定，参与评议的人数必须达到一定的标准，若是不足的话，评议结果是无效的。一些村民认为自己不能获得低保，又不愿意投票选举其他村民为低保对象，所以拿着选票离开是其表达不满的一种方式。在村民小组内进行低保户评选的时候，村干部说："你们认为确实贫困的，但是没有在低保候选人名单上的，可以把他们的名字写上，再投票。"当投票结束整理汇总的时候，村干部告诉我们，选票上新添加的名字都是参与投票人自己或户主的名字。在村干部看来，这些人中的多数是不够低保条件的，但是他们也希望获得低保。低保变成了"唐僧肉"，人人都想要。

个别没有投票的农户，拿到选票之后就离开了。为什么要离开呢？笔者询问的村民给出的答案是，"我们也不识字，没有文化，不知道怎么投票"。这在村干部看来是一种托词，就算是不太

第四章 "进贡求雨"：扶贫资源分配与精英俘获

认识字，一个村民小组内农民的名字，大家基本上还都是认识的。之所以选择离开是因为他们对低保评议不满，想通过这样的方式表达自己的抗议，这也是他们心理不平衡的一种反映。投票的现场还有一个老年妇女跟村干部吵架，她说："我谁都不会选的。"该老年妇女也提交了低保申请，但是在村民评议的名单上，她没有看到自己的名字。该老年妇女还有一点不满是："每年吃低保的都是这些人，凭什么我就吃不上，不公平。"她大声说，"低保就应该所有人分掉，哪怕是一个人3元或5元也行，反正老是让个别农户获得就是不公平。"

（3）民主投票是一种"形式"。参与投票的不少村民认为投票是一种形式，为什么呢？在低保评议对象当中，真正贫困的农户在村民看来是不多的，也就几户。而一些家庭条件一般的，甚至家庭条件很好的农户名字都在评议名单当中，这让调查者感到困惑，村民也是很气愤，当我们想了解个中缘由的时候，村民却都不愿意说，因为他们不想得罪人。参与评议的村民说："大家来评议只是个形式，所以现场出现有人代替投票和代替填写的情况，也就那回事了。"因为全村的低保是按照各个村民小组人口多少进行指标分配的，所以各个村民小组内农户对低保申请对象的筛选和评定只是确定最终低保对象的第一轮。在此之后，村干部以及议事会和监事会的代表还要进行入户调查。与笔者同行的调查者共有6人，在村干部的邀请下，我们当中的部分调查成员也加入了该村的低保申请户入户调查组。2012年7月17日，石村召开了关于入户调查的动员会，全村共分为4个调查组，每个调查组负责3个村民小组内低保申请户的家庭状况调查。在入户调查结束后，调查组成员要以无记名投票的形式确定每个村民小组的低保对象名单。最后，筛选出的名单将交给村议事会进行最终的评定。石村议事会成员共有31名，在议事会形成本村低保名单之后，村内的低保对象评选结果将上报乡镇民政部门。

我们以石村第三村民小组的情况为例进行分析。第三村民小组共有22户申请低保，组内的初选结果为19户，而村民的初选结果为5户，即14个人为低保对象。群众初选结果见表4-23。

表4-23 石村第三村民小组低保初选结果

户主	家庭人口	家庭主要情况	得票情况
李士安	2	其老婆常年有病，有个孩子还去世了。本人60多岁，基本没有劳动能力，还有一个孩子，因为家里条件差，从云南彝族地区带回来个姑娘结的婚。	11
李石华	2	本人60多岁，有3个女儿和1个儿子。所有女儿都出嫁了，儿子几年前离婚了，孙女跟着儿子一起生活。其老婆患高血压，比较严重。	12
李平原	3	本人60多岁，两口子都有病，一个是股骨头坏死，没有劳动能力。有一个儿子，还没有成家。	10
李进	3	本人30多岁，去年其老婆得了大病，开刀后到现在还不能劳动，有一个女儿在技术学校上学，花费很高。	10
陈正权	3	本人30多岁，其父亲得了癌症，拖了几年，看病花了不少钱。他老婆有点痴呆，脑子不够用，家庭收入很有限。	7

注：表内的人名都进行了学术化处理，以上资料来自笔者的调查。

除了上表中列出的申请者外，三组还有17户农户也申请了低保，不过在群众的初步评议中没有入选。有3户申请者得了0票，其他农户得票最多的也不超过7票。多数人的得票是1票或2票。除此之外，李士安得了4票，李攀泉和李攀午得了6票。村干部说："这三户的家庭条件还都是可以的，他们也得了一些票，也是因为私下做了一些工作，这种情况我们村干部还是要把好关的。"正如村干部对三组的评议结果所言那样，这个村民小组的评议还是比较客观的，但是仍有一些贫困户没有评上。其中就有一户，因为为人不怎么好，大家都不愿意给这家投票，这种情况还是要村干部来协调。而客观上讲，村干部处理这种情况往往会引来村民的不满。在村民的意识中，不会做人的村民是不能得到低保的，而国家政策并不管该人的社会交往关系及其群众基础，如此，政策目标就与地方性知识遭遇了。

三组的问题是不明显的，但其他村民小组就很难讲了。笔者

第四章 "进贡求雨":扶贫资源分配与精英俘获

到第四小组调查的时候,村民对本小组内的低保评选很是不满,其主要原因有二:一是小组内有一户资产上百万的家庭在吃低保。我们询问该户的具体情况,村民都不愿意谈及,怕得罪人。二是村民觉得自己小组的组长太老实了,在低保评选上没有从村里争取来更多的名额。我们的访谈者就是想获得低保的人,他们没有能够通过初选,有一定的怨言。

第四节 "求雨"与"上供"

扶贫资源与扶持项目,对于这些贫瘠的土地,就像是一场带来希望和丰收的春雨,而春雨并非常有。在遭遇干旱灾害时,一些地方的农民会举行求雨或祈雨仪式。祈雨仪式中,人们都要给龙王、雷公、电母等摆上丰盛的供品,以示对神灵的孝敬和供奉,祈求神灵施舍雨露。在对扶贫资源的争取中,农民或村干部也会"上供"。2013年7月,笔者在湖北宜昌长村进行调查时,该村所在的乡镇干部跟我们说:"我们镇每年到春节的时候,光是给各个上级部门和政府领导送礼就要花费将近40万元,我们镇每年获得的县级财政转移支付只有18万元;加上其他各方面的费用,全镇每年的资金缺口有100多万元。"送礼,就像是祈雨仪式中给神灵"摆供"一样,但不同的是,村民所摆呈的供品并不会为神灵所得,最终还是归村民所有。而在求取资源的过程中,"供品"则确实是被资源的掌控者获取了。这也是精英俘获的一种类型,但是本书研究的重点不在这一类型上。

对于村干部而言,他们可以支配的资源是很少的,但在村庄的范围内,只有他们具备这样的能力。不过,对于资源下乡背景下的乡村工作而言,村干部则是在夹缝中游走。2012年8月,笔者在甘肃省定西市农村进行调查时,一个村干部谈起了他对当前工作的感受。他的感受与湾村村支书的体会很相似。这位村支部书记坦言:"现在这个时期的农村工作比税费改革之前是更加难办了。"为什么会这样呢?主要是因为有很大一部分的工作内容转变了。村干部都觉得收钱的事情比分钱的事情容易得多：收钱方面的工作更显公平，而低保和分配资源这方面工作的公平就很难把握了。从汲取资源到分配资源的转变，也意味着村干部工作中的公平逻辑内涵发生了转变，原来是一视同仁地收取税费，而今则是清楚明确地区分对待，因为下拨的各种资源都是有限的。村干部不愿意得罪人，同时，低保资源被农村精英获取也是当前农村低保工作艰难的重要原因。资源的有限性导致资源分配工作的公平性遭受质疑，分配可能会扭曲，也可能会中断。

与笔者调查的湾村类似，上文提及的甘肃这个村庄在定西市安区翔镇，属于深山区，尽管距离定西市不过10多公里，却是贫困村。当地农民2011年的人均纯收入在3000元左右，这与同期全国平均水平有很大的差距，与笔者调查的湾村也有较大差距。当地村民以种植马铃薯为农业收入的主要来源，在农闲时间外出打工。种植业收入与打工收入构成当地居民收入的最主要来源。当地气候条件恶劣，农业生产缺乏水利的支持，导致种植业完全"靠天吃饭"。当地村民形容气候时说，"我们这个地方十年九旱"，旱情的普遍性和持续性使得当地农业生产的自然约束极强。尽管当地人均耕地面积超过8亩，但是由于自然条件所限，也只能广种薄收。所以定西就成了甘肃乃至全国最为贫困的地区之一。因此，流入此地的扶贫项目和扶贫资源是比较多的，对项目和资源的分配就成为乡村干部工作的主要内容之一。尽管如此，扶贫资源还是不足，村干部一方面要争取更多的资源，另一方面又为资源的公平配置而头疼。在诸多的调查中，我们发现，资源分配不存在问题的村子主要是两种情况，一是所有的资源尽可能地实行按人头分配，二是村干部具有很高的权威。第一种情况是对扶贫资源不负责地进行配置，而第二种情况则在很多农村已经不具备条件了。这是一个权威丧失的时代，村干部权威资源在不断地流失，而在资源分配不当的情况下，这种状况是不容易被扭转的。

村干部很多时候是陪酒加"上供"才获得了珍贵的项目资源，而如何分配这些资源则比较棘手。在村干部看来，在低保的评选

第四章 "进贡求雨":扶贫资源分配与精英俘获

上,上级并没有给出明确的政策和标准,具体的标准和操作只能是因地制宜地进行了,但是这种因地制宜潜藏很大的信访风险(对于那些知晓地方政府政策和国家政策的村民而言,得知村干部违反国家政策和地方政府的规定,他们就获得了上访的理由,由此上访活动就会很容易出现)。从湾村的实践看,当地低保每年度都进行评选和调整是从 2009 年才开始的,在此之前都是由村组干部进行提名和评选,低保确定一次就可以维持 2 年左右。后来,村民对低保的意见和不满越来越多,当地才开始民主评选低保和一年进行一次评选与调整的工作。正如我们在调查中发现的,民主的程序并不一定产生民主的结果,对于像湾村这样还有类似宗族的社会结构的村子,低保的民主评选很容易被血缘、亲缘和友缘关系施压,尤其是在以小组为单位进行初评的时候,一些小姓人家不容易获得低保。而我们在成石村发现的情况更甚,精英在投票现场就能够干扰投票人的选择。

对于村民而言,他们很希望村庄获得的资源能够公平和公正地分配,村民对公正与公平有着最基本的需求。但是村干部说,"客观地讲,我们不可能很公平地分配低保,或者是评选低保。有个别村民是比较厉害的,就是让村民去评选的时候,村民也不会投票反对这样的家庭吃低保,都不想得罪人。村干部也没有得到什么好处,我们也不会去得罪人。只要吃低保的人不是明显地不适合,我们的工作就算可以了"。这样的狠人[①]也同样是村内的一种精英,他们一旦获取了低保资源就很难退出。对村内这样的狠人,村民是敢怒而不敢言。还有一种村民是应该获得低保支持而没有获得的。这种人是村子中最边缘的人,这种边缘不仅仅是经济层面的,也是社会关系层面的。从社会关系层面看,这种村民没有好的人际关系,也没有什么社会资本,在低保的民主评选上,大家都不愿意评选这样的人。这种现象被一些基层干部称为"多

---

① 狠人,是地方方言。所谓的狠人是指好勇斗狠、爱打架不怕事的人。这种人一般家庭势力大,或者自己拳头硬,有一些是刑满释放的人员。

数人对个别人的侵害"。民主的程序下出现的这样的情况,不是简单就能够改变的,由此民主的另一面就出现了。所以,完全依赖程序性民主有可能丢失实质性民主。与此同时,历史遗留的问题,也让村民觉得资源分配是不公正的。例如,我们在湾村访谈时,就有几位村民一直说这样的话:"在搞计划生育的时候,××家违反计划生育,生了3个孩子,现在搞扶贫了,他们家倒是成了贫困户和低保户。你觉得这个公平吗?本来那个时候就是违反政策,可能才导致贫困的,这种人都有扶持,我们遵守政策的人为什么没有扶持!"同样地,村民还经常跟我们提及这样的旧账:"××家在交税费的时候,就老是拖欠不交,给国家尽义务的时候,他们家什么事没干,现在享受的时候,又是这样的人先享受了,这对我们从不拖欠税费的人公平吗?不公平。"从村民的角度讲,他们对这种现象感到愤慨是有道理的,但是从扶贫资源的初衷上讲,扶持弱势则是扶贫资源的基本正义,这点我们是要坚持的,同时政策制定者肯定也是能够坚持的。不过,对于政策执行者而言,就不同了。他们面对的是情境中的村民,村民对历史上各个家庭之于政策的表现是很熟悉的,当他们以资源配置破坏村庄公平观念为理由时,村干部的政策执行就被层层阻力给包裹了。

在湾村这样的村庄,大部分家庭的经济条件都是比较相似的,其社会差距与经济分层也都不明显。在这种情况下,个别家庭条件确实困难的农户获得低保和扶贫扶持,其他村民是没有什么意见的。但是在其他低保名额的评选上就很容易出问题了,因为大家的条件都是差不多的,低保给哪一家更合适呢?就如同在水平差不多的几个单位之间选择中标企业,到底哪家更适合呢?这个时候就不是单位能力的问题了,而是其是否具有可以调用的社会资本来搭建社会关系的问题了。个体层面的低保评选也是一样,低保边缘的农户常常因为没有评选上低保而愤愤不平。我们在调查中就听到了一些村民的不满:"我们跟吃低保家庭的条件是一样的,凭什么他们能吃低保,我们就不能吃低保?"这样的工作是让村干部很头痛的。为了减轻工作压力,也为响应上级的政策,一

第四章 "进贡求雨":扶贫资源分配与精英俘获

些村子将全村的低保名额按照各个村民小组的人口规模分配下来,由村民小组组长召集小组内的所有村民进行评选,通过这种方式村干部不必为低保对象的选取而费心,但是这种方式同样会出现精英俘获的结果,即"狠人吃低保,而边缘者不能吃低保"。小组组长作为小组内低保评选工作的召集人和组织者,也不愿意为公正和公开评选低保而得罪小组里的狠人,由此不能为小组内的边缘者主持公道,他也不会因此感到压力。因为边缘者不会给村组干部以后的工作带来麻烦;也不可能有什么社会背景和关系支持,构成村组干部工作的威胁。

一些村干部为了能够减少资源分配中的不满,对分配方式不断进行变革。例如,在甘肃的那个村子,除了低保资源外,因为当地干旱灾害很多,上级政府每年都会下拨一定数量的救灾面粉。从 2011 年开始,该村每年可以获得上级下拨的 200 袋救灾面粉。为了减少村民对面粉分配的不满,村干部首先是保障低保户的面粉,剩余的面粉则是全村其他农户轮流获得。今年是这部分农户获得面粉,到明年则是另外一部分农户获得面粉。以前是没有轮流得面粉这种安排的,但以前那种由村组干部确定面粉救助对象的方式引发了村民对干部的不满,才有现在的面粉分配方式。类似这样的资源分配情况还有不少,资源分配这项工作不仅是对乡村干部工作能力的考验,同时也是对村民公平与正义观念的考量。对于村民而言,能够为村庄争取更多资源的村干部是好的村干部,能够公平配置资源的村干部是好的村干部。但是对村干部而言,以上两种村干部都是不好做的。湾村村支书概括地说:"基础越好的村子越容易争取资源,为什么呢?就不说什么发展基础的事情了,有钱的村子,人家去争取资源的时候,能够花的钱,能够送的礼,跟我们这些小村穷村就不一样。那你想想,获得的扶贫资源能一样吗?"

正如村干部需要在村民当中树立公平和权威的形象一样,乡镇政府也需要在各个村子之间寻求资源分配的平衡和公正。但事实上,这种均衡是很难实现的,也是经常被打破的。作为行政机构的末梢，乡镇政府的权力、效能都面临上级部门权力和政府权力的切割与牵制，所以对于扶贫资源的不均衡配置格局，其能够调整的空间也是很小的。在资源下乡的背景下，权力与资源是两位一体的，权力的拥有者通常都可以调配资源，由此在这个过程中所谓的权力寻租也就出现了。当然，权力寻租不仅仅具有主观意识的色彩，同时还具有客观推动与容忍的成分。关于资源配置的实践已经让村干部觉得没有"上供"就不能获得资源，这在客观上营造了权力寻租的氛围，而村民对村干部在一定程度内占有公共资源的行为保持容忍，也是权力寻租的客观环境。作为基层工作者，不仅要保障工作的正义与公平，同时也应该对农民的不正确观念进行纠正并引导好的风气。政策的制定者则需要明确资源分配的方式与评选标准，以减少村民对下拨资源的无理争抢。最后，还要优化扶持的评选与退出机制，让资源发挥最大的效用。

第五章 "未雨绸缪":精英俘获与制度、权力及社会结构

承接上一章的内容,本章主要探讨的是导致精英俘获出现的制度、结构与行动方面的因素。精英俘获现象出现的原因是比较复杂的,但从制度、结构、权力和行动的方面进行归结,我们基本上能够把握精英俘获现象的主要原因。对这些内容的探讨有利于我们从制度、结构和行动的层面克服精英俘获。在上一章,我们已经论述了不同类型的精英,这些精英构成了精英俘获的主体。重述一下,本研究中讨论的精英,既有村庄外的,也有村庄内的;既有体制内的,也有体制外的;既有经济、政治层面的,也有社会层面的;既有干部层面的,也有一般群众层面的。不过,本研究重点讨论的是作为村干部的乡村精英。作为精英,其对制度有高于常人的认知和把握能力,其对结构有高于常人的建构、借用和搭建能力,其对行动有较高的组织、动员和实施能力。在这里,我们不就精英的概念本身进行抽象层面的过多论述和定义,而是将其放置在具体的时空和情境中理解其内涵。

在扶贫资源进入村庄之前,精英就已经开始四处活动,希望能够为自己的村子争取更多的扶贫资源;同时,他们也会琢磨如何让扶贫资源为自身增加利益。所谓的"未雨绸缪"就是这个意义上的。精英不光能够提前得知扶贫资源数量与类型的情况,同时还能够提前为扶贫资源和项目的入村做好准备工作。这是精英胜于普通村民的地方,也是精英俘获得以发生的一个重要基础。

第一节 制度与精英俘获

从制度的层面展开讨论,其实并不是一个简单的事情。制度的含义太广泛,我们不会对其与精英俘获之间的关系展开抽象层面的论述,而是将其具体化为与扶贫资源分配、使用和实施紧密相关的几个方面,在具体的制度层面展开论述。

一 扶贫资金投入的地方配套制度

中央的很多扶贫资金都是需要地方政府配套的,但现实是很多地方政府根本没有财政能力来进行扶贫资金的配套,在这种情况下就出现了扶贫资源使用上的地方策略,从而也出现了扶贫资源使用的门槛。正如研究者所言:"扶贫项目本身尽管是针对贫困群体展开的,但是由于大部分的扶贫项目都需要地方政府的配套资金,而真正的贫困地区则往往没有财政能力来拿出足够的配套资金,而在这种情况下,为了完成上级政府下达的工作任务和指标,在扶贫项目的具体实施中,就需要扶贫对象本身来配套一些资金。这就形成了扶贫目标群体享受项目收益的'门槛'。"(邢成举、李小云,2013)从这一点出发,我们也就能够较好地理解,为什么河村的村支书会说"为什么我们村子能够获得更多的扶贫资源呢?是因为我们有这个实力,很多项目都是要靠配套的,要是村子本身不能配套的话,即使村子能够获得扶贫项目资金,但是也不一定能够完成项目的要求和内容"。村支书的这些话是很有道理的,从政策设计的层面讲,要求地方政府进行资金配套,不仅仅是出于中央财政扶贫资金有限的考虑,同时也是为了调动地方的积极性、增强地方的责任感。也正如研究者对移民扶贫项目进行研究后所发现的,在扶贫搬迁项目当中,真正有能力搬迁并能够在搬迁地稳定居住和生活的人,一般都是村庄中比较富裕的群体。他们有较强的经济发展能力,同时也善于在新的环境中建构自己的社会资本,其较为发达的社会支持结构,也为其去新环

第五章 "未雨绸缪":精英俘获与制度、权力及社会结构

境中生存和发展提供了宝贵的支持(唐丽霞、林志斌、李小云,2005)。种种的支持,贫困者是不具备的。

对于地方政府无法配套的资金,地方在政策和项目落实的时候,往往会将配套资金转变为项目参与者参与扶贫项目的"隐性"门槛。这个门槛不会有明文规定,而是在贫困者希望参与扶贫项目时成为一种客观的阻碍。以沼气建设项目为例,"村内真正能够获得沼气扶持的是富裕户和中等户,贫困农户因无法负担配套资金而退出沼气池扶贫项目。在上级要求完成扶贫项目量化考核任务的情况下,地方政府也需要选择有能力和实力的农户来完成沼气建设"(邢成举、李小云,2013)。于是因沼气建设中农户自身投入所形成的门槛,使不少贫困者被排斥在了贫困扶持的大门之外。

从地方政府的角度看,无法落实配套资金的要求,也实属无奈。不少贫困县的政府财政收入不到1亿元。在以经济发展为地方政绩考核中心的体系中,即使地方政府有少量的资金可以应用到扶贫领域,因贫困治理"投资大,收效小,见效慢",地方政府也对扶贫工作不看好。加上贫困者返贫的频繁,很多扶贫资金的投入效率是比较低的。在资金有限的情况下,地方政府更偏爱对经济发展项目的投资,例如招商引资、工业建设等。

从访谈得知,地方政府在无法配套扶贫资金的情况下,有时候还会采取另外一种方式,即将有限的资源分散以扩大扶贫资金的覆盖面。以沼气建设为例,在笔者调查的河村,每个进行沼气建设的农户在2006年获得的国家补贴是300元,而按照国家的政策,每户应该获得的补贴资金是500元。为什么会出现这种现象呢?因为地方政府和村干部希望能够将有限的沼气建设资金投入更多的沼气建设项目当中。扶贫项目和资金具有极强的公共性质,地方政府期望通过降低单个沼气池的补贴额度来扩大扶贫资金的覆盖面也是能够理解的。但是这种做法在客观上使得贫困者参与扶贫项目建设的门槛变得高了。例如,在不扩大覆盖面的情况下,贫困者只要投入500元就可以建设沼气池,而扶贫资金被分散后,

贫困者可能要花费700元才能够建设沼气池。而在后一种情况下，贫困者自然是更不可能参与沼气建设项目了。在地方政府没有财力进行资金配套，在贫困的村庄没有能力进行资金配套，在贫困者个体没有能力进行资金配套的情况下，扶贫资金就显得"那么近，又那么远"。在不严格限定只有贫困者才能参与的项目中，很多项目的参与者都是中等经济水平和较为富裕的农户。于是就出现了扶贫资金为富裕者或中等经济水平者获得的现象。在这种情况下，所谓的精英就是具备配套扶贫项目资金，从而变自身为扶持对象的村民。

在调查当中，很多村干部会抱怨上级政府克扣其申请到的项目经费。为什么会出现这样的情况呢？从乡镇一级的财政情况看，其财政空壳化和负债化的情况是非常严重的。湾镇每年获得的转移支付资金是30万元左右，但是整个乡镇每年运转需要花费的资金在150万元以上，如此大的财政资金缺口怎么办呢？我们在湖北五峰调查时，一位乡镇经济发展办公室主任告诉我们："我们乡镇光是一年给上级领导和帮扶单位送礼就要花费40万元，而县级每年给我们乡镇的转移支付只有18万元，这点钱够干什么呢？所以，现在在乡镇，你们来的话，也基本上很少见到书记和镇长，因为他们也在到处跑着为了多拉点钱，不然我们乡镇的日子就没法过了。"如同这位基层干部所言，乡镇的财政情况确实困难，尤其是在税费改革之后，情况就更加严重了。在这种背景下，乡镇政府通过各种办法获取资金和资源，扶贫资金也在其中。我们在湾镇就发现了以"承诺书"的方式截留资金的现象。"承诺书"的内容摘录如下：

> 为了加大项目建设力度，最大限度地争取国家资金支持，搞好项目建设。镇政府为争取项目资金，每年支付了大量的交通费、协调费、招待费和横向联系费，等等。因镇财力有限，资金缺口较大，特向项目单位收取一定数量的补偿费，具体标准是：整村推进重点村5万元，老区建设重点村2万

第五章 "未雨绸缪":精英俘获与制度、权力及社会结构

元,脱贫奔小康试点村 2 万元。请各项目单位共同遵守。

特此承诺

承诺单位:×××
时间:××年××月××日

乡镇这种提取资金的方式似乎有自己的理由,但不管是以什么方式,克扣或截留扶贫资金都是不允许的。为了争取项目和资金,乡镇政府投入了大量的人力、物力和财力,而村庄也同样投入了很多的人力、物力和财力。在乡村两级都缺乏财力的情况下,它们为争取项目资金而投入的资金,还是要从获得的项目资金中偿还。以争取项目资金为借口而收取补偿费的做法,其实是与扶贫资金的性质和要求不相符的。获得财政收入的方式,上面这个案例还不算非常突出。2013 年 7 月,我们在湖北宜昌的一个贫困县进行调查时,花乡经济办公室主任告诉我们两个事件。

> 在整村推进和雨露计划方面都存在假造名册以套取国家扶贫资金的现象。乡镇在这个过程中并没有得到什么好处,也没有什么权力,主要是帮助上级扶贫部门进行造假活动。例如,去年(2012 年),县扶贫办就曾来到我们乡镇上,拿出了一个材料,是关于整村推进的,要求我们乡镇给盖章。可是我们看了一下,我们乡镇根本就没有这个村子,为什么会这样呢?本质上,就是县扶贫部门通过假造扶贫对象来套取国家的扶贫资金。
>
> 中等职业学校也是通过假造本校就读学生的名册而获得国家的扶持资金和教育补贴。县中等职业学校,会到各个乡镇去,拿个自己做好的本校学生名单让乡镇党政办公室盖章。学生在不在学校的,名单上都有。到我们乡镇之后,要盖章。乡党政办公室主任说:"我怎么知道你名单上的学生,是不是都在你学校,是不是在校学生。"学校来盖章的人说,其他乡镇都没有人过问这些的,你们干吗还问这么多呢,你们盖章就行了。纠缠下还是给他们盖章了。

上面这种情况，就是相当典型的违法行为了，现实中确实存在这样的事情。对于扶贫部门假造扶贫村资料的情况，我们无法进行深入的调查，但可以肯定的是，花乡并没有项目资金的"分成"。出现这种情况的原因：一方面是地方财政确实匮乏，地方政府及其部门都在想方设法扩大政府和部门的可支配资金；另一方面是在获得项目资金后，作为项目的管理方能够从项目的审批中获得利益。

二　压力型体制下的工作考核制度

在扶贫任务的考核中，量化考核方式是普遍存在并被广泛使用的一种方式。这种考核将扶贫项目的进度和完成情况具体化为多少农户参与，在多长时间内完成了多少建设项目等。在这种考核方式下，在最短时间内完成最多建设项目的，往往就被视为扶贫项目落实最好的。

1. 对扶贫工作本身的考核

在调查中，我们发现，一些扶贫项目的落实和执行是很具有地方智慧的。例如，在沼气建设项目中，为了保证项目资金能够专款专用，参与沼气建设项目的农户都要交 100 元的保证金。这个保证金是为了保证国家财政投入的沼气建设实物和补助资金能够被真正使用到沼气建设项目上。在沼气建设项目的国家投入中，曾经有过实物投资的阶段，这个时期国家投入的主要是水泥、沙石等建材，国家投入建材也是为了避免发放现金补贴可能导致的资金被乱用的问题。但采用实物补贴的方式，同样出现了实物被乱用的问题。因此，为了保证专项物资的专项使用，湾镇政府就采用了交纳保证金的方法。从湾镇的地方实践看，这种交纳保证金的做法确实发挥了积极的作用。在项目实施的初期，沼气建设者都将国家补助的物资用在了沼气建设上，没有出现滥用国家补助物资的现象。随着上级扶贫部门对沼气建设工作考核的要求趋严，加上前期建设沼气的积极参与者已基本完成沼气建设，后面的沼气建设参与者日益减少，且积极性也不断降低。在这种情况

第五章 "未雨绸缪"：精英俘获与制度、权力及社会结构

下，为了在规定的时间内完成上级下达的沼气建设任务，交纳保证金的规定就被取消了，这样就激发了一部分农户参与沼气建设。为了鼓励更多的农户参与沼气建设，一些经济基础好的农户也成为扶持对象。

同样的情况还出现在扶贫搬迁中。2013年7月，我们在湖北宜昌的农村进行了扶贫政策实施及其困境的调查，发现当地扶贫搬迁政策的实施中，也存在因考核和管理制度带来的政策实施扭曲。我们在花乡调查的时候，乡扶贫搬迁办公室主任告诉我们："该乡是从2003年开始扶贫搬迁工作的，也就是易地搬迁扶贫工作，该工作开始的标志是乡第38号文件、县国土局第50号文件，还有当年宜昌市第9号文件。按照搬迁扶贫政策的初衷，扶贫搬迁主要是将那些居住在交通不便、不能致富的地方的贫困农民，搬迁到交通便利、居住安全和能够发展的地方。最初，花乡对需要进行搬迁的地方进行了区域划定，在几个小片区内，共有9200人，占规划搬迁区域内全部人口的30%，搬迁的人口涉及50个村民小组。扶贫搬迁的补贴标准是给每一个搬迁的人2000元的搬迁安置资金。"

从2003年开始到现在，花乡已经进行了10多年的搬迁扶贫工作。其每年的数据如下：2003年，搬迁60户，227人；2004年，搬迁47户，165人；2005年，搬迁34户，139人；2006年，搬迁74户，262人；2007年，搬迁52户，185人；2008年到2009年，共搬迁13户，158人；2010年到2011年，共搬迁16户，71人；2012年，搬迁10户，40人。已经搬迁的人口还不到规划人口的10%。因为能够搬迁的都是富裕的人，不能搬迁的都是条件比较差的，所以要实现贫困人口的搬迁是很不容易的。正如乡镇干部所言："这些贫困的家庭，你就是给他补贴了钱，他也不容易搬走。有个村民从原来住的地方搬走了，后来又搬回去了。"所以，在后期的政策执行中，就没有再严格限定只有贫困者才能够享受扶贫搬迁的补贴，而是将其扩大为只要搬迁到安全的地方居住并满足相关条件，就能够获得财政补贴。2010年到2011年的搬迁工作，批准搬迁的农户是39户，176人，而实际搬迁的只有16户，

71人。出现这种情况的原因是一些搬迁的农户找不到合适的搬迁地，或是找不到理想的新居住点，也不适应新居住点的生活。这中间有一批是因地质灾害而搬迁的农户。民政部门对遭遇地质灾害的农户也是有补助的，即危房改造补助资金，原来每户是7500元，从2012年改为每户6000元。

村民感慨，"每个人2000元的补贴资金，这个钱也不能致富和谋生。我们还要搬迁到一个陌生的地方去生活，这个事情是很不容易的"。正如该扶贫搬迁政策在实践中运行的那样，一般情况下，能搬走的农户，家庭条件都还可以，这些家庭的成员有门路，头脑也灵活。花乡桥村有一个农户，家中共有4口人，两夫妻还有两个儿子。当时他们因为地质灾害决定搬走。夫妻两人都已经70多岁，两个孩子都是弱智，也是光棍。他们能搬迁是因为其妻子的娘家弟弟有空闲的房屋，不然也是搬不走的。而很多贫困者是无法脱离原有的环境而生存和发展的。既然政策实践本身就是对富有者有利的，那么我们也可以理解政策的执行过程中为什么没有严格坚持贫困者专享的原则。扶贫搬迁办公室主任告诉我们："我们这里也有搬迁到外省的，不过搬迁到县城的居多。因为到邻近的江市不能享受搬迁扶持的政策，因此很少有人到那边去的。享受这个政策，要做到'五证齐全'，即房屋使用证、户口本、土地经营权证（或是工商营业执照）、山林权证（平原没有的，可以出证明）和原有居住村开具的搬迁证明。"正是在严格控制"五证"的基础上，搬迁扶贫资金才没有出现被冒名领取的情况。不过，每年一度的扶贫搬迁任务考核，花乡都是排名靠后的，这让乡政府的压力很大。为了加大搬迁的力度，一些进城生活的人，如大学毕业生、退伍士兵等，都成了该项政策的享受者。这与政策的初衷是相悖的。

对于搬迁工作的难度，扶贫搬迁办公室的主任叹息道："搬迁扶贫的政策虽然好，但是钱还是给得少了。这种搬迁，不是国家大型工程建设的搬迁。这种是自愿的搬迁。想搬迁就搬迁，不愿意搬迁的话，也没有人强制你，这个搬迁是没有什么制约的。唯

第五章 "未雨绸缪"：精英俘获与制度、权力及社会结构

一的制约也就是你有没有搬迁的能力。国家用这个钱搞基础设施建设，在我看来应该比现在的搬迁效果要好。村子的交通好了，村民在自己原来的村子里生活会更好。而现在的这种搬迁，只是便利了那些准备到城市生活的人，对于一般家庭而言，这种搬迁是不现实的。这个钱，在我们乡镇，目前已经投入了200多万，要是拿这个钱，把交通给修好了，受益的人可能会更多一些。"这番话道出了搬迁的关键，即农户有能力搬迁。在贫困者的搬迁能力受到自身条件制约的情况下，扩大该政策的适用范围，则是实现政策并让乡镇完成工作任务的有力手段。不过，这样的方式扭曲了国家扶贫资源的使用初衷。

在原初的政策规定中，扶贫搬迁户要具备以下几个方面的条件才可享受补助。首先，搬迁是自愿的。搬迁的农户要自己找搬迁的地方，自己申请搬迁扶贫资金，政府不能强制搬迁。其次，搬迁的农户所居住地区的海拔在1000米以上，个别地方没有达到这个海拔的也可以。最后，居住地的交通相当不便，到村没有行车道，也没有到小组的道路。但是后来，加上了另外一条，即"经济条件好的，只要是自己愿意搬迁的，也是可以参加这个项目"。参与的农户不一定是贫困户，地方政府在压力型体制下放宽了扶贫搬迁对象的适用范围。

为了完成上级的考核，县乡甚至利用村庄合并的机会来掩盖发展中的不足，这都是以GDP为导向的发展考核制度所带来的不良后果。花乡的一个干部告诉我们："我们乡镇原来是35个村，后来合并为15个行政村。合并村子是因为压力大，没有钱，合并村子后，就可以减少投资，上级的考核也少一些。比如，所谓的村村通硬化道路，就意味着合并在一起的村子，只要合并前有一个村子存在硬化道路就算是这个村子的道路达标。"从地方政府的角度看，将原本没有硬化道路的村子并入拥有硬化道路的村子，可以在很短时间内提升县域内拥有硬化道路村庄的比例，村庄合并政策在一定程度上恰好折射了地方政府主要领导扭曲的政绩观。为追求政绩而滥用资源的最典型做法是打造面子工程和形象工程。

精英俘获

在湾镇的河村,就存在这样的形象工程。2008年,河村获得了县环保局立项的村庄环境整治的项目资金80多万元,环保部门要求村子建一个污水处理池。60多万元的项目资金被用于污水处理池的建设,但工程建成后,根本没有发挥作用。现在,那个池子长满了杂草并流淌着细水。对于这类项目,河村的村干部深知其实际用途不大,但是县环保部门控制着项目的审批权,要是不按照其意志行事,村干部就会得罪这个部门的人,所以河村的村干部只能眼睁睁地看着项目资金被用到不合适的地方。

下面我们来看一下湾县对村级扶贫工作考核的具体指标,见表5-1。县级部门通过对扶贫工作的量化考核,认定村庄扶贫工作的成绩,同时也形成了对村"两委"工作能力的认识。

表5-1 湾县贫困村整村推进考核

考核内容	分值	指标及标准	评分标准
减贫成效	8	减贫人口减少100%,得8分;实际得分按照减少贫困人口比例计算	8×减贫人口占全部贫困人口的比重
农民人均纯收入	8	增长幅度高于全县平均增长幅度得满分,实际得分按增长速度进行计算	4×增长幅度/全县增长幅度
		绝对值达到全县农民人均纯收入水平得满分,实际得分按照达到比例计算	4×村人均纯收入/全县农民人均纯收入
产业发展	8	完成规划目标任务,基本建成稳定增收主导产业得满分,实际得分按照完成规划任务比例计算	8×规划完成比例
劳动力转移	6	按规划任务完成情况得分,全部完成得6分,实际得分按照完成情况计算	6×规划完成比例
生产生活环境改善	6	主要考核"六到农家"工程,实际得分按照规划完成比例计算	6×规划完成比例
组织及制度建设	6	村规民约健全完善,村级班子健全、战斗力强	3
		村集体经济年收入达到5万元以上,得满分;3万—4.9万元得2分,1万—2.9万元得1分,0.9万元及以下不得分	3

续表

考核内容	分值	指标及标准	评分标准
社会保障	5	义务教育、合作医疗、养老保险、最低生活保障达到100%以上得满分,实际得分按照达到比例计算	5×达到比例
村级扶贫规划制定	6	规划完善可行,得满分;有规划但质量不高,得4分;没有规划不得分	6
公告公示	5	项目资金在所在村公告公示得满分,没有进行公告公示不得分	5
帮扶情况	5	有驻村工作队得3分;有工作计划且基本落实得3分	5
项目管理	8	专项扶贫项目有上级批复文件得2分;有明确的项目责任人得2分;按要求进行竣工验收得4分	8
项目管理	5	财政扶贫资金中用于扶持产业发展和能力建设的资金比例达到80%以上	5×产业发展和能力建设使用财政扶贫资金/投入到贫困村财政资金的80%
项目管理	5	专项扶贫资金到户比例	5×实际到户数量占贫困户数量的比例
资金整合	10	整合资金在200万元以上得5分,实际得分以整合资金情况进行计算	5×实际整合资金/200万元
资金整合		专项扶贫投入达到100万元以上得5分,实际得分以资金到位情况计算	5×实际投入专项扶贫资金/100万元
后续管理	5	项目后续管理制度健全得5分,有制度但落实不好的得3分,没有后续管理制度的不得分	5
档案管理	4	整村推进档案齐全得4分,每缺少一样档案,扣1分	4
合计	100		100

注:表中内容通过实地调研中获得。

通过表5-1,我们不是要强调对贫困村进行扶贫工作考核的复杂性,而是要突出这些考核当中的一些关键内容。正如我们看到的那样,在考核的内容中,分值最重的两项是项目管理和资金整合的情况。而这些恰好都是基础较好的村子得分高，例如村庄所进行的资金整合主要是通过行业扶贫和社会扶贫的渠道获得专项扶贫资金以外的资金，而能够获得较多整合资金的，都是比较富裕的村子。关于财政扶贫资金用于产业发展和能力建设的比例要达到80%以上的要求，也是不适合贫困村的，因为贫困村首先考虑的都是公共基础设施的建设。在强调资金整合数量的情况下，各个村子都动员各种资源来进行项目和资金的争夺，而在无法获得外部资金的情况下，村内配套的资金也可以被视为整合的资金，这也只有基础好的村子才能够做到。因此，基础设施条件差的贫困村子就无法在后续的扶贫资源分配中获得政府的青睐。

另外，表5-1中关于减贫成效、农民人均纯收入、产业发展和村集体经济收入的考核，对于贫困程度深的村子更加不利。在湾镇的42个村子里，只有2个村子是没有负债的，而年收入达到5万元以上的，也就10个村子，在这些村子里河村的年收入是最高的，2012年河村村集体收入是30万元左右。按照河村的整体发展状况，它已经不是贫困村，但是在乡镇的扶贫资源分配格局中，我们发现该村仍获得了较多的份额。考核结果会直接影响村庄获得扶贫资源的多少，因为考核结果不好就会降低村庄的扶贫工作"印象分"。在依据基数法和因素法来分配扶贫资源的情况下，因素法当中的"印象分"是十分重要的。

2. 对村级工作的考核

我们知道，在当前乡镇对村干部工作的考核中，三个方面的工作是实行"一票否决制"的，即村"两委"若是在计划生育、综治维稳和安全生产方面出现一例事件，村庄就会被取消各种评优的资格，同时村干部的工资等也会被扣罚。在以上三个方面的工作中，综治维稳与扶贫资源分配的关系是比较大的。因为现在越来越多的人使用"上访"的武器来胁迫地方政府和村干部，使村干部或乡镇干部为自己办理低保或者给予其他好处。比如，在花乡，乡镇干部就给区分了两种低保诉求，分别是较为合理的低保诉求和不合理的低保诉求。

第五章 "未雨绸缪":精英俘获与制度、权力及社会结构

乡镇干部眼中较为合理的低保诉求。

2012年,红村的一位汪姓老人因为低保而一直上访。这个老人曾经是村里的民办老师,在"文革"期间,因为作风问题被开除了教师的职务。现在人已经70多岁了,没有儿子,有一个女儿出嫁了,还有一个女儿招了上门女婿。这家人住的地方,交通和吃水条件都特别差,土地也很稀缺。女儿和女婿不愿意再在这个地方住,他们就到村中心的街道上买了房子,只有老人自己在老房子居住。因为田地差,坡度又大,老人没有能力耕种土地,其子女也不愿意耕种土地。老人的老伴就是在田里挖猪菜的时候,滚下山坡摔死的。老人后来就找到乡镇干部,说自己的生活太艰苦,养不活自己。老人种了点小菜,没有养牲畜,也就是过个基本的生活,一个月也要200元钱。目前,他没有什么经济来源,除了一个月55元的新型农村养老保险金,他就没有其他收入了。他说,他的情况很困难,能不能给他评一个低保,当然评上低保的话,也不足200元一个月,但是总比没有好过得多。因为这个事情,他一直来找我们。没办法,我们就找村干部商量,后来就给他搞了低保。在春荒和冬荒的时候,共计可以给他1000元的慰问金,这样,他的生活就没什么问题了。他的女儿和女婿因刚买了房子而欠债,生活条件也比较差,所以我们也只能给老人低保了。

这种情况比较合乎情理,老人及其子女的家庭条件都比较差,其基本符合低保对象的条件。加上大家都有恻隐之心,乡村干部在无法阻止其上访的情况下就给老人安排了低保。

乡镇干部还给我们举例说明了不合理的低保诉求案例。

2012年,在南村,有一个叫曹××的老人。他到乡镇里说,自己没有评上低保,说村里评选不公平,他应该是吃低保的人。2012年是我们当地低保政策改革的第一年,我们通

过调查发现,村里的各方面工作都是比较合理的,程序也都是合法的。他没有评上低保,是因为他的各方面条件都优于评上低保的那些家庭。这种情况,我们就直接给他回绝了。我们告知他,他的生活条件比较宽裕,村委会的工作程序合法,工作公开透明,不存在问题。回复后,我们还给他说了,要是不同意我们答复的话,可以申请复核。他当初反映情况,也是直接到县信访部门的,后来县里批转了他的上访信件,我们才知道有这样的情况。现在上访的人,最低就是到县里去,他认为到县里去不解决问题的话,也可以直接找乡镇的相关负责人。不过,这个老人并没有放弃上访,他还在想各种办法给我们施压。这就是一场持久战,看看谁能坚持的时间更长。有时候,某个领导的一句话,我们长久的坚持就没有意义了。不符合条件,通过上访给低保的,也存在。

乡镇干部之所以认为曹姓老人的低保诉求不合理,是因为其家庭条件和个人条件都比较好,客观现实是低保工作的根本依据。不过,当村民熟知基层政府综治维稳工作的"软肋"后,上访就变成了武器,却不是"弱者的武器"(斯科特,2007)。乡镇在信访事务的处理上,权力小而事务多,事与权是不一致的。在面对考核和高压下,乡镇只能让村干部帮助阻止上访。在层层的压力下,村干部很多时候需要向基层政府"屈服"。这也是乡镇作为行政村"考官"才得以施加的压力,而乡镇本身也要面临上级政府的考核。每年度乡镇都要对村级党支部和村级组织进行考评,考评结果以文件的形式下发给各个村子。通过表5-2来看一下2010年湾镇对我们重点讨论的8个村子的村级班子点评和考评结果。

表5-2 2010年度湾镇对八村的点评与考评结果

	镇党委对村级班子的点评意见	考评结果
河村	村级班子:团结务实,敢闯敢干,发展快,变化大,大局观念强,但整体合力有待加强。村支书:有能力,敢于负责,善于抓村级班子,对外交往能力突出,群众基础好,但有时方式方法还要进一步讲究。	优秀

第五章 "未雨绸缪"：精英俘获与制度、权力及社会结构

续表

	镇党委对村级班子的点评意见	考评结果
宋村	村级班子：团结齐心，能做实事，精神状态好，有变化，但协调上还要进一步加强。村支书：能力强、服务好，有奉献精神，但精力不够集中。	合格
赵村	村级班子：工作认真负责，能做实事，能完成工作任务，但村级班子不够协调。村支书：工作带头，能力强，有责任心，但调动副职积极性不够。	合格
烂村	村级班子：团结，办事实在负责，能完成上级任务，但会议开得不够。村支书：工作上不搞徇私舞弊，为人正直，能吃苦耐劳，但长远思想不够。	合格
湾村	村级班子：工作实在，能做实事，但对外协调不够。村支书：尽职尽责，工作负责能吃苦，但在争取外援上不够。	合格
金村	村级班子：团结，能做事，有威信，但村级管理要加强。村支书：能力强，会干事，善于联系群众，但精力不够集中。	合格
腰村	村级班子：能完成工作任务，但整体上配合不是很好，计生工作有待加强。村支书：工作比较认真负责，能亲自动手，但遇事不爱商量。	合格
陈村	村级班子：团结，吃苦耐劳有战斗力，能做事，威信高，但计生工作有待加强。村支书：工作能力强，水平高，交际能力强，能负责，但方式方法要注意。	合格

注：表格中的内容来源于湾镇党委文件。

对于村庄而言，乡镇党委和政府对村"两委"班子的考评具有重要的影响，考评的结果不仅直接跟村干部个人的工资紧密相关，同时也跟村集体能够从乡镇政府获得的支持力度紧密相关。村庄需要申请的很多项目都是要有乡镇政府的推荐和支持才能够获得，因此村庄一般情况下都要给乡镇领导留下好印象，至少村支书都要跟乡镇干部搞好关系。在表5-2中，我们看到河村和陈村村支书的社会交际能力得到了镇干部的肯定，而湾村村支书在社会交际方面的表现则未能令镇干部满意。2010年的时候，湾村的村支书也姓胡，但是跟我们展开实地调研时的村支书不是同一个人。2011年10月份，湾村的村庄选举中，村民们选举出了社会交际能力更强、社会资本更加丰富的新任胡支书。正是此人，使村里多年没有修通的道路在其上任之后的几个月内就修

通了。

三 政府机关帮扶制度

在贫困治理的工作中,很多地方都实行了政府机关定点帮扶贫困村的制度,这项制度本来是要弥补扶贫制度建设中的不足,要充分发挥政府机关的能动性和责任感,而现实的情况则是该项制度对于扶贫资源的均衡配置起到了反面作用。因为帮扶机关的不同层次和不同财政能力,被帮扶村庄所直接获得和间接获得的扶贫资源产生了巨大差异。有的帮扶单位居于党政机关的权力核心,其可以动用的扶贫资源很多,这样被帮扶的村子就能够获得较多的扶贫资源;而若是帮扶单位是一个弱势和边缘的机关,如档案局等,其就无法给被帮扶的村子带来什么扶贫资源。

下面是几个村子的帮扶联系单位的具体情况,由此我们就已经能够判断不同村子会得到什么资源。

表5-3 六村帮扶单位一览

	湾镇帮扶单位	县级帮扶单位	市级帮扶单位	省级帮扶单位
腰村	镇民政办公室	无	无	无
烂村	镇文化服务中心	无	无	无
湾村	镇民政办公室	县质监局	无	无
河村	镇党委书记和镇长	县纪委和县扶贫开发办	市纪委	省纪委
金村	镇妇联	无	市军分区、市人民银行、市农垦局、市人民防空办公室	
赵村	原湾镇副镇长	县法院	无	无

注:以上内容来源于实地调查。

通过表5-3,我们可以很清楚地看到,在以上6个村子当中,河村从乡镇到省级机关都有帮扶单位,而且其帮扶单位都是掌握政府权力的核心部门,在县一级甚至直接就由县扶贫办定点帮扶。在第四章中,我们对河村所获得的扶贫资源进行了简单的统计,

第五章 "未雨绸缪":精英俘获与制度、权力及社会结构

注意到了市纪委和省纪委对河村获得项目的帮助。如,河村获得的茶园喷灌项目是在省纪委的帮助下,向省财政厅和农业厅申请获得的;其村内新增的2台变压器,则是在市纪委的帮助下,由县电力局直接捐赠给它的。河村能够与湖北省国有企业集团建立社会扶贫的关系,也是借助了省纪委的力量。腰村和烂村除了在乡镇层级有帮扶单位之外,县级及以上层级就没有帮扶单位了。而且,这两个村子的镇级帮扶单位都是比较弱势和边缘的单位。镇民政办公室主要管理低保、五保和残疾人等方面的工作,对于腰村来说,其能够从镇民政办公室获得的支持也就是多要几个低保指标。除此以外,镇民政办公室的资源是十分有限的。而对于镇文化站来说,在税费改革之后,其更名为镇文化服务中心,现在变成社会性服务组织,每年都要靠专项转移支付经费来生存和开展各项工作,其处境也是比较窘迫的,所以烂村也无法从这个帮扶单位获得较多的支持。不过,烂村新近成立的村文艺队倒是搞得有声有色,获得了镇文化服务中心2000元的支持。以上6个村子当中,金村获得的各种扶贫资源也是比较多的,这有赖于其在市级层面的帮扶单位的支持。金村在市级有4个单位帮扶,其能够获得的支持自然不会太少。

关于帮扶制度,政府机关及其工作人员与贫困村关系的建立,不仅能够让贫困村直接获得来自帮扶单位的扶持资源,同时还能够让被帮扶的村子获得重要的信息,这些信息与项目申请紧密相关。如河村所申请的湖北省财政厅和农业厅的茶园喷灌项目,其信息来自省纪委工作人员。正如河村村支书所言:"省里看到我们村的这个项目是省纪委支持的,他们肯定就会更多地考虑将项目给我们村子,很多关系都是要相互处理的。我们村子把材料报上去之后,省纪委的领导也会给省财政厅和农业厅负责这个项目的人打电话说一下,这样,我们的申请就不一样了。"所以,申请项目的信息也是十分重要的。要是能够掌握项目信息,申请项目的村庄就有更多的活动空间。

除了这种常规性的扶贫帮扶结对子的活动外,湖北省从2011

年开始就开展了干部下基层的活动。2011年全省开展的是"万名干部进万村入万户"活动（该活动主要是访民情、知民意，切实解决农村家庭的客观困难，排解矛盾纠纷），2012年开展的是"万名干部进万村挖万塘"活动（该活动主要是解决农村小型水利设施年久失修和供给不足的问题），而2013年开展的则是"万名干部进万村洁万家"活动（该活动主要是进行农村和农户庭院的环境卫生整治）。我们具体看一下8个村子的驻村安排情况，见表5-4。

表5-4 八村"万名干部进万村洁万家"活动驻村安排

	市、县驻村单位	镇直驻村单位
赵村	县医院	教育督导组
河村	市纪委	财政所
宋村	县疾控中心	劳动保障所
烂村	县疾控中心	文化服务中心
湾村	县质检局	民政办
陈村	县卫生局	林业站
腰村	县卫生局	民政办
金村	县红十字会	食品所

注：以上内容来源于实地调研。

通过表5-4，我们能够清晰地看到，除了河村获得市级机关单位驻村开展工作外，其他几个村子都是由县级单位驻村开展活动的。2013年湾县的"万名干部进万村洁万家"活动，省里派驻到该县的共有13个单位，即13个工作组，每个工作组负责4个村子的相关活动；市里派驻湾县的单位共有10家，组成10个工作组，每个工作组安排1个村子进行工作；而县级驻村的共有163家单位，每个单位负责1—3个村子的相关活动。从这种安排上可知：获得市级单位驻村的村子数量是最少的，而且每个市级驻村单位只负责一个村子的"洁万家"活动，这样市级驻村单位能够筹集的资金和可以投入的精力就会更多。而从县级驻村单位上看，其基本上都不具备分配国家项目资金的能力，因此这些单位驻村开

第五章 "未雨绸缪":精英俘获与制度、权力及社会结构

展"洁万家"的资金筹集能力是比较弱的。按照湖北省对该活动的安排,市级驻村单位要为所驻的村子筹集5万元以上的资金,县级单位要为所驻的村子筹集1万元以上的资金。而镇直驻村单位则没有筹集活动资金的任务,因为它们确实不具备筹资的能力。

在调查中,湾村的村干部告诉我们,截至2012年6月底,县质监局筹集给湾村的"洁万家"资金是6000元,这些资金主要用来建设了一个垃圾池和购买了几十个垃圾桶。在建党节前夕,县质监局的干部到湾村慰问了老党员和老干部。不过,从"洁万家"活动本身来看,这次活动的效果并不尽如人意。湾村建设的垃圾池一直是空空的,因为其位置距离居民区有30米以上的路程。村干部说:"群众不用,也算是好事,因为真要是在垃圾池堆满垃圾的话,谁来清理这些垃圾呢?我们村子也没有钱,要是请人来运走这些垃圾,那么就要有新的开支。没办法,不用就不用吧。"不管如何,对于村庄而言,其能够获得一定的资金,村干部认为都算是好事。驻村单位的级别和实力往往就直接形塑了不同村子获得扶持资金的差别。从2011年的"万名干部进万村入万户"活动开始,这种单位驻村的安排就没有变化过,在3年的时间里,村子与驻村干部都建立了比较好的工作关系和私人感情,这也构成了村干部获得行业扶贫资金的潜在资源。尽管以上说的这些活动带有开展政治运动的性质,而不具备扶贫的性质,但是其在客观上有助于扶贫工作所关注问题的解决。因此,这样的活动也构成了我们分析帮扶制度的一个特例。

从2009年开始,湖北省从全省选取了7个县作为脱贫奔小康试点县,而我们调查的湾县正是其中的一个试点县,该项目计划用5年时间实现试点县的脱贫奔小康。湾县已经开展了4年多的试点工作,而试点县的脱贫奔小康工作将在2014年迎来省级政府的检查。为了推动试点县的脱贫奔小康工作,市县两级都安排了专门的单位联系各个县内的脱贫奔小康试点村。从湾镇的情况看,在我们重点讨论的8个村子中,宋村和金村是脱贫奔小康的试点村。下面我们通过表5-5来看看这两个试点村被安排的联系单位情况。

精英俘获

表 5-5 市县领导联系宋村和金村脱贫奔小康工作的安排

村民	市级牵头单位	市级责任单位	县级牵头单位
宋村	市委宣传部	市广电局、市文化局、市体育局、市日报社、市太保寿险公司	县委宣传部
金村	军分区政治部	市人民银行、市人事局、市农垦局、市人民防空办公室	县人民武装部

注：以上内容来源于实地调研。

2012年，湾镇的宋村和金村是该镇脱贫奔小康的试点村，成为试点村就意味着扶贫资源在该年度要向这些村子进行集中。对于我们重点讨论的8个村子而言，河村、宋村、金村、腰村都曾经在不同的年份成为脱贫奔小康的试点村，而陈村、湾村、烂村和赵村则没有成为脱贫奔小康的试点村。也许是因为后面的4个村子贫困程度深、贫困人口数量多而没能成为脱贫奔小康试点村。但这些村子总人口少、贫困程度深的现实，理应成为脱贫奔小康试点村的理由。而现实是，这些小村和较为边缘的村子，能够成为脱贫奔小康试点村的机会是较小的。对于试点村来讲，每个村子至少可以获得30万元的专项资金，这部分资金对村庄发展是十分重要的。而没有成为试点村的贫困村无法获得这些扶持资金，它们与基础较好村子之间的差距只能不断拉大。

在没有这些帮扶机制的情况下，贫困的村庄都在争取财政扶贫资源的更大份额，而在有了政府机关与贫困村的结对帮扶机制后，贫困村往往因为发展基础差和村干部社会资本缺乏而无法获得机关或是有实力单位的帮扶。从村庄的层面看，这导致精英为村庄或以村庄为名义进行俘获成为可能。湾村现任村支书告诉我们："河村，最早是由我们县副县长挂点联系的村，从那个时候起，这个村子就慢慢发展起来了。从2000年左右，这个村子开始成为我们湾镇党政一把手的联系村，这个对村子的发展也是很有帮助的。而我们湾村，镇里也就是民政办公室的主任在联系，在县里是质监局联系帮扶，在联系单位的层次和实力上，我们村跟一些村子就有很大差别了。2009年前后，县质监局刚建造了自己

第五章 "未雨绸缪"：精英俘获与制度、权力及社会结构

单位的大楼，也比较困难，给我们帮扶的力度也都比较小。这种村与镇机关单位结对的情况是由镇党委和政府共同研究决定的。"湾村村支书的语气透露着无奈和失望，觉得自己的村子被冷落了。

四 扶贫项目建设中的招标与议标制度

我们无须对招标与议标制度在扶贫工作中运行的历史进行清晰且完整的论述，仅就该制度在实践中的具体表现，我们就能够对其与精英俘获之间的内在关系进行一番讨论。正如我们在第四章中谈到的河村茶厂项目建设中的公开招标活动一样，参与投标者私下的联合和协商而导致项目建设成本上升。从公开招标制度在扶贫项目中的应用初衷上讲，该项制度是为了避免专项扶贫资金的挪用和滥用，可是其实践却充满了曲折。在河村发生的投标企业串通的案例，只是招投标制度中精英俘获现象的一种类型，还存在其他形式的投标行为所带来的扶贫资金和资源的扭曲使用。

正如笔者在上文中提及的案例，大桥设计者与县农业局副局长为桥梁工程的建造权和承包权而展开争夺的故事一样，在村民无法参与监督、信息不对称、权力控制资源的客观现实下，公开招标的逻辑是权力的逻辑和资本的逻辑。这里所谓权力的逻辑，是指招标工作在有权力介入的情况下，招标结果一定是偏向权力更大的一方；而所谓资本的逻辑则是，招标的结果偏向向发标单位供给资本和利益的一方。

2012 年，湾村历时多年的省际连接公路贯通了，承担本村公路建设的是县交通局下辖的路桥公司。为什么路桥公司能够成为道路工程的建设单位呢？村干部给我们的回答是："路桥公司跟县交通局是一家的。如果对这个公路建设的事情进行公开投标，还照样会是由这个公司来建设的，没有什么区别。"其实，在湾村村干部以及相关干部的大力帮助下，县交通局承诺，该村 4.7 公里硬化道路的路面工程由县交通局承担，这应该是行业扶贫的重要体现。县交通局对自己的这一做法也有自己的解释："既然项目建设根本就没有资金，而在我们承担路面工程建设的情况下，就需要

151

自己垫付大量的资金，要是找其他公司，是没有人愿意垫付这么多道路建设资金的，而我们自己的路桥建设公司就不一样了，这个事情我们就可以说了算的。"以上这些内容是村干部转述的县交通局领导的话，琢磨起来，这话也是有道理的，但是这就容易出现"监督缺位"和"审计缺位"。既然是同一个单位进行道路规划、设计和建造，那么对工程造价和工程质量就很难形成监督和审计，或者即使对工程建设进行了审计，也可能只是走一个形式。

在河村 2010 年的关于村组道路建设的项目中，建设资金是 3 万元，具体承包项目的是河村的村会计（村委会副主任）。也许大家认为 3 万元的工程项目资金很小，但在村庄所能获得的扶贫资源有限的情况下，每一点资金都应该被珍惜。我们发现，河村的一些项目建设都与村委会治保主任的弟弟有关，其有建材厂和茶叶加工厂，河村有几个公共基础设施建设项目都是由这个人承包的。出现这种情况都是议标的结果。议标是中国招投标领域的特有实践，其不具有竞争性和公开性，而是招标单位与投标单位进行谈判从而确定标的建设方的一种建设或服务的采购方式。尽管议标具有成本低廉、目标明确和形式灵活等优点，但不具备公开性和竞争性，因此该方式容易出现腐败、资金滥用和暗箱操作等问题。而现实是，在扶贫项目建设中，议标的应用是非常普遍的。

无论是因为信息的非对称性导致的投标单位蒙骗招标单位，还是因为招标单位处于政治和体制压力所导致的有倾向性地选择中标单位，又或是因为组织利益和组织中个人的利益而通过议标的方式让自己人成为中标的单位，这些都在一定程度上扭曲了招投标制度的初衷，也就是违背了扶贫项目建设资金专款专用和建设高质量工程的原则和目标。在一定程度上，资金量较大项目的招投标权力都归属县级直属行业部门，这就导致村级组织缺乏对工程建设进行监督的积极性，加上村干部在前期争取项目的过程中投入了较大的精力，其就会有不公平感。正如访谈中湾村的村干部所言："村干部只有这么点工资，他不光是为钱考虑才来村子干的，很多时候也是为了能够获得一种成就感，能够获得大家的好评价。"村干部要是能够决策招投标,那么就拥有了权力,这对个人来讲就是成就的体现。当然,村干部本人或者其亲属投标公共建设项目的情况也同样存在,这或许是招标权力没有完全下放的客观原因。

2013年,湾镇共有4个村子获得了中央专项彩票公益金的支持,每个村子获得的额度为150万元。2013年6月,湾县公共资源交易监督管理局给受扶持的各个村子送来了"湾县公共资源交易监督管理局监督管理告知书",告知书的核心内容就是要求各个村子在接到这个告知书7天之内,将项目招标情况或招标计划以及项目实施情况的书面材料报送管理局。一般情况下,县级政府都成立有专门的公共建设项目招投标办公室,或是公共资源交易监督管理局,很多时候是由这两个单位负责招投标事宜。招投标制度在试图规避权力可能带来的资金滥用和腐败风险的同时,也创造了新的风险。

五 扶贫资源分配中的项目制

当前学界关于项目制的研究非常热门,渠敬东将项目管理体制视为与常规的治理体制并行的一种国家治理体制。"项目制所引起的基层集体债务、部门利益化以及体制的系统风险,对于可持续的社会发展将产生重要影响。"(渠敬东,2012)而从本研究的实地调查来看,项目制的扶贫资源获取方式和实施方式等都会导致项目资金的分配和使用发生扭曲与偏离。以专项财政扶贫为代表的项目资金,其多数涉及贫困村的公共基础设施建设和产业发展,因为在这方面的资金分配上,地方扶贫开发办公室具有较强的均衡能力,且该资金具有显著的正义与政治性质,行政村无须对专项扶贫资金进行争夺。但是乡镇扶贫工作人员是否推荐某村作为扶贫资金的拨付单位,则是县级扶贫机构确定扶贫资金下达对象的重要依据。故此,村干部与乡镇干部处理好工作和私人关系就显得相当重要。2010年湾镇脱贫致富奔小康试点村和片区建设重点村在申报时,该镇就写了一个请示文件。

精英俘获

> 县脱贫致富奔小康办公室：
>
> 湾县被省委、省政府确定为脱贫致富奔小康试点县以来，湾镇党委、政府紧紧抓住这一大好机遇，根据本镇实际，以解决基础设施建设为重点，以新农村建设为着力点，以村庄政治为突破口，解决了一大批群众要求强烈而又无力解决的社会公益事业。一年来，成绩显著，深受群众欢迎，我们将以饱满的热情、昂扬的斗志来完成县委提出的"三年脱贫，五年小康"的奋斗目标。依照本镇实际情况，通过镇党委、政府的实地调查、认真研究，确定2010年我镇脱贫奔小康试点村有5个，分别是：烂村、竹村、丝村、莲村、游村。其中前三个村子为片区重点村，全镇试点村共申报项目15个，总投资929.3万元，其中自筹资金266万元，申请国家扶持663.3万元。请县脱贫奔小康办公室给予立项扶持为盼。
>
> 专此请示。
>
> 湾镇人民政府
> 二零一零年一月十八日

不光如此，村子申请的很多项目要从乡镇扶贫或主管领导手中经过。在上级扶贫部门下达申请项目的通知后，乡镇扶贫部门会有选择地通知一些村子来进行项目申报。从乡镇本身的考虑看，这种项目申报方式有利于实现扶贫资源配置的村庄均衡。不同村庄在项目申请的能力上差异较大，就如同村支书社交能力差别很大一样。但是这种人为控制形成的均衡是很容易被改变的。因为不同村子的村支书具有差异很大的政治身份。具体情况，我们可以参见表5-6：

表5-6 八村村支书的政治身份一览

村庄名	村支书的政治身份
赵村	无
河村	乡镇人大代表、县人大代表、市党代会代表

第五章 "未雨绸缪"：精英俘获与制度、权力及社会结构

续表

村庄名	村支书的政治身份
宋村	乡镇人大代表、县人大代表
烂村	无
湾村	无
陈村	无
腰村	无
金村	乡镇人大代表、县人大代表

注：表中内容来自实地调查。

通过表5-6，我们能够清楚地看到，在以上8个村子里，河村的村支书具有最多的政治身份，其不光是县乡的人大代表，同时也是所在地级市的党代会代表。这种政治身份对村庄争取项目资金是非常有利的。河村村支书说："我具有这种政治身份，就会有较多的机会跟各级政府的领导和各个部门的领导进行接触和认识，所谓一回生二回熟，这样去找领导要点项目资金，也就有基础了。"而其他很多村子的村干部并不具备这样的政治身份，因而也就无法像河村一样争取到很多的扶贫资金。除河村外，宋村和金村的村支书也具有较多的政治身份，乡镇党委书记对金村和宋村村支书的评价是，能力强但是精力不够集中。金村的村支书创办有茶厂，整天为茶叶生产和销售的事情忙碌；而宋村的村支书则创办有花卉苗木公司，也是整天忙着自己的生意。通常情况下，一个村子的村支书政治头衔越多、级别越高，村子可以获得的项目资金就越多。

以上讲述的是村干部个人的政治身份对村庄获得项目资金的影响。村集体获得的荣誉也会影响贫困村获取项目资金。如河村获得过"全国先进基层党组织"的荣誉，获得过"省级新农村建设示范村"、省级村级党组织建设"十面红旗"村、省级文明村等称号。这些荣誉，对村庄和村干部而言，都是非常有用的政治资本。对于湾镇和湾县而言，其所辖区域内有村子能够获得国家级和省级的荣誉是非常难得的。一旦村子为乡镇和县争取了荣誉，

地方政府一般会维护甚而扩大这份荣誉，会加大对这类村子的扶持。一旦村子获得了丰厚的社会资本，其就会引起更高层领导的关注，很多视察、考察和现场工作会就会在这个村子展开。河村就是这样的村子，从1998年获得全国先进基层党组织的荣誉之后，其就引起了省市县的持续关注，而这种关注往往是以项目的方式回馈村庄的。正如渠敬东所言："国家财政若不以转移支付的形式来配置资源，就无法通过规模投资拉动经济增长，各种公共事业也无法得到有效投入和全面覆盖；地方政府若不抓项目、跑项目，便无法利用专项资金弥补财政缺口，无法运行公共事务。"（渠敬东，2012）项目制出现的一个重要背景就是分税制改革和税费改革之后，地方政府财力空虚，而与此同时，中央财政的控制力大大加强，如此从中央到地方的以资源配置为旨归的项目制运作才有了可能。

为什么项目资金和项目建设的不能实现预定目标呢？"在财政资金的'汲取'与'下放'中，地方政府对于专项资金的转化与变通，使得项目难以按照预期的目标得到落实，反而因原体制的优势，集投资者、占有者、委托者、经营者于一身，辗转腾挪，多番变化，使项目的原初方案大打折扣，公共服务和公共事业建设也难于保证。"（渠敬东，2012）这是从地方政府角度展开的分析，而我们的关注重点并不在地方政府，或者说不在地方政府对项目资金使用本来意图的关注，而是其再次分配资源时的影响因素。如折晓叶、陈婴婴所言，村庄在项目制运作的过程中扮演的是"抓包"的角色（折晓叶、陈婴婴，2011）。什么意思呢？它们就是要想方设法地抓住上面可以下达的一些项目"包"。不过，在这个过程中总是会出现非均衡的状况。正如研究者发现的那样，"村庄改造工程的'示范'作用，不仅使村庄为争取项目资金而盲目地依据'专项'要求不断翻新，而且大多数项目只能进入那些有相当财力、建设基础好、有资源动员能力的村庄，从而进一步加大了项目示范村与其他普通村庄的差别，出现'能者恒能'、'强马多吃草'的局面，而绝大多数村庄并不可能引项目入村，也就

第五章 "未雨绸缪":精英俘获与制度、权力及社会结构

难以成规模地改变村貌"。(折晓叶、陈婴婴,2011)按道理来说,扶贫资源可能与其他资源有着不同的逻辑,但现实的情况是,项目制本身的逻辑已经弥合了不同类型资源之间的差距和本质性差异。而我们认为,不同资源之间的差异是不应该被消除的。在调查当中,贫困村的村民和村干部一直对我们重复着一句话:"现在的扶贫都是扶强不扶弱、扶富不扶穷。"不过,对于绝大多数村庄而言,即使其没有能力,也要积极地争取外来的项目资金,村庄也对项目资金有着"打包"的行动和策略。

项目制下的扶贫资金,不仅仅关系村庄发展资源与基础的奠定,同时也成为塑造村干部工作能力和权威基础的重要依据。正如我们所发现的那样,当前不少村庄内的村民都喜欢选"社会人"来当自己的村干部(邢成举,2009),而能够被村民认同的村干部,都是能为村庄争取大量项目资金的人。所以,即使村庄背负债务,村干部也会想办法争取资源。当然,在争取资源的行动上,村干部积极与否,主要与村干部本身的性格及其拥有的社会资本关系密切。湾村 2011 年换届选举之后,新上任的村支书就是村民口中的"社会人",他很善于交际,同时也具有较多的社会资本,在其"上台"后的不到 2 年的时间里,村民都认为村子变化挺大。湾村在湾镇不算是最好的村,也不算是最贫困的村。在当前扶贫项目偏好极端贫困村和富裕村的情况下,中间发展水平的村子更加积极主动地去争取项目。项目制尽管不是完全的竞争体制,但是其创设了竞争的环境,而这种环境是有利于精英获得项目的。

除了以上讨论的,还有一种项目体制内的固有不足影响着项目的有效性和瞄准性。在宜昌花乡的调查中,负责该乡镇诸多项目建设申报的一个干部向我们诉苦说:"国家项目和资源的管理体制也是有问题的。项目制中,我们经常看到的是,作为项目外行的人却参与了项目管理,他们可能在技术上是可以的,但是不了解我们这个地方的实际情况。而我们本地真正对项目对象和需求了解的内行却无法参与到项目当中。以国土整治为例,上面来的人,是内行,但是他们都是搞技术的,他们对地方不了解。过来

精英俘获

进行的设计和规划对地方并不适用,设计的沟渠没有考虑到我们当地的年降雨量和最大降雨量、频发的山体滑坡等,加上规划和设计没有与我们乡村两级的相关工作人员进行衔接,这个也就使得项目缺乏科学性与可操作性。他们规划的田地沟渠根本就没有考虑自然状况下的雨水流向,这样的设计怎么能有效呢?"这样的事情并不少见。在项目制的运转中,技术和制度治理的成分被不断加重,而对地方社会的传统、文化、权力和社会关系等则关注不够,这是导致扶贫项目资源发生精英俘获的一个原因。在强调技术的情况下,乡村两级的"土专家"就会失去发言权,而项目建设中的精英俘获就由熟悉技术和制度的人上演了。项目制并不能消解村庄的主体性和自主性,在很多情况下,项目的申请是按照上级的意图进行的,而项目的实施则是按照村庄的意图或村民的需要进行的。我们在河村就发现了农村产业化项目资金被用于村茶厂办公楼建设的事情。具体讲就是,河村申请了国家农业综合开发产业化经营财政补助项目,即2012年湖北省湾县农民专业合作社项目——湾县改建500亩有机茶示范基地项目。项目的申报单位是河村兴活茶叶专业合作社,实施时间是2012年,财政扶持资金是30万元。据河村的村支书介绍:"我们村子申请的农业综合开发项目,即500亩有机茶园改造和基地建设项目的资金是拨付到位了,但是这个资金并没有用来实施这个项目,而是利用我们村合作社申请的项目资金,建造茶叶基地综合办公楼了。当初,使用合作社及其成员的资料申请农业综合开发项目,社员的入股表,也都是为了获得项目资金才那样写的。实际上,社员并没有入股,所谓的入股也就是农户家里的茶园。利用合作社申请项目资金的事情,除了村'两委'成员外,一般社员并不清楚我们申请项目资金以及如何利用这个申请资金的情况。"正如村支书所谈的那样,这样的事情并不在少数。

从村庄和村民的需要角度看,农业综合开发项目资金被用于茶厂办公楼建设可能是有道理的,但是从项目批复者和项目本身来看,这些资金被使用到它处则是不合理的,这是对扶贫资金使用的扭曲。当然，具体到精英俘获，这里的精英俘获主要是村干部左右了村民或合作社普通社员的意志，将利用合作社申请到的资金用于村茶厂办公楼的建设。从村民的角度出发，这种资金使用方式与村民的现实需求是不一致的，但是村干部为了增强村集体经济的能力，将该项资金用于茶厂办公楼建设也无可厚非。这种精英俘获的结果是村干部获得了较多的政治资本，同时也获得了更大的村庄集体经济的支配权。

第二节　权力与精英俘获

诸多制度本身为精英俘获提供了空间或条件，这可以视为制度本身的漏洞。除了制度，我们还要讨论权力与精英俘获的内在关系。权力与精英俘获的发生和出现是直接相关的。下面，我们会从权力的几个不同维度来论述权力与精英俘获之间的关系。在这里，权力包含比较丰富的内容，如权力意味着知识、资本、权威和信息等。

一　作为权力的信息与精英俘获

对于权力而言，其有一个重要的维度，那就是信息，其实信息也可以归结到权力、知识与空间的范畴，对此研究很多很深的是福柯（福柯，2007）。对于本研究来说，信息构成一种获知和进入的权力。扶贫项目的分配，至少存在两种方式：其一是按照自上而下，无须村庄介入的方式直接分配；另一种则是上下互动，从村庄的申请，上级的审批，最后通过考核、验收和评价等环节才得以完整实施的扶贫资源分配方式。后一种方式需要村庄对项目申请的信息有着敏感性和充分的把握。在很多情况下，扶贫信息的传递并不依赖于正式的科层体制，而是非正式的社会关系结构。例如，在某项关于老区建设重点村的申报通知达到乡镇之前，个别村子就已经获得了该项消息。通常而言，能够提前获知这种消息的村子，一般都有县级核心部门或主要涉农部门的定点帮扶。

精英俘获

正如我们在上文中提及的,河村因为有省纪委的联系帮扶,获得了省农业厅和财政厅的茶园喷灌项目。除了从县级部门直接获得扶贫项目信息外,还有很多其他的信息则是被乡镇政府及其工作人员有选择地透露或通知给一些村子的村干部。正如国外研究者发现的,政治话语和控制机制的有效性依赖于社区成员之间的信息流。一个社区动员信息的能力会直接影响其精英俘获的机会(Conning and Kevane,2002)。相似地,Abraham 和 Platteau(2004)也认为,非洲社区的乡土精英经常能够为自己谋利,正是基于社区内贫乏的信息流动。由此可见,信息的权力意涵是不容否认的,其对精英俘获的影响也是不能无视的。

获得"透露"信息,主要靠的是私人的感情和关系;而通知则是一种正式的工作方式。为什么会有透露信息的方式出现呢?对于乡镇干部而言,他们很多人都是在本地当官,没有脱离自己的家乡,所以熟人和亲戚关系常常是其开展工作时需要考量的一个重要因素。本村内有乡镇干部的村庄,其拥有更多的扶贫项目信息,也能够通过对信息的掌握提升自己获得扶贫资源的能力。在个别村庄获得基层干部透露的扶贫项目信息之后,其他行政村在几天后才会得到通知。一些行政村往往因为在规定的时间内无法准备完备的相关材料而失去申报项目的机会。在这种情况下,获得信息的早晚与多少决定了村庄申请项目时的准备情况,由此信息获得方面的不均衡就导致了村庄在获得扶贫资源方面信息权利的不平等,也就带来了申请项目和资金的行动差异。然而,即使这种"透露"可能会引来不满,也不会有村庄去找乡镇干部理论。若是被照顾的村庄有人在本乡镇政府任职的话,找干部理论的做法就是不明智的;若是这种村庄的发展基础好、配套能力强,那么乡镇干部就会以"项目就是真的给了你们村,你能够像人家这个村子这样,做得这么好,规模这么大吗"来答复村干部。这样的几句话足以让来询问的村干部哑口无言。

当然,信息作为一种权力的论述,有着明显的场域区分,如在战争当中,信息甚至能够决定一次战役的成败,所以大量的间

第五章 "未雨绸缪"：精英俘获与制度、权力及社会结构

谍活动总是出现在战争期间。不过，除了战争，在其他很多情境中，信息都是一种权力的体现。在帝国主义的发展过程中，帝国主义的强大力量不仅仅源于其对商品的控制，也源于其对诸多领域信息的控制。同样，信息在扶贫资源的获得中也扮演着十分重要的角色。这种重要性不仅在于信息透露了扶贫资源的类型、数量和性质，同时还告知了如何能够更好地获得这些资源和项目。正如研究者所揭示的那样："在面对资源与援助的不确定性时，社区会尝试隐藏自己的真实偏好与需要，当它们在申请发展项目与资金时，它们通过这种策略尽量使自己的申请项目与发展机构的偏好相符。因此，一个片面透露的信息就被传达出来了。社区会策略性地将自己对项目的建议与捐助者的具体要求结合起来，同时在实际使用资金的时候则是按照自己的真实需要行事。"（Platteau，2008）为了获得扶贫资源，村庄以及村干部会想方设法地满足上级政府关于项目内容的偏好，从而使自己也具备做好这个项目的能力，这样的村庄在后续的申请中更容易获得项目。在很多时候，我们会发现，社区或者个人，很善于隐藏自己的真实想法，并适应非政府组织的风格、方法和语言，这样才有机会获得它们的支持（Tembo，2003）。这样的事情在中国同样也有，为了获得政府的支持，请客、送礼甚至行贿的行为都会出现。

本小节谈的是信息与精英俘获的关系，以上主要是从村庄层面展开论述，下面则从个体层面展开论述。在整体和个体的层面，本研究都会展现出信息与精英俘获的内在关联。正如一些研究所发现的，很多扶贫信息都是依赖非正式渠道传递和完成的（Platteau，Gaspart，2003）。在普通村民缺乏扶贫项目信息的情况下，监督也就不复存在了，因此发生精英俘获的可能性就会更高。从村干部的构成上看，村干部都可以被视为乡村社会的精英，从某种层面上看，其也是国家政权的最基层代理者。"尽管政府对乡村社会的管理离不开精英的参与，但是这并不代表精英可以垄断项目的信息并控制村民的知情权。"（邢成举、李小云，2013）从扶贫项目在村庄内的传递过程和结构看，信息传递的路径是："扶贫

精英俘获

项目信息最初为社区或村庄内的精英群体所获得，其次是社区或村庄内的中间群体，最后才是社区内部的普通大众，而在项目的目标中，普通大众才是项目的真正和核心对象，但是他们对信息的接触却是最后的。"（邢成举、李小云，2013）在对低保的调查中，我们常常会听到村民说，村里或村民小组里的低保都是秘密评选的，他们都不知道。对于这样的事情，村民自然是会有意见的，低保没能公正评选，在很大程度上是因为关于低保评选的信息没有公开和均衡地传达。

信息的不均衡传达和精英对扶贫信息的有意识控制，只是信息导致个体层面发生精英俘获的一种方式，这是信息向下传递的过程。还存在另外一种方式的信息控制，即信息的向上传递。在除去明确了扶贫资金和资源的特定目标的项目外，不少扶贫并没有对扶贫资金的获得者设定具体的项目目标，在这种情况下，村庄往往会召开很多会议来讨论扶贫资金的使用方向。在这种会议上，一般村干部都会让村民或村民代表发言，而在会议的开始，大家都不愿意发言，在这种情况下，村干部就成了首先发言的人。村主职干部发言之后，其他村干部往往会跟着发言，这就在无形中为整个会议设定了方向和目标，之后的发言基本上不会对之前的发言内容形成太大的挑战。这算是一种大众的跟从心态，也是村干部权威的体现。

在很多项目下达的过程中，地方政府往往有自己的考虑，即它们往往会选择有基础和发展潜力的村子来承接各种项目和资源，这样既可以充分发挥资源和项目的价值，同时也可以树立地方的发展典型、模范或标杆。在湾镇的扶贫工作中，也有各类示范村，比如产业扶贫示范村、连片贫困治理试点村、脱贫奔小康试点村、整村推进重点村等。为了减少确定这些典型时的"麻烦"，相关机构就通知它们认为比较合适的村庄来参与评选，并协助其完成各种材料的整理。因此，在扶贫项目信息及其扶贫典型的塑造中，村庄并非均衡地获得相关的信息，由此村庄在信息的获得上是十分不均衡的。这种不均衡还有着较为复杂的结构，富裕村获得较

第五章 "未雨绸缪":精英俘获与制度、权力及社会结构

多具有建设性和发展性的项目资源信息,而贫困村则获得相对普惠的扶贫资源信息。中间层次的村庄,则较少地获得以上两种类型的扶贫项目信息。由此就出现了村庄层面的精英俘获。而个体对扶贫项目和资源的信息也是非均衡获得的,这会导致个体层面的精英俘获。

在国外的社区发展援助中,研究者发现:事实上,人们将培训不仅仅视为一种获得援助的条件,同时也视为一种直接优势资源,接受培训的人,可以以培训津贴的形式获得补助。援助机构与社区之间主观想法的冲突经常出现,因为社区很少进行长期的战略性思考,而是将大部分的精力放在了短期内快速提高其生活水平方面(Platteau,2008)。出现这样的情况,或许不能埋怨社区及其成员。从中国的实际情况看,扶贫项目或发展项目本身就希望具备"立竿见影"的效果,加上地方政府干部频繁的调动和村干部周期性的选举等,他们自然希望自己在本乡镇或本村工作的几年时间当中,该地方有明显的发展变化。从地方干部的心理需求上讲,他们这种想法是达成自我实现的一种需求。导致个体层面的精英俘获出现的另一个重要原因是,村庄分化背景下的精英与大众对项目建设和发展的不同偏好与需求。"异质性社区内地方精英之间关于项目偏好的主观想法,精英群体与发展项目的目标群体之间有着严重的冲突。异质性社区存在信息控制的问题,因为基金和援助机构的行动为减贫和被剥夺群体赋权的主观想法所影响。他们都力推自己的议程,这些精英毫不犹豫地利用和开放存在于乡土社区与捐助者之间的信息鸿沟。"(Platteau,2008)正因为发展资金的捐赠者并不十分清楚社区的实际或全部情况,作为社区代言者的精英就成为捐赠者获得社区信息的主要来源,由此作为信息中介的精英就可以控制乡土社会与捐助者之间的距离。正如我们所调查的河村,尽管其在 2009 年成为省级重点贫困村,其申报材料中关于村民人均纯收入 2900 元的数字是人为降低的,但是这并不影响其成为扶贫关照的重点对象。河村村支书告诉我们,从 2008 年开始,河村就已经不能算是贫困村了,"不过,要是有扶贫

精英俘获

资源的话,我们还是会说自己是贫困村,还要申请更多的项目资金,这样我们能够发展得更好"。

在国外,村庄精英往往将自己的利益和主观意志向下施加,同时与外部的资助机构协商发展项目,而在中国则是将这些意志向上反馈给扶贫资源的分配者或扶贫项目的选择者。例如,我们在湾村就发现,村内最早的硬化道路首先是出现在上任村支书所在的村民小组当中的,2004年开始的整村推进工作,道路建设是当时建设的重点,而全村只有村支书所在的村民小组有水泥路。在扶贫工作当中,乡村社会内的精英会反对外来者干预,其原因不光是这些干预会威胁传统精英的政治与社会地位,会打破社会层级的特权并破坏地方权力结构,还在于其可能造成扶贫项目资金使用的不切实际或不实用。部分贫困者在精英侵占扶贫资源方面的消极表现可以归因于社会规范和价值体系,这些规范和价值有助于精英俘获合法化(Platteau,2008)。从资源下乡的角度看,如果项目的获得确实耗费了村干部大量精力和劳动的话,村民自然会一定限度地容忍精英俘获。在这种容忍中,村民承认村干部劳动和运作过程对村庄获得项目的价值和意义,因而在村民的思维里,精英俘获一定的利益是对村干部付出的一种补偿。除此以外,在精英做出俘获行为的同时,他们也确实充当了发展项目的有效领导者和组织者。对于村民而言,真正有效的监督建立在对项目及其内容、过程等详细信息的认知基础上,而真正发挥村民监督则需要村民对社区(农村)及其环境等有着深刻的理解和把握。

"当异质性深深地反映了牢固的权力等级关系时,这里就存在地方精英采用策略方式扭曲信息并投机地俘获相当多外部援助资源的危险。"(Platteau,2008)总体上说,中国广大的中西部地区的农村内部并不存在明显的异质性发展需求,尤其是在公共基础设施建设方面。但涉及具体的问题时,还是存在差别的。例如,当大部分劳动力已经脱离农业而外出打工时,他们就不太乐意将扶贫资金用于农业基础设施建设,而是希望将资金用于道路、广场、健身器材和文化活动等方面。而在产业化发展程度较高的村子，如河村、湾村，都是以茶叶种植为主体的产业结构，村子里的非茶叶种植户就总是很少获得扶贫入户资金的群体。在村子中存在茶叶加工厂的情况下，这些加工厂的老板会努力"活动"，以尽可能地获得扶持或减免政策。信息，在本质上仍是权力，所以，接下来，我们继续讨论以另一种方式呈现的权力。封闭扶贫信息，村民就不清楚扶贫项目的本来目的和意愿，他们所知道的扶贫项目都是村干部和村民小组组长传达的。扶贫资源的有限性，意味着扶贫资源并不能均等分配。在地方政府无力供给公共品的情况下，扶贫资源就成为村庄层面公共品供给的来源。而村干部从村民需求的角度出发去争取扶贫资金以完成公共品供给是非常现实的做法，其对信息的控制或许具备治理的合理性。

二 作为权力的经济实力与精英俘获

经济与精英俘获之间的关系，我们不作为重点去论述，因为关注这方面的材料是比较多的，且从读者的角度出发，也是比较容易理解和感受的。在《金钱不能买什么：金钱与公正的正面交锋》一书中，作者极力提醒我们：曾经作为社会构成部分的经济逻辑或市场经济逻辑，现在变成了凌驾于社会之上的支配性逻辑（桑德尔，2012）。市场经济的逻辑侵入了日常生活、亲密关系和政治生活，它正在各个方面改造着我们的生活，市场价值观改造甚或替代了我们的正统道德观。

为什么经济作为一种权力，会导致精英俘获的出现呢？其实正如上文提及的那样，市场的原则和观念开始成为整个社会的支配性逻辑。为了获得资源，就要使用金钱，请客、送礼，要在过年、过节时去看望。在村庄内部，为了获得低保，买上些香烟和白酒，评选的事情就可以搞定了；而对于村庄而言，要想获得扶贫资金和项目，尤其是想获得更多时，在某种程度上就需要有更大的经济支出。先不说一些项目设计中往往要求村庄自筹资金，很多时候，村干部为了维持与上级政府和部门的友好关系，总是

精英俘获

在节假日甚至一些领导的家庭活动中送礼金或礼品，光是这部分资金可能就要几万元。在本书重点讨论的 8 个村子当中，河村是各个层级干部来访最多的，这也意味着村里要为到访者的酒饭钱买单。据河村的会计讲，该村每年的招待费都超过 5 万元，这对经济条件一般的村庄而言，简直是不可承受的财务压力。

之所以说经济形成的权力会导致精英俘获，还因为经济会强化社会关系，或者说是依赖关系。尽管乡镇政府不会形成对村庄的依赖，但形成了社会交往关系上的不独立。若是村庄在乡村两级的交往中投入了大量的金钱、人情和精力的话，乡镇干部就很难从这个由利益、权力、人情等所编织的网络中轻松脱身。他们必须顾及这些内容，在关键时刻，甚至还需要从村庄和村干部方面借力。这种借力，不仅仅会有选举层面的，还有乡镇政府日常工作层面的，乡镇干部能否升迁，与其辖区内村庄的发展是紧密联系的。而从村干部的权威获得来源上看，经济与权力和权威之间也有强大的关联。从新中国成立初期到现在，村干部的权威来源已经发生了极大的改变，之前，村干部的权威更多地来自体制的赋予，而之后来源于村民选举，到现在则变成了对村庄发展的推动。所以，对村干部而言，能够为村庄争取更多的发展资金，就能够获得村民更多的认同和支持，同时也就能够实现村干部更高的权威，如此村干部才能够拥有更多公共权力和支配权。

从河村和湾村两个村子的经济情况看，河村的经济实力比湾村的经济实力要强很多，河村目前有接近 200 万元的存款，而湾村则是 60 多万元的负债。从村民的人均纯收入看，河村的农民人均纯收入在 2012 年超过 6000 元，而湾村的农民人均纯收入在 2012 年则不足 4500 元。村庄之间，如此大的经济差距，不仅仅使得村庄获得扶贫资金的能力差异很大，同时也在差异化扶贫项目扶持中造成了彼此间发展差距不断拉大的恶性循环。从村民内部的情况看，湾村大约有 10 户非常富有的村民，其都可以被称为百万富翁；同时还有 20 多个大龄单身男性，他们的基本生活都要依赖低保和社会救济。在如此情况下，设想一下，要是村干部不能够坚

第五章 "未雨绸缪":精英俘获与制度、权力及社会结构

持公平和公正分配扶贫资金与资源的原则,强者与弱者谁更有可能得到扶持和帮助呢?显然是前者。

当我们论述经济实力作为一种权力已经开始干扰扶贫资金的公正分配的时候,其实我们是在告诉大家,扶贫资源已经开始被作为一种经济资源来衡量,人们开始考虑其成本和收益。对于诸多的贫困村而言,因为发展基础差,基础设施建设任务很重,使用扶贫资源对其投资的效果肯定会差于基础较好的村子;同时,因贫困人口的减少和贫困的消除需要一个过程,所以使用短期和限期测量并检验扶贫项目效果的办法,也是对扶贫资源使用本质的一种曲解。扶贫工作是一种政治工作,或者说,其至少是以政治性压倒经济性的工作,而在现实中,多数对扶贫资源使用的考核,都是以经济性目的为指标和宗旨的,这是不正确、不全面的一种认识和理解。正如桑德尔所言,金钱和市场的逻辑开始侵入其本不应该进入的范围,即金钱和市场的逻辑侵入了扶贫资金分配的逻辑。如果让市场原则成为支配扶贫资源配置的主导逻辑,那么扶贫资源所内含的公平、正义、扶危救困等精神将如何体现呢?作为最具备政治性与道义性特征的扶贫资源,其是最不应该过分追求资源的效益的,不然扶贫资源就变成发展资源,扶贫资源也会成为"弱肉强食"的对象。

在本节的论述中,我们从经济所塑造的权力以及经济与权力之间的内在关系等角度出发,对经济行动和经济基础所导致的扶贫资源分配进行了简单的论述。最后,我们还要概括地讲一下以经济为中心所导致的地方以经济发展为中心的行动所带来的扶贫资源俘获。2013年,在湖北宜昌花乡的调查中,乡镇干部告诉我们:"以前,我们乡镇财政很困难,那个时候乡镇里有个企业也不容易。为了将这个企业扶持大,我们每年都从上级各个部门争取很多的资金,即使乡镇财政困难,我们也要推动企业的发展。几年之后,这个企业成为湖北省最著名的茶叶企业之一,那个时候每年可以给我们乡镇提供200万元的财政收入。2009年的时候,这个企业被湖北宜昌的一个国企集团给收购了,总部也搬迁到我

们县城了。现在，这个企业已经跟我们乡镇没有什么关系了，无非就是从我们乡镇收些茶叶去进行加工。"正如这位干部所讲述的那样，企业也可能是精英俘获的主体，在案例当中，这个制茶企业就有精英俘获的举动。花乡乡镇干部曾经想方设法为这个企业争取扶持资金和各项优惠政策，这些资源在某种程度上挤占了广大茶农和一般茶叶作坊的扶持资源与发展空间，而现在这个企业脱离了这个地方，带着乡镇政府曾经给予的大量扶持离开了这个地方。对于这样的事情，我们不能将所有的责任归结到企业，但是企业对茶厂脱离这个地方是早有打算的，而这也正是乡镇干部表现出愤慨的原因。既然如此，这种大量吸取贫困地区扶持资金后又脱离贫困地区的现象，就是精英俘获，因收购企业而产生的利益都被该企业原有的领导获得了。在这种类型的精英俘获中，以经济为中心的发展思维，让地方政府迷失在对发展的憧憬当中，而当企业撤离的时候，他们又觉得自己被骗了。其实，在这样的事件中，茶农和一般制茶作坊，何尝不是无辜的利益受损者。

经济对于扶贫资金分配的影响，不仅仅意味着经济成为联结权力和资源拥有者的一种手段，同时，经济也是一种思维习惯和行动方式，最后，经济资源也会成为构建权力合法性的一个来源。当其成为地方政府的发展思维时，扶贫资源的分配就不是服务于脱离贫困，而是用于招商引资和工业建设等。若是出现这种情况，扶贫资源的分配和使用也就必然会出现精英俘获与目标偏离的问题。湾村2011年村民选举之后，新任村支书之所以全力推进建设省际连接公路，就是因为前几任村支书没能修通道路而导致村民不满，而新任村支书要坐稳村支书的位子，就需要积极回应村民的诉求。其申请了很多与道路不相关的项目，但是这些项目的钱用在了道路建设上。

正如河村村支书所言："项目的事情，项目总的预算是多少，我们村里自己能够拿多少钱，都是必须要清楚的。做好前期准备的时候，也是需要花钱的，很多项目也要涉及征地，现在征地就要给老百姓补偿。要争取项目，首先是我们自己要先做一些事情，这样项目才能够拿过来。有投入之后，才能争取到项目资金。一个项目要从多个部门去争取，一个部门没有那么多的资金。要整合使用项目资金。现在国家的钱很多，也是比较好争取的，但是不好用。要做事，但也要应付很多的审计和检查工作。"这位村支书道出了村庄经济基础对获得扶持资金的重要性，因此，没有能力进行前期投资和中期资金筹集的村子，无法与经济基础好的村子竞争同类型的扶贫项目，除非类似的扶贫项目在数量上是比较充足的。

三 作为权力的社会资本与精英俘获

从社会资本的角度对扶贫资源分配的情况进行分析，我们关注的是非正式的社会关系、本村外的精英以及以亲缘血缘关系建构起来的社会网络对扶贫资金分配所产生的影响。我们将调查中得知的关于几个村子的在外发展的"成功人士"的情况，给大家简单地介绍下。正如乡镇对村级班子及其村支书进行年度点评所看重的村干部的交际能力那样，社会资本对村庄获取扶贫资金的作用也是非常大的。关于这一点，湾村现任村支书的一番话，可以让我们非常清晰地理解社会资本对扶贫资金和项目获取的影响。

该村支书说："产业扶贫的资金也不是每年都有的，而是要靠我们到县扶贫开发办去要的。现在的扶贫就是关系扶贫，有关系的，可以得到扶贫资源和项目，没有关系的，根本就得不到资源和项目。上面下来的钱，比如说有1个亿，我们不去要的话，他们也能给我们一点，但是很多资金就不知道是怎么分配了。扶贫的资金应该是要向我们贫困的村子倾斜的，但是现在的情况跟这个刚好相反。例如，今年（2013年）镇里确定的整村推进村子是丝村，这个村子因为高速公路占地，已经获得了大量的赔偿，现在村集体也存有很多的钱，但是政府将整村推进的重点还是定在了这个村子。为什么呢？这个村子是从高速下来到我们县所见到的第一个村子，这个村子的位置意味着必须将其打造好。这也是县和镇的一面旗帜。"从村支书非常朴素的话语中，我们不仅体会到了作为社会资本的关系对获得资源的影响，同时其也告诉我们，一些地方政府的扶贫行为是为了获得政府层面的社会资本和政治资本。

对于湾村来讲，村干部可以借助的人脉关系主要是村内现任村会计的堂哥，其现为湾县县委办公室副主任，之前曾担任过湾县的信访局局长。湾村村支书还告诉我们自己跑项目的经验："怎么去要项目？我们村会计的堂哥，在县委办，通过他，我们可以跟县里很多局的领导见面，只要有这种关系，且有确定的理由，他们多少总会给一点的。前几天（2013年6月10日左右），县扶贫开发办的主任也来我们这里看了路，我们这么大的工程量，这么多的负债，扶贫办也应该是会给钱的。也是在几天之前，财政局农村发展办公室也来看了我们村修路的情况，它们有农村基础设施建设的经费，应该也能够给我们一点的。另外，跑项目都是村支书的事情。因为村支书一般都积累有比较丰富的社会资本，他们能够更好地完成村民交给的使命。"在村委会主任和村支部书记一肩挑的情况下，能够代表村庄的就是一个人，乡镇或县直机关和部门的很多工作都需要村支书出席。正是这诸多的会议，让村支书认识了较多的领导，也结成了较丰厚的社会关系，因此村子跑项目的事情，一般都是由村支书承担的。

河村并没有直接在乡镇和县级政府及其部门工作或任职的人脉，但是村支部书记担任过四届县乡人大代表，而且还担任过两届市党代表，如此政治身份，使得河村的村支部书记与众多部门的领导建立起了体制性的关系和良好的私人关系，这都转变成河村发展的社会资本。村庄所获得的各项荣誉使得各个层级的领导将河村视为湾县村庄发展与建设的范本，各级领导的视察和考察工作则在客观上增加了河村及其村干部的社会资本。除了在政府机关工作的个人外，各个村子都有一些人在外地经商，他们也是村庄求援的重要对象。在河村，资产千万元以上的有20多个村民，资产上亿元的也有3个人。作为在外经商的成功人士，当村干部向他们寻求帮助的时候，他们总是会给予一定的支持。例如，在20

第五章 "未雨绸缪":精英俘获与制度、权力及社会结构

世纪 90 年代,河村的谭姓村民就为村里捐款 30 万元,修建了一座跨河大桥,命名为"金锁桥"。

讲到社会资本,我们有必要再次强调一下当地社会的结构性特征,即家门结构。在当地人的观念中,同一个村子内同样姓氏的村民,就同属一个家门。家门目前并不是一个强有力的行动单位,但是折射了村庄社会关联(贺雪峰、仝志辉,2002)。具有一定的强度,即其能够让个体对村庄和家乡的产生认同。在同姓人家的红白喜事的举办中,在清明时节的祭祖仪式中,在家门内的矛盾纠纷调解中,家门或者说家门内的权威代表仍然在发挥着积极的作用。在河村,谭姓的家门还成立有"宗族委员会",这个委员会主要是张罗同姓人家的红白喜事,还倡导家门内的尊老养老,对于家庭困难的学生也给予资助,这个宗族委员会已经有了将近 40 年的历史。湾村和河村的其他姓氏尽管没有建立宗族委员会,但是他们每个姓氏都有自己的知客,也都有家谱。所以,从当地村民的认同结构看,这里存在的是一种双重结构的认同,一方面是对村民小组的认同,另一方面是对家门的认同。这种双重的认同结构不仅让村民关心自己所在的自然村即村民小组的发展,同时也关心整个村子的发展。在笔者调查即将结束时,有一天河村村支书接到了一个在外经商的村民的电话。电话的内容是,这个村民要捐款 30 万元,希望村干部可以帮助他搞好第二村民小组(捐款人房屋及父母所在的村民小组)一个跨河桥梁工程的建设;同时还提出,要给村支书 3 万元的感谢费,这个被村支书拒绝了。

为了充分利用村内各种在外的社会资源,乡镇政府要求各个村都要在每年的春节给本村在外当老板或当干部的人拜年,同时要给他们寄去关于村子发展情况和表示感谢的信件。从 2012 年开始,为了充分利用各个村子在外发展的人才资源,湾县所在的地级市的市委启动了为村级选聘发展顾问和名誉书记的工作。从 2013 年 4 月开始,湾县各村对本村在外工作、经商和从政的"名人""能人"进行了一次较为全面和彻底的摸排、问询和登记,在熟知各个能人具体信息后,建立了本村在外的人才台账。之后,

精英俘获

就开始选聘台账中的人才对象，同时为了切实发挥这项制度的作用，各个村子都会给选聘对象打电话、寄送聘书、寄送公开信并邀请其返乡考察并交谈村庄发展情况。截至2013年10月，湾镇42个村子共选聘名誉书记和村级发展顾问403人，正如湾镇党委书记所言，"名誉书记和发展顾问，纷纷到联系的村给银子、壮胆子、指路子、还稳盘子、出点子"。从乡镇的角度看，他们不仅仅是善意督促村庄利用现有的社会资本，同时还建构起社会资本得以积累和应用的机制，这对每个村庄的发展都是有推动作用的。

要求不能用来还债务的产业扶贫资金，还是被用来偿还债务了。村庄急需的基础设施建设并没有完成，村干部对乡村的治理也急需完成基础设施建设方面的工作，而且，基础设施的建设能够将村民最迫切的要求与村干部建立自己的合法性和权威联系在一起。还债是可以理解的，"拆东墙补西墙"的事情是时有发生的。对于很多争取来的扶贫资源，一般情况下，村民并不清楚。村里获得过什么项目，项目名称和资金额度，他们都不清楚。至于这部分钱怎么使用，是少有群众能够参与的。稀缺的扶贫资源，在村庄治理和村干部的工作过程中，如何通过资源的组合发挥更大的作用，一直是村干部思考的问题。村级组织对扶贫资源的转变——整合和打包使用——意味着，在既有的制度、政策和结构话语下，村干部可以发挥能动性以使争取到的资源实现治理过程中的目标最大化。

湾村现任村支书针对跑项目是否需要给回扣的问题向我们解答说："现在争取扶贫项目，不一定给回扣的，其他各类项目也是差不多的。但是向主管领导送礼，那还是避免不了的。买烟、买酒和旅游等，都是家常便饭。"也就是说，要获得项目资金，村庄需要花费一定量的资金，这强调了经济对于争取扶贫项目，尤其是行业扶贫项目的重要性。而这里强调的重点则是社会资本对获取扶贫资金的重要性，关于这一点，我们能够从村干部对自己跑项目过程的简单描述去认识和理解。"到县里各个局要些钱，你要是跟局里的领导不熟的话，你人都见不到的。有时候，人家也根

第五章 "未雨绸缪":精英俘获与制度、权力及社会结构

本就不想见的。这个时候,我们做村干部的就只能在人家单位门口蹲守了,等见到了领导,就算是逮到了机会。有些领导,根本看不起我们一个小小的村干部,人家见到你,也根本就不会理你。钱到镇里之后,村里跟镇里关系好的话,从镇里获得的钱就比较多。而县镇关系,跟村镇的关系是差不多的。有面子的镇,也可以为本镇多争取一些项目和资金。而要是关系硬的话,我们甚至不需要多出面,一个电话,一顿饭,事情就办成了。"说起扶贫资源分配的事情,湾村现任村支书对扶贫资源的分配状况是不太满意的,他向我们抱怨道:"扶贫攻坚,就要攻到山头,就要到我们这些交通不便的地方,我们这样的村子最需要这些钱。那些条件好的村子,你就是再扶持它,它也还不是那个样子。想往更好的地方发展,不容易。"① 这话语中,既充满了对扶贫项目进村的期待,同时也表达了对现状的不满。

说起村庄间扶贫资源分配不均衡的情况,烂村②的村支书就一肚子不舒服,他说:"河村的人,在外面当官的多,这个是我们村没有办法比的。上面政策要突出对他们村的扶持,要做成我们县乡的亮点,我们也是理解的。但是,我们村的老百姓是不理解的,村民都会说,这是我们村干部没有本事。说河村的干部工作能力强,这也就是给他们戴个帽子。其实,只要有项目,同样的事情,放到哪个村子都是一样搞。所谓的朝中无人莫做官。我们村最大的一个干部就是乡镇的党委副书记。因为是在乡镇里,我们也提不出什么援助的要求,因为乡镇的情况,我们也是清楚的。上面没有人,我们能埋怨什么呢?领导不重视,我们也没有办法。各种资源的分配实在是不平衡,现实就是这样。"这里,村支书的话说得很尖锐,这也许会让话语中的相关者觉得不太舒服,可这就是最基层干部——村干部的最真实体会。说起为什么会出现扶贫

---

① 这里所讲的扶贫"要攻到山头",意思是扶贫工作要关注像湾村这样的山头村。湾村的平均海拔较高,地势起伏很大,地形因素导致其基础设施建设困难很大。
② 与湾村一样,烂村也是山头村,人口上的小村和扶贫资源分配上的薄弱村,正是如此,现任村支书才表达了对扶贫资源分配情况的不满。

精英俘获

资源分配中的非均衡状况,烂村村支书是这样给我们总结的:"这个就是为了搞示范工程,要实现以点带面。第二个方面的主要考虑是利益分配,他们是嫌贫爱富。穷的越穷,富的越富。老百姓一直认为朱镕基总理不错,主要是因为,第一,他那些年,对市场价格控制得好,第二是反腐做得好。现在,习主席在反腐败的事情上,也跟上了,做得好。哎呀,难啊,基层工作,我们讲的都是实话。中央大晴天,省里是乌云,市里刮大风,县里下大雨。我们是只有苦,没有甜。我跟你们湾村的胡支书,没有办法比。他一上来就解决了几个小组道路硬化的问题,他在群众中的威信高,他也展现了能力。我现在就是老牛拉破车了,真的是不愿意再当这个村干部了。等2014年换届的时候,就退下去。"扶贫资源的非均衡分配,不仅仅让基层干部对上级政府的权威和公正产生了怀疑,同时还对自己的工作丧失了信心。在无法获得足够外来资源的情况下,村干部面对的来自群众的压力不断上升,加上地位和工资收入较低,其并不愿意继续担任村干部。

关于村庄间扶贫资源获取不均衡的状况,腰村的王支书有不少话:"今年(2013年)我们村获得的产业扶贫资金是1.5万元。这么多年的产业扶贫都是扶持茶叶发展的。早些年的时候,为了扶持就扩大茶叶种植面积,后来就搞茶叶品种改良和茶园改造。我们村村干部的社交关系不好,出去当干部的人也少。一些路边村、明星村,项目资金是很多的。我们村在镇里工作的一个干部都没有,也没有一个科级干部。只有一个在镇里规划所当所长的,也帮不上我们什么忙。我们村没有好的'外交'关系,这对我们争取扶贫资金很不利。我们镇里的42个村里面,有10个村子是根本不愁自己没有项目和扶持资金的,它们是我们镇里发展最好的村,也都是明星村和示范村。我们这样的村子,要争取一两万的项目,都要跑很多趟。镇里负责帮扶和联系我们的机构是镇民政办公室,民政的钱都是很清楚的,它们没有什么资源给我们的。现在民政这方面都是阳光、公开和公平操作,它们可以动员的资源也就是多给我们村子几个低保名额,或是在春节的时候,多给

第五章 "未雨绸缪":精英俘获与制度、权力及社会结构

我们一些慰问金。村子的条件越好,这样的村子存款也就越多。而到它们那里去驻点的干部也都是有权力的干部,什么书记啊,镇长啊,纪委、市委和县委(干部)等,也都是喜欢找这样的地方挂点。"这一席话,印证了权力、资源和社会资本偏好基础好、前景好的村庄的论断,而这与扶贫资源下乡的初衷是不一致的。

最后,从社会资本的角度来讨论扶贫资源的精英俘获,这与当地村民之间的血缘关系等是不可分离。在上文中,我们从村民小组认同和家门认同的角度讲述了社会资本与精英俘获之间的关系,而在这里我们强调社会结构在投票和选举中所引发的精英俘获。以湾村为例,村内的大姓主要是张姓、胡姓、明姓、王姓等,在存在家门结构的情况下,无论是村庄选举还是评选低保,大姓家门的申请者总是受到家门选举者的照顾。而小姓,如谭姓和余姓等,则容易受到忽视甚至排挤。胡姓的一个村民代表告诉我们:"现在,一个家门的人肯定不会跟另外家门的人在一起打架,这样的事情不会再出现了;但是在选举和涉及什么利益分配的时候,一个家门里面的人,还是要近一些,大家都还是沾亲带故的。现在这个村支书就是我们胡姓的,那还不是我们家门里面的人帮忙拉票才把他选上去的。"在与其他姓氏的访谈中,我们也听到过类似的话语。

四 作为权力的乡村治理与精英俘获

对于中国的扶贫工作来说,21世纪的扶贫工作是以村级扶贫规划为核心和亮点的,即我们的扶贫工作开展的主要层级和瞄准单位已经转变为村庄。村级扶贫规划意味着乡村治理状况与乡村秩序都将对村级扶贫工作产生重大的影响,因此将乡村治理纳入中国扶贫研究领域则是必要的。后税费时期乡村治理的两个特征是很值得我们思考的,即乡村治理的能力弱化和乡村治理的内卷化。无论是乡村治权的弱化还是乡村治理的内卷化,其发生和出现都使得精英俘获有了存在的空间。

1. 乡村治权的弱化

取消农业税后,乡村治理的基本逻辑发生巨变。一是农业税费的取消让国家与农民的关系发生了根本重塑,乡村组织不需要从农村和农民那里提取资源,有选择地快速从村庄的相关领域退出,同时税费的取消也让村民失去了与乡村组织讨价还价的砝码。二是国家行政力量、强制性行政权力和乡村治理的政治性开始退出乡村社会,乡村社会内部之前被压制和潜伏起来的各种离散力量纷纷发出声音,农村社会内部基本秩序开始受到威胁。构成传统农民是非观、正义感并支撑农民敢于出面主持公道的价值基础已经缺失,少管闲事和不得罪人成为农民生活的原则。三是地方黑恶势力逐渐在社会上脱敏,并越来越公开地活跃在乡村舞台上(贺雪峰,2011)。乡村组织和国家力量、乡村治理政治性的退出使得精英开始拥有俘获利益与资源的更大空间,却没有组织和力量对精英的行为进行制止。在目标管理责任制度的约束下,村委会与乡镇政府被纳入一个责任利益共同体中,使"村干部在经济上日益与农民脱钩,不再由村民供养,其经济来源主要是政府下拨的财政转移支付和村级组织通过各种途径所得的创收"(吴毅,2007)。税费改革的完成,使得国家行政力量对乡村基层干部的控制更加有力,但是其放手撒开了广大的农户。农民的弱势和缺乏保障的状况在这种背景下变得更加糟糕。从基层政府更加依赖于上级政府的状况上看,税费改革是一种集权化式的改革。其产生的另一个更加深远的影响在于,基层政权运作的基础正在悄悄发生改变,民间的富人和富裕阶层正越来越成为乡村两级组织所依赖的对象(周飞舟,2006)。取消农业税后,乡镇政府在很大程度上失去了自主性和独立性,乡镇干部没有利益上的动机就可能会失去为人民服务的公仆精神,可能不会倾听农民的利益表达要求(夏菁、姚望,2010)。这种背景下的扶贫工作是很难容纳贫困农户参与的。

税费改革的完成,转变了国家和乡村之间的资源关系,国家从乡村汲取资源的行为终止了,而反哺的行动开始了。这让中央政府的民意信任度和合法性大幅度提高。不过,税费改革只是缓解了问题,并没有解决问题,其控制力和财源等方面的短板不仅未改进,反而由于税费改革进一步被削弱,基层组织的问题没有得到真正解决,其虽不会再在收取税费这块"作恶",但会在其他方面"作恶"(耿羽,2011)。在后税费时代,我们看到的是:一方面,国家与农民的显性关系在趋于缓和,农民对中央政府的政治信任度呈现上升趋势;另一方面,乡村基层组织受限于日益匮乏的资源,越来越缺乏与农民打交道的能力,这在客观上造成乡镇政府和村委会"悬浮"于乡村社会之上,难以在农民日常的生产、生活中发挥必要的积极作用,使乡村社会处于因国家和农民都认可的正规权力出现空缺而引发的"治理缺位"危机当中(赵晓峰,2011)。关系缓和是因为调整了资源流动的关系,而缓和也许是一种基层干群关系疏远的表现。同样地,治理缺位是因为后税费时期的乡村治理缺乏强有力的治理性制度支撑和财政基础,基层干部更没有了治理的动力。

税费改革后,以保障个体权利为核心、强化基层代理人监控为目、将国家权力直接对接农户作为组织机制的直接治理模式逐渐兴起(田先红、陈玲,2010)。治理模式的变革对乡村基层政权的角色与行为产生了深刻的影响,基层组织的治理能力被削弱,上级政府与乡村社会之间中间层次的缺失,给乡村社会秩序的有效实现和可持续发展都带来诸多负面影响。后税费时代乡村治理有一个潜在逻辑——"行政消解自治",即中央和省级政府推出的一些涉农政策过于刚性,干扰了村委会的自治实践,压缩了村委会的自治空间,使村委会处于更加不利的位置(赵晓峰,2011)。这也是国家实施干预与社会控制的客观结果,自治的形式可能会掩盖非自治的本质。税费改革表面上是国家和农民关系的改革,实际上是针对基层政府的改革。改革的结果是乡镇政府处于"半瘫痪"状态,在国家和农民中间造成一种"真空"状态(周飞舟,2006)。这种所谓的"真空"恰恰为精英提供了活动的空间与舞台。在彻底取消农业税费的改革中,拆除了收费的平台,但乡村执行各项任务的功能相对弱化,同时乡镇和村两级自身财力匮乏和为本社区居民提供公共产品能力不足的问题凸现出来（张晓山，2006）。"从扶贫的情况看，在后税费时期，由于以妇女、老人等弱势群体为主的贫困人口因资本存量较低，难以'被资本化'而收益，在乡村治理劣化状况下也难以有效动员这些弱势群体以形成多功能、多元化的社会资本，这使得其难以符合外部资本获益的需求"（中国国际扶贫中心，2011）。这加剧了资源从贫困地区流出的状况，而资源的空洞化又使得贫困地区的人力和自然资源存量更低，乡村治理的基础也更加缺乏。

这里我们不妨看看因治权弱化而导致的村民索要低保的事例。在花乡调查的时候，该乡原纪委书记给我们说了这样一段关于低保的话："低保是一个县给你多少指标，然后县里再把这些指标往下面分配。村民代表评选低保的话，也容易出现徇私的情况。行政单位的工作人员也没有严格严肃地执行政策，对农户的家庭状况没有进行调查。现在，低保还产生了负面的作用，因为大家都在争低保，所以很多人之间的关系就不好了。其实可以用低保的钱来搞公路建设，现在的低保导致社会不团结，所谓的改革开放的成果共享，其实只是一部分人在享有。要是严格按照低保评选标准的话，不需要现在这么多的低保指标，各个乡镇都是在争取更多的低保指标，在村也是一样的。上下级的行政关系，亲戚和朋友关系等，都会影响低保的公正评选。低保本来是用于临时救济的，现在则好像变成了一种长期的扶持，这个是不对的。在低保中，还出现过这样的情况。就是说，名义上我是拿了低保的，在公布的低保对象名单中，也有我的名字，但是实际上，我却没有得到钱。也就是说，以我名义申请的低保钱，却落到了别人的口袋。按照低保线的标准的话，现在60%左右的低保对象的收入水平是超过了最低保障线的。现在，农村的基础设施建设很缺钱，要是能够把超标的那部分人的低保补贴用来做公益事业，那么农村的面貌就会有更大的变化了。"这位纪委书记朴素的话语里面包含丰富的信息，至少我们能够通过这些语言发现，低保的评选和实施出现了问题，这也表明了乡镇在税费改革后出现的治理困境。

第五章 "未雨绸缪":精英俘获与制度、权力及社会结构

在花乡的调查中,与乡村治权弱化直接相关的,还有更加过分的事情。花乡农业与农村办公室主任叹息道:"基层管理现在好像是做不下去了。对老百姓不能只松不严,该打击的就应该打击,这样才能树立社会正气。我们这里的管理就是太文明了,也太温柔。这种管理是把人得罪了,你政府该做的事情也没有做好。例如,现在的低保就是只进不出,要出的话,就是这个人死亡了,或是户口迁走了。现在的人都是争着要低保,以前人们吃低保都还有羞耻心。现在的老百姓是只讲权利,而不讲义务。现在的人争着要低保,你不给他,他就把家里的老人背到乡政府。他把老人背来就放在这里了,他就不管了,家里条件不差,也不尽对老年人的赡养义务,真是不像话。这样的人真是让人恼火,是应该处理这种人的。2011 年,我们这里就有一个村民把自己不到 2 岁的孩子放在了乡政府的党政办公室,趁我们不注意,家长就走了。后来,经过了解发现,他家的情况还不错,我们把孩子放到福利院养了一段时间,后来党政办公室主任把孩子放在自己家里又养了一段时间。在这中间,我们一直给家长的亲戚做工作,最后,孩子就被抱回去了。拿这样小的孩子来要挟政府,这样的农民真是太大胆了。"以小孩或老人要挟乡村干部的事情的发生,确实是乡村治权弱化的最典型表现,而在维稳的压力下,基层政府往往会选择向这些人"屈服"。

2. 乡村治理内卷化

与乡村治权弱化相伴随的,是乡村治理状况的内卷化。国家确定建设社会主义新农村战略并取消农业税后,大量资源进入农村以开启"工业反哺农业、城市反哺农村"的工作,但现实结果是:乡村社会中的精英群体率先受益,这导致体制内外的精英因下沉的利益通过选举和上访等事件使得村庄治理更加混乱且无序,甚至出现群体性冲突。乡村治理内卷化的出现导致精英日益脱离乡村治理客体的监督并丧失集体主义意识,取而代之的是其对公共利益和资源的俘获与侵占。

取消农业税后,乡村治理中的各利益主体的行为逻辑发生了

重大变化。随着国家资源的输入,乡村社会中出现了一个全新的结构,即地方政府与地方势力的结盟。若是不采取有力措施,这一全新的结盟结构将吸取大部分自上而下输入农村的资源,并不断侵蚀乡村社会的公共利益,由此导致乡村治理的内卷化(贺雪峰,2011)。在对基层治理的调研中,我们发现,基层政权正逐步放弃自己的政治原则性,原本具有相互对抗性的基层政权和灰黑势力愈来愈有合谋和协作的倾向,国家资源的不断输入无法带来治理效果的增强(耿羽,2011)。改革开放后 30 多年,乡村"混混"逐渐实现从乡村社会"边缘人"向经济精英的转型,而这种转型与乡村组织援引"混混"等灰色势力参与基层治理存在高度关联。后税费时期,乡村"混混"与乡村治理组织形成利益同盟,基层治理合法性丧失,税费改革之后国家资源下乡并没有实现预期的政治效果,基层治理出现内卷化困境(李祖佩,2011)。从乡村治理的角度来看中国扶贫工作,我们同样可以发现扶贫也是中国政府进行乡村社会治理的工具和手段,而扶贫目标偏离现象的出现意味着以扶贫为手段的乡村治理也是失败的。进一步说,我国农村基层政权组织在很大程度上正在蜕变为一种掠夺型、营利型的准自利组织,而"抓经济"、"抓稳定""抓计划生育"和"抓数字"这四项组织行为则是其内卷化的突出特征和主要表现(马良灿,2010)。

国家尽管以各种形式向乡村社会分配了大量资源,如以扶贫、以工代赈和以奖代补等方式给基层社会输入了大量的资金与资源,但是这并没有成为扭转乡村社会发展不利局面的有效推力,反而吸引了不少灰黑势力对下乡资源与利益的觊觎。与此同时,因为基层政权构成者的营利倾向和治理手段的缺乏及其治理责任的缺失,上级下达的资源当中的很大一部分被基层政府和灰黑势力瓜分了。在部分资源的分配上,如村庄公共资源对外发包和国家扶持的工程项目进行对外招标的过程中,灰黑势力拉拢基层组织的官员,而在土地开发等事项中,遇到钉子户等问题时,基层治理者向灰黑势力求援。这样,在乡村社会就再次形成了体制内精英

第五章 "未雨绸缪":精英俘获与制度、权力及社会结构

与体制外精英利益联结的共同体。这里讨论的灰黑势力与本书中还要使用的村庄精英等所指涉的人群大部分是重叠的,只是"灰黑势力"的概念更突出了其对乡村治理的负面特征,也带有更强的感情色彩,而村庄精英有所指泛化的嫌疑,本书中谈论的精英将会变得更加具体,这是学术研究的基本要求。若我们使用精英俘获的概念来概括乡村灰黑势力在乡村社会的谋利行为,则可以说乡村治理内卷化与精英俘获是互构的。资源的输入和项目的实施没有收获高层政府所期望的改善基层治理的结果,与此相反,在资源下乡的背景下,基层政权和灰黑势力在新的资源平台上找到了"默契"。从当前基层治理"内卷化"的状况,我们可以反思国家对于基层的治理方式:国家仅改变资源分配方式是不够的,无论是提取资源还是输入资源,都需要有基层政权来连接中央政府和村民,因此改进基层政权这个中介才是解决问题的根本之道(耿羽,2011)。税费改革不能是取消税费就算完成了工作,而是要在减轻农民负担的基础上不断优化乡村治理的格局,这才是乡村治理与税费改革的应然结果。

中国基层治理在建立有中央集权政府的历史上都属精英治理的类型,也就是费孝通先生讲的"皇权不下县"。但是经过长期的社会发展,乡村的良性治理和良好的社会生态遭到了破坏,社区精英的行为日益偏离社区的整体利益,对公共利益的追求变成对个体或亲近群体利益的追求。当宏观形势严峻时,城市经济危机的制度成本向乡村领域传导和转嫁,引发农村经济危机,演变出历史上曾经发生、当代也有发生且在泛滥中的"劣绅"驱逐"良绅",其结果是乡村治理所依存的社会生态的破坏。在20世纪90年代中后期,税费征收任务加重时,那些能通过各种手段强硬地把制度成本转嫁出去的村干部登台,逐渐取代了传统的依靠"对下负责"来维系社区治理的乡土精英,村庄治理开始流变(中国国际扶贫中心,2011)。在乡村治理流变的现实中,我们这里重点谈及的乡村治理内卷化,最可能出现的结果是:一方面,国家尽管转移资源,但都被结盟的地方分利集团截留或分割,地方分利

集团甚至利用各种政策进行破坏性的开发以从中获利，而农民却无法从各种资源变现中获取好处；另一方面，国家在面对各种离散力量时，迫切需要农民的支持，而实际情况是其越来越难以获得农民的支持（贺雪峰，2011）。乡村治理的内卷化不仅会导致乡村治理出现危机，同时也会让国家的政治基础出现分化和削弱，降低农民对国家的认同与支持。税费改革意味着政府在治理上基本已放弃农村，而将目标转往所谓的强势群体，以图通过控制利益分配来维持治理。真要如此，中国现存的"强—弱"格局将难以改变，治理也会因范围过小而缺乏合法性基础（李远行，2006）。国家取消农村税费的改革并没有形塑有效的乡村治理结构，两种结构对接中的空间与差距使得国家资源的输入并没有转化为强化政府合法性与执政权威的保障，资源只是乡村精英追逐的对象。

后税费时期乡村治理的状况构成了我们反思中国扶贫工作现实的大背景，同时也是我们思考当前农村扶贫资源分配和使用状况的一个逻辑起点，乡村治理的内卷化是关于乡村治理的国家权力以及地方权力在基层社会行使情况的一个概括性表述。如果我们对乡村治理过程中出现的乡村治理内卷化、乡村精英和基层组织的自利性等现象加以分析，就会发现，扶贫资源配置当中的精英俘获其实是与以上现象相伴生的，是导致中国扶贫工作目标偏离的重要的权力与治理维度。

五 作为权力的参与决策与精英俘获

对于许多研究者而言，精英俘获是一种负面的事件，是对公共资源的侵占，但是一些项目的目标群体并不这样认为。国外研究显示，普通大众一般认为项目成本当中有一部分可以是对地方领导重要工作与服务的一种奖励。相应地，政策制定者和一些分析者找到克服精英俘获问题的两条主要途径，其一是优化项目设计以将地方精英隔离于项目之外，其二是将焦点放在给普通大众赋权上，提升他们与精英更好地互动的能力（Powis，2007）。从扼制精英俘获的角度出发，发展项目的发起人和创始人都期望在短期和中期

第五章 "未雨绸缪": 精英俘获与制度、权力及社会结构

时间内均等化权力关系,但这是不现实的。客观上讲,大部分的发展项目都是被精英控制的,并且其瞄准对象和项目实施的质量也出现了下降的趋势,这在一些经济社会发展不平等的社区更加如此。

在中国农村,精英类型也在经历一场变化,这种变化的范围基本上席卷了中国大部分区域的农村。如研究者所指出的:"汲取型民主限制了有抱负的保守型农民精英可以有效作为的空间,在世纪之交乡村治理性危机不断彰显的时代背景下,致使其不得不被动地选择退出村庄政治舞台。分配型民主则为以变革型力量形式存在的中青年农民精英走上村庄政治舞台提供了历史性的机遇,为社会主义新农村建设和乡村社会的民主化进程注入了新的活力。"(赵晓峰,2010)在湾村,从前任胡姓村支书到现任村支书,我们就可以看到乡村政治精英从保守型到变革型的转变,而这种转变不唯独发生在中国。在关于南亚的研究报告中,我们同样能够发现类似的论断。"新生的领导者开始进入乡村政治舞台,他们并不一定来自居于统治地位的种姓,或是正规的地方政府系统。新生的乡村领导提供了诸多的社会服务,而这些正是穷人和其他经济与政治边缘群体非常依赖和需要的。精英俘获的非正式体系影响地方精英的行动,并影响村庄层面的政治变化。"(Powis,2007)在南亚,也出现了普遍的传统乡村精英被新的精英替代的情况,这些新生精英更加年轻、接受过更高水平的教育。他们拥有特别的技能,可以协调村民与更高层级的官僚和政治家的关系,也就是说他们协调和交际的能力很强。这些精英的权威并非主要来自他们的种姓及其对土地的占有和所有情况,更是来自他们对民主与发展要求的适应能力。其实,从湾村2011年的选举实践中,我们就能够看到这里的村民也越来越偏爱具有较高交际能力、能够为村庄获取发展项目的村干部,而这一点我们在上文中以"社会人"的称呼进行了概括。

无论是保守型的村庄精英,还是革新型的村庄精英,村庄范围内的公共事务,决策权力都在他们手中。这里涉及的精英类型

是比较丰富的，有政治层面的，也有经济和文化层面的，但是以政治精英为中心。如研究者发现的那样："除了普通大众无法获知完整的项目信息外，社区内权力的分配也是极其不均衡的。这里所强调的权力，主要是指项目相关个体参与公共事务决策及实施的权力。与信息的流动类似，社区内的权力呈现出多圈层同心圆的结构。同心圆的核心是村两委，向外依次是村内其他精英，最外层是普通群众和弱势群体。"（邢成举、李小云，2013）也正是从这个意义上，一些研究者对参与式扶贫进行了质疑，也就是说，普通村民要真正参与扶贫项目目标的选定和实施等过程，是比较困难的。

从村庄公共决策的层次和机构看，村民会议是最高的权力机构，但是因为外出打工和其他形式的人口流动，农村的村民会议已经很久没有召开过。即使是在选举的时候，也仍有不少村民是不会回到村庄的。作为法理层次上的最高权力机构，其在现实中是很难发挥作用的，因为该机构涉及人员多、召集难度大且村民的积极性不高。在村庄权力层级中处于第二个层级的是村民代表大会，村民会议应当行使的职权，很多时候是由村民代表会议行使的，例如对村民委员会年度工作报告的审议。"村民会议审议村民委员会的年度工作报告，评议村民委员会成员的工作；有权撤销或者变更村民委员会不适当的决定；有权撤销或者变更村民代表会议不适当的决定。"[①] 村民代表会议也可以在村民会议的授权下撤销或变更村民委员会的不适当决定。接着就是村组干部会议了，从客观的情况看，村组干部会议召开的频率是明显要高于村民会议和村民代表会议的，很多公共事务的决策是由这个会议做出的，例如每年度的一事一议事项、计划生育、防汛抗旱、综治维稳等。最后，则是村"两委"会议。在村庄的权力结构中，村"两委"会议是最高权力机构，即村民会议的常设机构，村庄治理和运行的日常事务都是由其具体负责的，它也是实际上的权力中

---

① 《中华人民共和国村民委员会组织法》。

第五章 "未雨绸缪":精英俘获与制度、权力及社会结构

心和真正的决策者。尽管法律文本上有关于村民会议和村民代表会议能够撤销或变更村民委员会不适当决定的条款,但是实际中,村民代表会议都是在村"两委"的"指导"和"授权"下开展工作的。在湾村几任村支书的印象中,村民委员会的决定没有被变更或撤销过,村庄实际的权力架构是村"两委"领导下的村组干部会议加上村民代表会议,在涉及事务性工作的时候,村组干部会议要发挥更多的职能,在涉及资源配置的时候,村民代表会议发挥更多的职能。如果要对村"两委"再进行一些划分的话,村党支部领导村民委员会,在村支部书记和村委会主任一肩挑的情况下,村支部书记是村庄公共权力的最中心,也是村庄日常事务的最高决策者。

对于村民而言,知晓参与的信息是最基本的,但是在村庄的实际格局中,村民代表会议是村民唯一能够参与的。在关于扶贫项目公开公示中,河村、湾村等村子,并没有按要求在相应的地方对这些内容进行公开公示。在村级财务都没有公开的情况下,不可能设想村级将获得项目的资源及其具体使用情况进行公开。在宜昌花乡茂村进行调查的时候,我们得知,该村的财务情况除了村支书和村会计知道外,其他村"两委"干部根本不清楚。而且,村支书是村会计的叔叔。类似这样的村级财务不公开情况并不少见,这从侧面告诉我们:在信息不公开的情况下,村民对公共事务的参与和决策都是不可能的,其监督也是无法实现的。

国外相关研究结果也带给我们启发:"在推行了民主化公共服务供给的国家,地方政府是会对其辖区内的市民负责的,但是容易发生精英俘获。精英俘获的发生与社会经济的不平等以及社区传统是紧密相关的,传统集权体制的结束迎来了另一种变相的'权力垄断',即地方精英的政治影响力日渐显著。"(Bardhan and Mookherjee, 2006)不能简单地认为我们实地调查中的农村所出现的精英俘获与上述论断完全一致,但是其提及的关于传统体制、经济社会不平等内容,则让我们意识到:当前的中国农村,其权力结构和配置仍然是集中制的,并不是分散和民主制的,拥有权力的仍然

精英俘获

是少数的精英。从项目的实施需求上看，精英所控制的这种权力结构也是被官僚结构和国家权力所借助的，如研究者对世界银行在赞比亚和马拉维的社会基金项目进行考察后发现："社区参与的实质是受到社区现存权力与社会关系形塑的。项目的认定与执行是在诸如项目合作的家庭教师协会的会员和社区传统权力精英的引导下进行的。社区是在传统头人结构下被动员的。社区成员积极参与的都是'抛砖引玉'的过程，是被动地参与政策制定。这样的情况应该被视为项目过程对社会资本的一种制度化适应，也许并不是真正的精英俘获。"（Vajja & White，2008）尽管在我们国家不存在家庭教师协会，但权力精英仍是存在的，其是从传统的乡村权力精英转变而来的。当然，上面的论述告诉我们农村现有权力与社会关系在扶贫项目制定者的意识中是存在的，对于项目的地方执行者也是清楚的，但要真正实施这些项目就必须利用村庄内原有的权力与社会关系。这在中国以压力型体制推动贫困治理的情况下更是如此。

在国际发展和减贫的领域，以社区驱动的发展曾经风靡全球，而今研究者和实践者都对这种模式进行了反思和质疑。社区驱动的发展，强调的是社区对发展项目的自决、对外来干预的控制、对社区内地方性知识的保留和提倡。在强调社区主体性的情况下，社区也就减少了来自科层和官僚权力的监督与制衡；在社区内传统权力结构趋向集中的情况下，社区自主性和主体性的提升则会导致精英俘获空间的扩大。正如有研究显示的，"社区推动的发展因为对权力关系的不充分理解而饱受各方的批评，这给精英俘获留下了空间"（Wong，2010）。在中国，乡村尽管有来自科层和官僚体制的监督，但是在很多时候表现为一种工作互助的关系，在一定程度上也存在政府部门为村干部"放水养鱼"[①] 的可能，因为

---

① 这里所谓的"放水养鱼"是说，政府部门为了让村干部及时完成其交给的任务，会特意给村干部留出一些权力空间和利益空间，甚至为其设立一些奖励制度。在税费时期，一些乡镇就按照税费总量的3%的比例，对村干部进行奖励。

第五章 "未雨绸缪":精英俘获与制度、权力及社会结构

在税费时期就形成了"乡村利益共同体"①。故此,在我们的权力结构和乡村实践中,参与项目选择、决策和实施的权力并不为一般村民所获得。而这种不均衡的权力关系很容易引发精英对扶贫资源的侵占和套取。在湾镇,乡镇政府要求所有农村的会计严格执行财务报账制度,村支书外出办公的,午餐报销不超过30元,晚餐也不能超过30元,且当天出差的报销凭证等,要不迟于第二天下班前提交,不然就不能报销。尽管制度层面的要求很严格,但是该制度无法在各个村子获得足够的"市场"。

谈到权力与精英俘获之间的关系,我们不要以为权力就意味着强制和压迫,其实对于项目村庄内的普通成员而言,他们并不一定会产生这样的感觉。如布迪厄所言:"导致精英俘获如此强大和严重的原因是,精英并非通过他们的要挟与强迫来施加其影响力,而是通过道德谴责和象征权力来施加。"(Acevedo,1998)"下层民众多数情况下是在不自觉和无意识的情况下服从精英领导的。"(Lewis, and Hossain,2008)"穷人倾向于认同精英,因为他们认为自己从精英的领导中获得了利益。精英占用与其个体不相称的发展援助利益份额,这被穷人中的多数认为是合法的。他们相信,没有这些精英的努力,他们自己的处境不可能获得提升。尤其是,他创建了村庄协会,这是合法获得外来援助资源的必要手段。"(Platteau,2004)在经济财富构成权威主要来源的当今乡村,多数村干部都是村子当中相对富裕的人,这样其就首先获得了优于他人的社会威望,加上其能够为村庄争取资源,村民就认为这样的村干部"有本事"。对于能够为村庄做贡献的人,村民对其还都是比较宽容的。所以,从上面内容我们可以推论:精英俘获的出现其实是与村民对精英的权力无意识或者说对精英权力的部分放纵与默认有关的。精

---

① "乡村利益共同体"是贺雪峰教授提出的一个概念,是指在税费任务重且收缴难度大的情况下,县乡默许村干部在收取税费的时候捞取一定好处,甚至是在制度层面为其安排奖励,这就形成了利益层面的共同体。具体可以参阅贺雪峰《试论二十世纪中国乡村治理的逻辑》,载《中国乡村研究》,福建教育出版社,2007。

英俘获不一定都是精英直接参与扶贫项目当中,就如研究所发现的那样:"地方精英在发展项目中扮演着十分重要的角色,这些角色形塑了发展项目的过程、执行和结果。他们可以通过亲身参与直接介入发展项目当中,同时也可以通过与他们利益相关者的间接关系来施加影响。"(Wong,2010)对于扶贫项目来说,精英不一定要直接参与该项目,其只要影响个别人就可以了。

对我们而言,参与的权力与讨价还价的能力是一致的,"与中间选民相比,精英更可能拥有更多的信息并且会使用这些信息优势为自己谋利。一个特定的社会阶层讨价还价的能力越高,资源流向这个群体的可能性就会越高"(Chowdhury and Yamauchi,2010)。很显然,在精英与大众的分野中,精英势必获得更多的利益和资源。当然,对于村民而言,在中国现有的政治体制中,上访与信访为其挑战精英支配的格局提供了空间和通道。不过,在县乡村现有的结构关系中,除非发生恶性事件而引发的群体性和恶性上访,一般情况下,乡村精英不会受到现有体制的严厉制裁。在此种背景下,一些上访专业户就出现了,起初其是为寻求正义而上访,在遭遇种种困境之后,其转变了策略,变成了"见好就收"的上访者。

权力与精英俘获之间的关系命题,应该是本书中的最基本的命题。权力既有来自国家层面的权力,也有来自村庄内部的权力,既有具备法理合法性的权力,也有来自乡土社会的带有传统权威色彩的权力;权力指涉的内容既有关于信息、参与、决策和执行的,也有关于社会资本、乡村治理和经济基础的。在关于权力的复杂谱系中,我们发现,一般村民始终处于各种权力谱系的边缘和角落。当然,这种权力结构并非精英的一手操控,其也离不开大众的配合。作为对精英付出与"贡献"的一种补偿,精英俘获在一定限度内被认为是合理的,这种观念不仅存在于村民当中,也存在于基层政府干部当中,同样也存在于村庄精英尤其是村干部当中。因此,是互动与传统、历史与当下,共同塑造了精英与大众间的非均衡权力关系。

第五章 "未雨绸缪"：精英俘获与制度、权力及社会结构

第三节 结构与精英俘获

在上文中，我们关于制度和权力的讨论，其实已经呈现一种结构，关于制度的结构和关于权力的结构。只要有关系、有对立就会产生结构，所以对结构的讨论并不神秘。以下的讨论并不会重复上文的内容，而主要讨论社会结构和经济结构。通过对这两种结构的讨论，我们试图描绘一般农村在社会与经济层面所出现的新变化，这种变化对于扶贫工作而言也是充满启发与挑战的。当然，谈到精英，我们首先要对基层政府有一定的认识，在税费改革之后，乡镇的财政情况是极为困难的，这就要求其努力扩大增收渠道，但有人以此为契机为个人谋利。"现今基层政府的自利性膨胀，甚至形成独立的利益主体"（张静，2011），这种自利性的背后有诸多的因素，如地方财政结构的变化和基层治理结构的变化，但其确实影响了国家资源输入乡村的功能发挥。"极端的表现是，有的基层政府既不是中央的基层政府，也不是民众的基层政府，只是地方官员的政府。"（赵树凯，2010）这种情况尽管是极端案例，但是也值得我们注意。基层政府本身的自利性也说明了其在层级众多的政府中的结构性位置，以及政治与行政、政府与社会关系结构的变化。

一 社会结构变迁与精英俘获

从社会结构的变迁入手，我们是想在承接费孝通、杜赞奇等研究的基础上，对社会结构中的一些核心要素进行描述，而这些构成我们认识和理解当下社会尤其是农村社会的一般性素材。首先，我们需要提及的就是精英结构与类型的变迁。在费孝通先生的研究中，中国乡村至少还能够称得上是"熟人社会"（费孝通，1998），而随着时代的变迁，中国的熟人社会已经逐步解体，后来有学者将其称为"半熟人社会"（贺雪峰，2000）和"无主体熟人社会"（吴重庆，2002）。关于"半熟人社会"，贺雪峰其实用这个

概念是想重点论述当前时代的行政村不同于传统意义上的乡土社会中的自然村。正如其所言："行政村已大大不同于作为熟人社会的自然村的情况。行政村是规划的社会变迁的产物。在行政村中，村民之间相互认识而不熟悉，共享一些公众人物，但缺乏共同生活的空间。若将自然村看作熟人社会，行政村便可以称为'半熟人社会'。"（贺雪峰，2000）从熟人社会到半熟人社会，中国社会的基本人际关系和结构已经发生了变化，这种变化给人们生活的方方面面带来影响。而关于"无主体熟人社会"，则是有着这样的指涉，即"乡村虽然还是聚居社区，邻里之间虽然还是抬头不见低头见的老熟人，但种种迹象表明，目前乡村大量青壮年劳动力长年的异地化生活，已导致乡村社会的日常生活运作不具'熟人社会'的特征，或者说已日渐呈现出帕森斯所谓的'病态'。我们不妨将这种'病态'的熟人社会称为'无主体熟人社会'"（吴重庆，2002）。在吴重庆关于当代乡村社会的描述中，青壮年劳动力本来应该是乡村社会的主体，但是他们在异地的城市生长，传统熟人社会内的多数规则、价值和道德等起的作用都已经变得十分弱小。

从社会结构的角度来展开分析，是因为社会结构的变迁已经开始形塑人际关系，开始对乡村治理、国家政权建设等诸多命题产生重大影响。正如贺雪峰所言，行政村确实提供了大家相互脸熟的机会，但是行政村内缺乏共同生活的空间。"除了村民之间的脸熟之外，行政村毕竟提供了相当的公共空间，这些公共空间为村庄精英提供了活动舞台。"（贺雪峰，2000）但是这种公共空间确实不同于传统村落内的公共空间，传统村落内人们的生产和生活空间基本是重合的，而现在则不同了。自然村之所以被称为熟人社会，是因为人情世故、文娱活动和公共事业，在很大程度上且在较长的时间内都是以自然村即村民小组为单位，也就是说自然村内的公共空间才能够真正发挥作用，而在行政村范围内，人们之间的交往仍然以原有的自然村为纽带，人们对来自其他村庄的精英人物缺乏了解，而监督也就不复存在。因为村民小组组长

第五章 "未雨绸缪": 精英俘获与制度、权力及社会结构

在村庄公共事务方面发挥着重要作用,若村民小组组长不能够代表民意,那么村民的声音就无法发出。从自然村到行政村的转变到底意味着什么呢?"在越来越多的功能与活动向行政村一级聚集的同时,却并未创造出村民足够的跨出自然村进行交流与沟通的机会。这样一来,行政村便越来越有脱离村民而成为'上层建筑'的迹象。"(贺雪峰,2000)当行政村在功能和活动上距离村民生活越来越远的时候,村民就会对行政村干部产生疏离感,很多村民不愿意参与选举,是因为这种疏离感,同时它也是一种政治集中后的冷漠观念。

在熟人社会内,道德和舆论的约束力量是很强大的,而现在我们去调查后发现,村庄内的公共舆论基本上已经消失。以前在湾村房前屋后或者十字路口存在的闲聊活动没有了,舆论已经失去了载体。现在大家的集体文艺活动没有了,集体公益建设活动也没有人愿意参加,整个集体的精神也跟着没有了。与传统时期的中国人的家庭本位观念相左,出现了以核心家庭甚至个体为中心的行动与思考逻辑。在阎云翔的研究中,其认为中国正在大量地出现"无公德的个人",这也意味着中国要迈向类似西方的个体化社会(阎云翔,2006)。而中国社会结构的变迁,也正是在这个意义上严重影响着很多的公共事务建设。例如,个体化行动与观念的膨胀,可能会导致大家过于关注个体和核心家庭的得失,大家可能缺乏对公共事业和公共利益维护的意识与观念,这很可能导致公共资源被个体化使用,而涉及公共事务的,大家都不愿意出力。在当年农村的基础公共设施建设方面,就出现了这样的问题。湾村在负债60多万元的情况下修通的省际连接公路,在夏季的雨天里,山上的碎石还有杂草等,都会破坏道路,但是没有村民主动出来察看和养护。6月中旬的一天,我们跟随村支书到山上察看道路被雨水冲刷的情况,道路多处出现滚石和杂草堵塞,雨水正在掏空路基,但是没有群众察看和维修。村支书当时很慨叹地说:"小邢,你看到了吧,我们这里的人,就是这样的觉悟,山上的路,也主要是山上的3个村民小组使用,他们都没有人愿意维

护,让我们村干部怎么办?我们村里没有钱来请人护路的。要是光使用,不维护的话,这路也使用不了几年,唉!"我们能够体会村支书对在辛苦争取一定项目资金并负债情况下修通道路却无人维护的现实的伤感。这里透露的是当代中国社会大众道德伦理的一种变迁,道德伦理从以往的强调集体责任与义务转向了强调以个体主义的权利与权力为核心。

当然,从精英的角度讲,其支配村庄治理的格局似乎从来都是自身建构和掌控的,例如米歇尔斯使用"寡头统治铁律"(米歇尔斯,2003)来描述从古至今精英支配统治的不变法则。同样地,韦伯对权威进行了三种类型的划分,但是这种划分始终是对精英的界定,无论是卡里斯玛型权威、传统型权威还是合法性权威(韦伯,2010b)。米尔斯则着重讨论了权力精英,其对美国社会的权力状况进行了深入透彻的分析(米尔斯,2004)。莫斯卡则直接以"统治阶级"为标题完成了奠基作,其指出任何社会都是由统治阶级和被统治阶级构成的,而统治阶级则来自各行业和领域的精英(莫斯卡,2002)。此外,布迪厄也曾经在一系列的著作中讨论了精英的问题。在《国家精英——名牌大学与群体精神》一书中,其发现:"名牌大学或者所谓的精英学校的学生一般都来自精英阶层,而普通大学的学生则来自被支配阶层。名牌大学和精英学校再造和维护了精英阶层的社会地位,而普通人无法进入精英学校,因而其成为精英的可能性也较低。"(布尔迪厄,2004)这里还有必要提一下帕累托的研究,帕累托在《普通社会学纲要》一书中,主要研究了精英的循环和替代的问题,精英支配的格局是一直存在的,但是在不同时代,不同类型的精英相互之间会出现替代,新的精英顺应时代需要而将旧有的精英替代(帕累托,2001)。这里列举以上诸研究者的观点,无非是想证明一个事情,即关于精英支配格局的研究,大家的意见基本上是一致的,至少大家都认为是精英支配社会,精英控制权力,其也控制了精英教育资源。

关键还不在于精英一直支配着权力,一直占据着权力和资源

第五章 "未雨绸缪":精英俘获与制度、权力及社会结构

中心的位置,而是占有支配位置的精英确实在发生着变化。正如杜赞奇所言,从清末到民国初期,乡村社会内的经纪类型历经了从保护型经纪到赢利型经纪的转变(杜赞奇,1994)。在缺乏熟人社会内的道德规范约束,公共舆论隐匿之后,村干部所受到的来自村庄内部的监督减少很多。而没有了这种监督与约束,其俘获扶贫等公共资源的心理负担就会更小。"随着社会变迁的加剧,农村基层组织的经济理性更加突出,而其公共服务的职能被遗忘。"(邢成举、李小云,2013)这也是与社会结构变迁联系在一起的,市场经济进入农村,以经济为中心的全社会发展话语,都改变了传统社会中的基层组织理性重心,现在对经济理性的偏重也是对社会形势的一种"适应"。从帕森斯的角度讲,这算是组织适应功能的体现(于海,1993)。在税费改革之后,村集体经济来源变得更加窘迫,而为了谋求更多的资源以完成公共品的供给,很多村子都会竭尽所能地提高村集体的收入,在这种情况下,虚假材料申报和一个项目申报多个部门的资金,或者申报一个事项而实施另一个事项就变成村内非常多见的扶贫项目实践"准则"。此外,对村干部而言,其也能够深刻地体会到税费改革前后的变化,这种变化他们是有切身感受的。一个村干部形象地向笔者说起过他的感受:"以前,村民家里办个红白喜事啊,都要请我过去讲两句,喝酒吃饭就更不用说了。以前,我们村干部说的话都是有分量的,而现在我们说的话,村民可以爱理不理。现在都讲服务,村民也都不怎么看得起我们了。以前都是收钱,他们要搞好与我们的关系,现在不收钱了,他们就不理睬我们了。"从村民的角度讲,其行为都是策略性的,在不收取税费的背景下,村民无须特意维护与村干部之间的关系了。由此,村干部感受到了地位的下降,再加上村干部的权力被不断地约束,其感到生活不如从前。在税费时期,村干部对于"三提五统"等有较大的处置权,且其都是兼业农民,而现在越来越多的村干部开始脱离农业生产,村干部工资有限,他们需要找到途径增加自己的收入。在资源下乡的背景下,扶贫资源在一定程度上就成了他们眼中的猎

物。当然对于这些资源的配置,其都是很有分寸的,哪些可以占用,占用多少,精英们心中都有数。

村庄内公共空间的萎缩、人际交往的淡化、经济理性的凸显、村庄内生价值的弱化等,都构成了当代乡村社会变迁的关键词,这些与本书讨论的扶贫项目和资源的分配等联系紧密。以上论述意味着村庄内的公益事业和集体活动难以开展,个体的家庭认同和个体自我认同开始对抗个体对集体和村庄的认同,在村庄缺乏内生价值规范和公共空间不足的情况下,外部资源在其内部的运行可能会引发"争夺"与"分赃",精英俘获也正是这个背景下的产物。大量青壮年劳动力外流,村庄内留守的主要是老人、妇女和儿童。正如现在村干部感慨的那样:"现在要找几个顶事的人来开会都难,更别提要搞什么公共建设,让大家出资出劳了,现在的一事一议工作,我们都要给群众做工作,这样才能开展工作。"在主要的受教育者流出农村,且妇女参与政治与公共事务较少的情况下,我们很难要求这些留守者对精英的行为进行监督。在其他精英流入城市务工的同时,乡村内部留下的精英就成为真正支配村庄权力和公共资源分配与使用的人。当然,这里我们还需要提及村庄内的社会分化和分层。"随着农村市场化程度的不断加深以及内部资本的形成,农民经济阶层分化已是不争的事实,按照其农业经济规模,我们可简单将其分为大规模农业经营户和小规模农业经营户,从社会地位上看则出现了强势农户与弱势农户的区分。大规模农业种植户通过与财政资本或是外来商业资本进行对接后,强化了自己农业经营的强势地位和市场优势;作为交换,其也为各类资本进入乡村谋利提供帮助和便利。"(邢成举、李小云,2013)在我们实地调查的村庄就出现过类似的情况。

以湾村内的两个茶叶合作社为例,其中一个是由原村支书[①]发起成立的绿洲茶叶合作社。成立的时候,这个合作社获得了1万元的财政补贴,但是合作社的社员说,他们没有见过这笔钱,而原

---

① 这里的原村支书是现任村支书的上一任,其也姓胡。

第五章 "未雨绸缪":精英俘获与制度、权力及社会结构

村支书说这笔钱进了村集体的账户。从村民的反映来看,他们对这个合作社抱怨颇多。一位受访者告诉我们:"村支书成立这个合作社就是为了他自己好卖茶叶,他家里也有茶厂,有合作社之后就有品牌了。合作社并没有给社员带来什么好的效益。当时这个合作社是以村的名义成立的。好处是书记一个人拿去了,我们也就是开了几次会,其他的就没有了。成立合作社后,茶叶怎么经营,怎么销售,这些都没有做。书记下台之后,他就以个人名义担任了合作社的理事长。"2007年河村成立的合作社,也只是徒有其名,合作社的机构和成员都是名义上的,他们并没有开展多少实质性的活动,但合作社成为村集体申请国家财政扶持资金的一个载体和理由。湾村还有一个九洲茶叶合作社,这个合作社有10多个成员,主要是开展与茶园相关的劳务工作,如修整茶园、栽种茶树、采摘茶叶等,可以说这个合作社主要是组织本村的闲置劳动力在本地或外地打工。合作社的负责人是湾村二组的村民组长,其向县乡的相关部门多次申请扶持资金,想购买一辆面包车,但没有获得扶持。不过,他表示还会继续争取扶持:"要是真不行的话,以后合作社成员出去干活,就收取一些钱供集体的开支。等我买车了,大家都用我的车,也要给我一些补偿的吧。"从九洲合作社的情况看,其并不是严格意义上的合作社,而是劳务组织,所以它要是真获得了财政扶持,那么其就俘获了专门用于扶持农民专业合作经济组织的资金。

农民的分化不仅仅体现在经济层面,也体现在社会层面。杨华曾经依据安徽芜湖的实地调查将当前农村居民划分为五个层次,即精英阶层、中上阶层、中农阶层、中下阶层和贫弱阶层。而在这些阶层里面能够承担起农村社会建设和社会治理任务的主体是中农阶层,为什么呢?经济来源主要不在土地和农业的农户,社会关系主要不在农村的农户,其对农村的发展需求不够明了,对村庄利益也不会太关心,因此,"在当前农村各阶层利益来源和社会关系高度分化的情况下,农村社会的建设主体也发生了剧烈更迭,中农阶层越来越承担着农村建设的重任,其他阶层则逐步脱

卸了这个责任"（杨华，2012）。同样，如贺雪峰所言："正是中农阶层，成为党在农村基层最可靠的支持者。最终，成为农村社会稳定的骨干。当前中国农业政策中，尤其是粮食生产领域的政策方向应该是，培育适度规模经营的中农，警惕大农，反对资本下乡破坏农村稳定。"（贺雪峰，2012）不过，这里分析的角度与我们重点讨论的还是有一定的差异。尽管在当前农村，中农阶层在乡村治理、社会建设和农业生产等领域都具有不可替代的作用，但是其与精英支配的结构是多元关系的，无法在村庄的公共决策和权力运行中占据关键的位置，故此中农阶层的力量仍需要进一步发展，如此才能成为村庄公共资源的使用者和公共事务的主要决策者。

二 政治关系中的乡村结构

上节关于社会结构的讨论是相对抽象的，也是在比较宏观的层次上进行讨论，这里我们会从较为中观的层次讨论湾镇在湾县各个乡镇中所处的位置，并分析我们重点讨论的河村和湾村在湾镇所有行政村中处于什么样的结构关系。

我们首先来看一下各个乡镇的基本情况，具体内容见表5-7。

表5-7 湾县各乡镇基本情况统计表

乡镇名	人口（万人）	2010年农民人均纯收入（元）	2011年财政扶贫资金（万元）	2011年百镇千村基础设施建设补助（万元）	2011年省定重点贫困村补助资金（万元）
陶乡	1.3	3911	70.5	24	8
雷镇	4.2	3755	152	62	15
湾镇	5.8	4092	188	127	19
泉镇	10.79	4096	153	193	11
河镇	2.2	3978	102.5	32	9
金镇	2.8	4095	131	66.7	12
孔乡	2.7	3826	62	56	11
方乡	3.1	3922	126	62	11

第五章 "未雨绸缪"：精英俘获与制度、权力及社会结构

续表

乡镇名	人口（万人）	2010年农民人均纯收入（元）	2011年财政扶贫资金（万元）	2011年百镇千村基础设施建设补助（万元）	2011年省定重点贫困村补助资金（万元）
石镇	4.2	4080	147.5	163	16
红镇	2.2	3996	121.5	62.3	8
草镇	2.5	3910	119	45	11

注：表中数据来自于实地调查。

从人口情况看，我们实地调查的湾镇是除县域中心所在的泉镇之外最大的乡镇，从2010年全县各个乡镇农民人均纯收入的情况看，湾镇位居所有乡镇的第3位。从2011年各个乡镇获得财政扶贫资金的情况看，湾镇获得的资金是最多的。如果我们将各个乡镇每万人获得财政扶贫资金量进行降序排列的话，那么前3名分别是红镇55.23万元、陶乡54.23万元、草镇47.6万元，而最少的4个乡镇分别是泉镇14.18万元、孔乡22.96万元、湾镇32.41万元、石镇35.12万元。之所以将最低的乡镇列出4个，是因为这里面有县域中心镇，其城镇人口较多，所以不能与其他乡镇相提并论。如果将泉镇从后面的4个乡镇中剔除的话，孔乡、湾镇和石镇则是平均每万人获得财政扶贫资金最少的。湾镇和石镇是全县农业人口最多的两个乡镇，而其2011年获得的财政扶贫资金的人均额度却是最低层次的，这恐怕与其较高程度的贫困发生率是不符合的。表5-7中，2011年省定重点贫困村补助资金能够传达给我们的信息是，各个乡镇所拥有的省定重点贫困村的数量，因为该项资金的补贴额度是以每个重点村1万元的标准发放的。从这里我们能够发现，湾镇、石镇和雷镇的省定重点贫困村是最多的，而省定重点贫困村的情况又揭示了各个乡镇贫困发生率的情况。从这一点，我们可以判断：湾镇在2011年度所获得的财政扶贫资金与其贫困人口和贫困发生率的情况是不符合的。从2011年百镇千村基础设施建设补助资金的数据情况看，泉镇、石镇和湾镇所获得的资金是最多的。从这些资金的扶贫性质看，泉镇不应该是

获得最多扶持资金的乡镇。

综合来看,湾镇作为县域副中心乡镇,其农业人口数量第一且集老区、山区、省域边境为一体的客观状况,与其在2011年获得的财政扶贫资金是不相匹配的,而其获得的省定重点贫困村和基础设施建设资金则是与镇情相匹配的。通过湾镇扶贫办,我们得知,湾镇由于贫困人口多,其基本上每个年度获得的财政扶贫资金是与其贫困状况相匹配的,在个别年份会不太匹配,但其一直是县内扶贫工作的重点乡镇。

下面,我们再来看一下湾镇与县级政府及其各个职能部门领导的关系状况,具体内容见表5-8。

表5-8 曾经在湾镇工作过或来自湾镇的湾县现任领导的不完全统计

现任领导	关系事项	备注
常务副县长	2001—2003年担任湾镇镇党委书记	之后,进入县政府工作
主管工商业的副县长	2001—2009年担任湾镇副书记、书记、镇长	之后,成为县政协副主席、副县长
县民政局局长	曾经担任湾镇党政领导	
县人大副主席	曾经担任湾镇党政领导	
县发改委原主任	曾经担任湾镇党政领导	
县农业局局长	曾经担任湾镇党政领导	
县住建局局长	曾经担任湾镇党政领导	
县委办公室副主任	湾镇人,湾村村会计的堂哥	
县计生办主任	曾经担任湾镇党政领导	

注:表中内容来源于实地调查。

湾镇在全县各个乡镇中的地位,通过表5-8的不完全统计就能够看得出来。作为全县最大的农业乡镇,湾镇党政领导都有较大的晋升空间。而对于湾镇现任领导而言,他们往往会基于县级领导曾经与湾镇有过的工作关系和感情而寻求帮助,这种帮助主要是项目支持方面的,扶贫项目及其资源也在这个范畴之内。湾村曾经有一位王姓的村支书,其与任过湾镇党委书记的领导关系

第五章 "未雨绸缪":精英俘获与制度、权力及社会结构

一直很好,后来在这位镇领导担任县委书记和市发改委主任的时候,向该领导寻求过项目支持,最终获得了两个项目。一个项目是关于村内道路建设,有3万元资金;另一个则是村支书所在的第三村民小组道路建设的项目资金,共计1万元。同时,湾村诸多项目的获得与村内走出去的一位县委办公室副主任有关。这些都说明领导资源与乡村获得的各项资源有着复杂而深刻的关系。

客观地说,湾镇是一个领导辈出的乡镇,这也是湾镇干部对本镇的评价。这不光是因为湾镇有着较多的人口,而且因为在县域政治中,湾镇相比于其他各个乡镇有着更加重要的政治位置。一般而言,湾县内能够直接从乡镇干部升任县级政府或者直属关键部门领导的,主要来自泉镇和湾镇。泉镇作为县域中心的所在,其政治地位在所有乡镇中的突出性和特殊性是不言自明的,而湾镇作为全县的农业第一大镇、经济大镇和人口大镇,也有着较高的政治地位。正因如此,我们看到许多干部在湾镇担任党政一把手之后,能够获得升迁。这种独特的地位及其所可能带来的诸多资源是其他乡镇无法具备的,因而从扶贫资源获取的角度讲,湾镇有着自身的优势。当然,这种优势在一些时候也会带来一些烦恼,正如有时候村干部会抱怨:"我们村里来的人多,光是请他们吃饭和喝酒,我们都受不了。与政府的关系近了,很多事情都会交给我们村来做,可是我们的事情多了很多,工资还是跟以前一样多,还不如少干一点呢。"从村民的角度来讲,他们不会有像村干部这般的烦恼,他们的烦恼是为什么自己家没有获得什么资源。

接下来,我们来看看湾村和河村在整个湾镇经济与政治结构中的位置。湾镇共有42个村子,如果我们将全镇的各个村子分为五个层次的话,河村是属于最优层次的一个村子,而湾村则属于中等偏下的层次。在整个湾镇,被视为模范村和明星村的只有两个,其中一个就是河村。河村是20世纪90年代后期崛起的明星村,而之前,全镇的明星村只有一个。湾村上一任村支书说:"最好的村子,是河村、东村、新村和锣村。这几个村子,不论在镇里,还是在县里,都是比较出名的,他们村子的书记也都是县人

大代表。东村的书记姓黄,是当兵退伍的。他们村子主要是靠板栗和茶叶而发展起来的。他们发板栗树苗给农户种,农户按比例将自己家的板栗上交给村集体。板栗名气大了之后,他们又发展茶叶。湾县确立了一个'112工程',即10万亩桑叶,10万亩茶叶,20万亩板栗和中药。在板栗和茶叶之后,他们村子又发展了猕猴桃产业。之后,他们还建立了冷库,这样可以择机让农产品上市。除了自身条件,县、市和省,还有科技部门的扶贫,对他们的帮助也比较大。三提五统时,他们村子完成很快,因为他们村集体有资金来垫付农民的税费。河村主要是有一个好的党支部负责人,'两委'班子的行动能力很强。他们主要是搞茶叶,上面政策扶持力度还比较大。河村是在东村之后的整个乡镇的典型。也就是从2000年左右,河村的发展才变得很快。现在基本上是湾镇的新典型了。"按照一般的逻辑,优秀者应该获得更多的奖励,在很多村干部的观念中,其所获得的项目资源被视为对其工作进行评价的一个客观标准。所以,他们对"我们村子发展得好啊,自然是要得到更多的项目和资源啊,这算是对我们工作的肯定"这类话语非常熟悉。自然,他们也并不会认为自己的村子获得更多的扶贫项目和资源存在什么不合理的地方。

河村的村支书觉得最近乡镇政府已经对投入的重点进行了转移,这种情况让他较为担忧。从20世纪90年代开始,河村就成为副县长挂点联系帮扶的村子,从2000年开始成为湾镇党政一把手联系和帮扶的村子,他不希望中断这种帮扶和联系。说到这些就让我们想起了"扶盛不扶衰"的问题,该如何认识这个问题呢?湾镇扶贫办主任给我们的分析是:"山区的贫困面比较大,政府为了把一个村子的扶贫工作做好,就需要集中一些扶贫资金给个别的村子。扶贫的资源不能进行平均分配,扶贫资金首先是要解决重点村和难点村的问题。这种情况肯定就会出现不平衡的情况,村庄发展是不平衡的,扶贫资金的分配也就是不平衡的。负责联系各个村庄的干部,他们的主要工作是帮助村庄推动经济和社会发展,要协助村干部做好计划生育和纠纷调解工作。联村干部是

第五章　"未雨绸缪"：精英俘获与制度、权力及社会结构

要跟镇政府签订责任状的，要是村里的计划生育、综治维稳等出现问题，联村干部也是要被扣工资的。村子出现违反计划生育的事情，联村干部也要遭受经济处罚。我们镇党委书记和镇长联系的村子，有好的，也有条件差的。不过，他们联系的村子总体来说，能够得到更多的社会扶贫资金。一般来讲，整村推进村整合的社会扶贫资金能够到位80%，剩下的20%是无法到位的。"其实这里的重点村，一般情况下并非贫困状况最严重的村子，而所谓的难点村也并非脱贫难度最大的村子，难点村往往意味着该村村"两委"工作开展不畅、村级党组织力量较为涣散等。对于河村村支书的担忧，我们也可以理解，因为该村已经发展到了另一个层次，需要更多的资金以实现更高层次的发展，所以其对政府的依赖、对财政资金的企盼并不会因为村集体经济的好转而停止。

关于村子在乡镇当中的地位，我们还能够通过一些具体的事情进行分析。赵村的村支书对湾镇的人大代表的选区划定方法就表达了不满："我们赵村是460人，河村是1800多人，新村2000多人，杨村是900多人，我们这4个村子被安排在选县人大代表的一个选区内。镇里给我们这个选区定了两个县人大代表的名额，很明显，这个人大代表只能由两个大村的村支书担任，事实上也确实是他们担任了县人大代表。我们县的方乡，他们搞县人大代表选举的时候，也是划定选区的，但是每届的县人大代表是选区内各个村村支书轮流来当的。我们镇里每届的县人大代表都是这些村的支部书记当选，基本上没有变动，这个有什么意义呢，也就是走个形式。从2001年撤并乡镇以来，人大代表的选举都是这样。我们都没有什么动力来参与这样的选举。上一次选人大代表，是在2011年。在选举之前，镇党委书记找我谈话，那是因为我本人和整个村子都准备弃权这次人大代表选举。在我看来，人大代表都是内定好的，选举没有意义。最后，我还是尊重党委、政府的意见，民主集中制，下级服从上级。在我们镇的村子里面，河村的村支书和东村的村支书还是市党代会代表。这两个村子，也是我们全镇最好的村子和模范。大量的资金和项目都来到了这些

村子，他们这样的村子也注定要成为亮点村和明星村。我们村，要是有他们村二十分之一的项目和资金，我们村的发展绝对比他们还好。"赵村村支书认为在乡镇政府的眼里，各个村子的地位是不同的，典型村和明星村的支部书记在乡镇政府的安排下都能够成为县人大代表，而小村的支部书记则很难当选人大代表。不过也不尽然。在选举的事情上，我们足以看到不同村子的村支书具备不同的政治能量和政治身份，而这些也早已在乡镇干部头脑中"理所当然"。

与村支书争取政治身份中存在的结构一样，在扶贫资源的获取方面，也存在一个无形的结构，这样的结构在赵村村支书的话语中得以"现形"。他说："这些大村、畈下村和城边村，发展基础比较好，你就是不用花大量的钱，他们的村子也差不到哪里。这些村不需要费劲找项目和资金，项目和资金就愿意到他们这些村子里去。很多干部都害怕人大代表的，我们县的一个交通局长就被县人大代表联名举报而被撤职。人大代表是一个隐形的财富。与我们相邻的泉镇有个村子的村支书是一位女强人，这个村支部书记是全国人大代表。她在我们县里找人办事，这些局委的领导都要提前安排好时间与她见面，她这样的人，为村子争取什么项目，太简单了。而像我们这样的人，想见领导一面都不容易。不管层级有多低，只要你是代表，无论是人大代表、党代表还是政协代表，都比没有这样的头衔要好得多。那个女书记是能人，她很能吃苦，也很能做事，她在村里担任了30多年的村支书。"他这里说的大村主要是指人口多的村子，畈下村主要是指村庄坐落在山下平地上的村子，而城边村就是在县城边或者乡镇边的村子。这些村子在某些方面比小村、边远村和山头村具有发展优势，事实上，其多数也确实发展得不错，至少贫困人口的比例不是很高。

展现不同村庄在县乡各种结构中的位置及其能量差异的时候，还有一个重要因素要考虑，那就是"跑项目"。赵村村支书就给我们讲了这方面的一个有意思的故事。"去年（2012年）我们村里修路，我去跑资金和项目，到县里各个局，见不到领导，我们就

第五章 "未雨绸缪"：精英俘获与制度、权力及社会结构

只能等。工作人员说局长不在单位，任何人都不知道局长去什么地方了，其实说这个话，也是为了敷衍我们。我们找领导，不需要问领导在什么地方，也不需给领导打电话，我们就是等，可以说是早出晚归，我们去得比单位所有人要早，而为了等领导，我们要等到所有人都下班才行。那年冬天的时候，冻得要死，可是也没有办法，有的局领导还真是出差了，一等就让我们等了3天。那一年，能争取几十万元，真是不容易。像我们这种小山村，支书是很辛苦的，大村就好过了。有一年，河村的村支书接到县交通局局长打的电话，说是准备给他们一个2万元的小项目以补助他们村的基础设施建设，交通局要村里的会计到县里去取钱。村里的会计去后，交通局只给了1万元，河村村会计就给村支书打电话汇报了这个事情。听完汇报后，村支书就给交通局的相关领导打了电话并且很生气地对村会计说：'那1万元还给他们吧，我们不要了。'后来，县交通局还是把这2万元钱的项目资金打进了河村的账户。河村村支书敢这样讲话，我们不敢，我们可不敢得罪这种人。"赵村支书讲这个故事，不仅是要告诉我们不同村庄跑项目的难度是有差异的，而且告诉我们村支书的政治身份也会影响村支书的行动限度，河村村支书之所以敢得罪县交通局，是因为其具有县人大代表和市党代表的身份，同时其与省纪委和市纪委领导的关系都颇好。

我们通过观察发现，我们重点列举的湾镇的8个村子当中，几个小村的村支书，即金村、湾村、烂村、赵村的村支书之间的交往更为密切，他们的村子及他们的政治地位和社会地位都具有相似性。在笔者调查的两个多月时间里，他们较少与大村支书如河村村支书来往，与大村支书进行交流也并非都实话实说。这也展现出了一种村庄间交往或者说村干部交往的结构。不过，村干部之间的关系还有另外一面。例如，湾村现任村支书称呼河村村支书为表叔，而烂村村支书也称呼河村村支书为表叔，他们都有五服以内的亲缘关系。在一次小村村支书的聚会上，笔者听到大家讨论村庄合并的事情，他们比较一致的说法是："现在都讲干部年轻化，合并之后，一些年轻人就可以上来了。我们也不愿意在村

203

里搞了,也算是脱离苦海了。我们附近的8个村子,合并之后也就会变成2个村子。以后要让大学生当村干部,我们这些人要被淘汰了。"其实,合并的村庄并没有什么显著的优势,只是因为这些村的村干部不愿意继续担任村干部才在言语中对村庄合并的优势进行了突出。他们当着河村村支书的面谈论村庄合并时说河村村支书将是合并之后的某个大村的村支书。而在我们私下交谈的时候,他们并不认为河村村支书会担任合并后大村的村支书。

通过以上内容,我们也就不难理解,为什么像河村这样的明星村和模范村能够从县乡等政府及其直属部门中获得大量的资金,从而导致出现以扶贫功能为中心的扶贫项目和资金的非均衡配置以及与村情不相适应的获取情况。这正是村庄层面的精英俘获。

三 村庄政治的家门结构

我们以湾村为例,讨论一下村内各个家门在村庄政治结构中所处的位置及其可以产生的影响。通过对这一结构的讨论,我们从更加微观的角度展现个体层面的精英俘获所借力的基本结构。我们知道,湾村内的姓氏有10多个,其中人口数量较大的依次是张姓、胡姓、蔡姓、明姓和周姓。首先需要注意的是,这几个姓氏在整个湾村都有着较多的人口,从客观上讲,这几个姓氏家门的影响力也是比较大的。其次,这几个姓氏之间有着姻亲关系。湾村现任村支书(胡姓)的妻子是蔡姓家门的,上任村支书(胡姓)的妻子则是张姓家门的,本村现任村会计(谭姓)的妻子是张姓家门的,本村现任村妇女主任(张姓)则嫁给了本村王姓的一个村民,本村历史上的第二位村支书(王姓)娶了张姓家门的女子为妻子,本村历史上的第三位村支书(凤姓)则娶了余姓家门的人为妻子,本村最有实力的本地企业家周××则娶了胡姓家门的女子为妻子。而在村庄内结成夫妻的,不仅仅存在于那些已过不惑之年的村民,现在的年轻人也有在村庄内通婚的,尽管现在村内通婚的情况比以往减少很多。例如,湾村现任村支书的儿子就娶了张姓家门的姑娘为妻子。据不完全统计,目前村内通婚

第五章 "未雨绸缪": 精英俘获与制度、权力及社会结构

且夫妻双方都健在的家庭不少于18个,而这些家庭多数都建立在村内较大姓氏的家门之间。从客观上说,人数较多的家门之间结成姻亲关系更加容易,这种姻亲关系的确立则使得村庄内各个家门之间的关系变得复杂而多样。

胡姓与张姓,胡姓与蔡姓,王姓与张姓,周姓与胡姓,明姓与胡姓,明姓与张姓,都有直接的婚姻关系存在。在2011年的选举中,湾村现任村支书当选,在一些村民看来,其能够当选的主要原因是他借助了胡姓和蔡姓的力量,胡姓不仅仅在一组有分布,在四组也有分布,蔡姓则主要分布在五组,属于现任村支书的姻亲关系。蔡姓以王姓、凤姓和张姓为村内通婚的主要姓氏,因此他又能够动员一部分支持现任村支书的力量。故此,湾村人说现任的胡姓村支书是被胡姓和蔡姓人"抬进"村委会的,这是很有道理的。尽管在湾村内,基本上各个姓氏家门之间都存在直接或间接的联系,但还是大姓家门控制着村庄的政治资源和公共权力资源。

通过对湾村内党员姓氏结构的分析,我们同样能够对村内微观的政治与权力结构进行窥探。下面通过表5-9向大家展现湾村党员构成中的家门结构。

表5-9 湾村党员构成中的姓氏(家门)结构情况

姓氏	胡姓	谭姓	张姓	王姓	明姓	凤姓	蔡姓	周姓	余姓	总计
党员数量	5	2	1	3	1	1	3	3	1	20
备注	有2人曾任村支书	两人为父女关系	为现任村妇女主任	有1人曾任村支书,2位年轻者为年长者的侄子	曾经为小组长	曾经为村支书	曾有1人为村主任	其中2人为父子关系	为村民小组组长的女儿	

注:表中内容来源于实地调研。

从表5-9可知，湾村共有20名党员，其中党员人数最多的是胡姓，其次是王姓、蔡姓和周姓。以上4个姓氏家门内拥有的党员数量基本上是与其家门人口的数量相称的，但作为湾村第一大姓的张姓则仅有1个党员，则是与其人口数量不相称的。党员之所以成为我们关注的对象，是因为基层党组织在诸多事项上有议事和决策的权力，每年至少两次的党员大会上，村支书和村"两委"成员都要在该会议上进行述职，同时也要进行年度工作计划的讨论，所以党员会议在村庄事务的建议与决策中仍旧具有较大的影响力，尤其是党员当中的一些老干部，他们对现任村干部的工作具有较大的监督和督促作用。从党员的家门构成上，我们可以发现，胡姓、王姓、周姓和蔡姓的党员数量是较多的，而胡姓与王姓、胡姓与蔡姓的联姻，加上周姓与胡姓的联姻，则使这几个党员人数较多的姓氏家门之间的联系更加紧密。在湾村及其所在的县域内，农村的各个村民小组还成立有党小组，而诸多的农村工作是由党小组组长和村民组长共同开展的。所以，能够获得党员的支持，也就能够稳定地获得村庄公共权力行使的基础。湾村共有6个村民小组，共设置4个村民小组长。表5-10列举了各个村民小组长的姓氏结构，其中一、二组设置了一个村民组长，三、四组各一个村民组长，五、六组设置了一个村民组长。

表5-10 湾村村民小组长的姓氏结构

村民小组	一、二组	三组	四组	五、六组
村民小组长的姓氏	张姓	王姓	胡姓	蔡姓
是否为党员	否	是	否	是

注：表中内容来源于实地调研。

通过表5-10，我们可知，村民小组长在湾村几个主要家门中的分布是比较均衡的，在村民小组合并之前，胡姓有两个人担任村民组长，六组是周姓担任村民小组长。之后，因个别村民小组长不愿意继续担任而进行了村民小组的合并。五、六组合并之后，现任村支书更能从合并中获得支持力量，因为五、六组的村民小

第五章 "未雨绸缪"：精英俘获与制度、权力及社会结构

组长是现任村支书的娘家堂哥，且其还是党员。党员当中所存在的这种姓氏或家门结构意味着大的家门与小的家门所拥有的影响力和资源都是不同的。2011年新上任的村支书之所以急于修建省际连接公路，也是为了尽早回馈在选举中给他投票的第四、五、六村民小组的村民。从各个小组交通道路的实际情况看，湾村内的三、四、五、六村民小组都是比较差的。而选择第四、五、六村民小组则有着回馈村民投票的意味。第四村民小组是现任村支书所在的村民小组，而五、六组则有着大量的姻亲关系。

下面我们不妨看看湾村低保在各个姓氏之间的分配情况。2012年4月26日，湾村对村内低保对象进行了民主评议，其中有5人退出低保，退出低保的5人当中，有1人成了五保对象，有1人是现任村会计，还有1人是因为其女儿已经成家立业，剩下的则是因为死亡而退出低保。在现有的低保保障对象里，几个主要姓氏所获得的低保名额是有一定差别的，具体内容见表5-11。

表5-11 湾村几个主要姓氏低保名额的分布状况

姓氏	低保对象的数量（人）	各个姓氏的户数（户）	覆盖比例（%）
张姓	11	32	34.4
蔡姓	5	20	25.0
胡姓	5	23	21.7
周姓	5	10	50.0
明姓	0	18	0
王姓	4	5	80.0
谭姓	4	5	80.0

注：表中内容来源于实地调研。

湾村及其所在地区都是实行以农户为单位的低保评选与保障制度。从表5-11中，我们可以看到，低保在王姓、谭姓的覆盖率是最高的。从参加低保评议的人员构成上看，胡姓共有3人，分别是1个村民代表，1个村民小组长，1个村支部书记；参与评议的王姓人员是1人，其任过村支部书记；参与评议的张姓人员共有4

人，分别是 2 个村民代表，1 个村民小组长和 1 个村妇女主任；参与评议的周姓人员有 1 个，是村民代表；参与评议的谭姓人员为 1 人，是现任村会计；参与评议的明姓人员为 1 人，是村民代表；其他参与评议的，还有来自镇民政办公室的主任，也是湾村在湾镇的帮扶联系领导。从各个村民小组内人口的分布情况看，张姓主要分布在一组和二组，蔡姓主要分布在五组，胡姓主要分布在四组，周姓主要分布在六组，谭姓分布在三组，明姓分布在三组，王姓也分布在三组。从几个村民小组的经济情况看，第一、二、三村民小组的人均耕地数量多于第四、五、六组，且前三个村民小组比后三个村民小组的平均海拔低 50 米以上。综合来看的话，前面三个村民小组的经济基础和自然条件等都稍好于后面三个村民小组。第四、五、六小组的茶园主要在山坡地，其产量也都较山下的茶园低，所以相对来讲，山上农户可能获得的农业收入较山下的低一些。

通过表 5－11，我们看到居住于山上的胡姓、蔡姓，其低保的覆盖率是最低的，而居住于畈地的张姓、谭姓，其低保的覆盖率则达到了较高水平，这似乎与这些家门所处的地理位置及其环境不相符。更让人感到意外的是，明姓这么多户人家竟然没有低保对象，这似乎也是不正常的。明姓在大集体时期，曾经出过生产大队的书记，之后就没有什么人在村庄政治舞台上活跃了。而今，明姓家门只有一个村民代表，除此外，他们没有可以为本家门在村庄中代言的人。

对于村庄而言，其能够直接分配给村民的资源是非常有限的。在现有的扶贫资源和项目中，能够直接跟农户对接的资源也比较少，产业扶贫是其中的一个。以湾村为例，其在 2008 年以后获得的产业扶贫资金基本上都用于办公和基础设施建设上；而之前，其都是以发放茶树种子和树苗的方式将资金用在农户身上，那个时候，种植茶园的面积大小和家庭劳动力数量是农户获得产业扶持的依据。从我们访谈村民的情况看，那个时候家家户户都获得了扶持，虽然在数量上不一致。用村干部的话说，"那个时候，基

第五章　"未雨绸缪"：精英俘获与制度、权力及社会结构

本上都是管够的，农户用多少，我们就提供多少，反正东西也很便宜"。从 2004 年开始，湾村基本上每次获得产业扶贫资金 1 万元，这些资金用来购买茶树幼苗和种子是足够的，所以在访谈的农户当中，我们没有听到村民对这方面工作不满。

最后，有必要介绍一下湾村的基本经济结构及其分化情况。湾村人均茶园面积为 1 亩稍多，每亩茶园的年纯收入在 2500 元到 3000 元。全村长期在外打工的劳动力有 160 人左右，平均每个家庭有 1 个劳动力在外地打工。对于多数家庭来说，农业收入占家庭总收入的比重不超过 40%，其大部分家庭收入为非农业收入。而对于村庄内真正的贫困者来说，其家庭收入的 80% 左右来源于农业。真正的贫困人口仍需要继续从农业领域获得收入，因为其家庭劳动力不足，身体健康状况较差。对于贫困者而言，其希望政府加大对农业领域的投入，这与非贫困者希望改善农村交通、饮水、住房等诉求是不一致的。而从两个群体的影响力看，非贫困者更能够左右村庄获得的项目资金的使用方向。对于贫困者而言，即使政府能够在农业领域加大投入，其自身状况也难以发生根本改变，因为农业的增收潜力很低。村民在贫困与非贫困上的分化，压缩了贫困者从国家扶贫资金中获得扶持的空间和能力，而这似乎也造就了贫困者无法冲破的后生结构。湾村目前只有 1 户获得了民政部门危房改造的资金，这户在五组，其房屋因滑坡而遭到破坏。从这一户的情况看，该扶持不属于精英俘获现象。从这里看，湾村的精英俘获并非出现在作为扶贫目标对象的贫困者身上，加上该村获得的扶贫资金整体较少，因而精英俘获现象较少。

第四节　小结

本章分别从制度、权力和结构的角度对精英俘获的产生进行了分析和讨论。总体而言，制度层面的诸多要求和实施中的不现实性使得精英俘获成为可能，制度的漏洞，也是精英得以在现存制度中找到俘获机会的因素；从权力的角度看，权力直接衍生了

精英俘获

精英俘获。从村庄层面看，村干部所具有的政治身份、社会资本、与高层政府部门领导的关系，其对项目信息的控制与传播要求，村庄集体经济基础等，都构成影响个体和村庄层面出现精英俘获的重要权力因素。扶贫的整体格局及其要求，扶贫资源的筹集与配套等是我们讨论精英俘获的宏观结构。乡与村各自在县与乡镇政治经济格局中所处的结构性位置则成为我们分析的中观结构。村庄内部各个姓氏家门成员在村庄政治舞台中所占有的位置，则是我们分析的微观结构，这三层结构的划分并非一种严格且相互独立意义上的区分，而是一种学术研究中的"理想类型"①。从制度的角度思考的话，我们相信制度的不断完善能够在一定程度上减少精英俘获的发生，而从权力和结构的角度看，则很难打破固有格局，要想从根本上扼制精英俘获的发生是比较困难的。

当然，本章对制度、结构和权力的论述并非完全从客观层面展开的，也展示了诸多个体能动性的内容。结构与行动的复杂关系构成了本研究始终无法脱离的一条线索，当精英能够突破制度约束、权力格局与结构困境时，其就能够实现精英俘获，尽管这种精英俘获也可能发生在村庄层面，不过从扶贫项目的设计和资金的安排看，其目标已经发生了偏离。当然，本章并没有对一般村民的行动进行分析，这是因为确实没有发生过什么行动，而能够称得上是行动的上访则因为综治维稳的管理体制难以发挥制约精英俘获的功能。接下来的一章，我们将考察精英俘获所带来的政治社会结果，也就是精英俘获的负面与正面效应，只有对该结果有了认识，我们才算理解了精英俘获的相对完整的过程。

更重要的是，如今许多村民已经把扶贫资源的不公平分配视为一种可以接受的现实，其对非公平分配扶贫资源有一定的认同。也就是说，非公平的状态是一种常态，而处于弱势地位的贫困人

---

① "理想类型"是韦伯创立的一种社会学研究方法，是一种分析概念和逻辑工具，是从抽象层次上反映事物本质内容和特征的分类概念。具体可参考韦伯《社会学基本概念》，杭聪译，北京出版社，2010。

第五章 "未雨绸缪":精英俘获与制度、权力及社会结构

口早就接受了非均衡的资源配置的现实,因此多数贫困者不会对扶贫资源的不公平分配提出抗议,更别说进行维权行动。尤其是当扶贫资源的获得打上村干部的工作与付出的烙印之后,贫困者就更是认为得到一些扶贫资源是沾光了。由此当不同村庄之间进行扶贫资源的比较时,获取扶贫资源能力差的村庄的干部就会将自己村庄获得较少的扶贫资源归结为"我们村子没有出什么有本事的人",村民也会说"我们村子村干部不太会搞关系,我们村子也没有在外面当官的"。无论是在村干部的话语里,还是在村民的话语里,他们都没有抱怨制度或政府官员的不公,而是从自己的村庄找原因。这也就说明,非均衡和非公正的扶贫资源分配结构,在村民看来具有合理性和正当性,而这种认识更强化了扶贫资源分配中的非均衡和不公平性。

第六章 "降雨分殊":精英俘获的政治社会后果

就像是干旱的土地企盼雨水浇灌一样,等贫困的村民们终于盼来了雨水之后,他们发现,雨水并不是按照土地干旱的程度进行分布的,有的土地上基本没有落下雨滴,而有的土地则被雨水浸润。这种降雨的分殊正是精英俘获的一个客观结果。对于这种差异化的扶贫资源与项目分配结果,村民们充满了怨言;获得扶贫资源较少的村庄的村干部,对这种情况也是相当不满。这种不满尽管没有引发什么明显的政治与社会行动,但是从本质上危及了扶贫工作的精神与政府工作的群众基础。本章关于精英俘获后果的讨论主要集中在扶贫工作本身和村庄的范围内,讨论将从具体的经验层面展开。当然,在本章的后面部分,我们也会在抽象的层次上对精英俘获的后果进行讨论。通过以上章节的分析可知,扶贫项目中精英俘获和目标偏离的出现是由多种原因造成的,而这种偏离带来了一个十分重要的问题和结果,即扶贫的内卷化,这是精英俘获最直接的后果。当然,精英俘获也会引发政府执政合法性的流失、村庄公正观念的异化以及贫困人口的再生产。

第一节 作为精英俘获结果的"扶贫内卷化"

本书关于"扶贫内卷化"的概念来源于"农业内卷化"的概念。农业内卷化的概念是在黄宗智分析中国传统时期农业生产领域后才逐渐被中国学术界熟知的(黄宗智,2000),其具体含义是:在不断增加农业劳动投入的情况下,却没有能够获得成比例的农

第六章 "降雨分殊":精英俘获的政治社会后果

业产出,也就是说农业领域的劳动投入出现了边际收益递减的状况。而黄宗智所使用的这个概念则来自格尔茨的研究。"把内卷化概念用于某种农业经济过程的概括,起自格尔茨(Clifford Geertz)1963年出版的一部研究印度尼西亚的著作:《农业的内卷化:印度尼西亚生态变迁的过程》。黄宗智教授在《华北小农》中使用'内卷化'概念时,格尔茨的著作是其重要的思想来源。"(刘世定、邱泽奇,2004)贺雪峰在对后税费时期乡村治理的讨论中指出,政府和地方势力对秩序的维持"仅仅是一种摆平,是不可持续的,因此是必然要内卷化的。即这种维持是以地方势力不断地攫取利益、不断地侵蚀公共资源为前提的,其结果是社会资源不断地滋养壮大了一个庞大的地方分利集团。这种内卷可以称为地方治理的内卷化"(贺雪峰,2011)。在本书讨论的范围内,我们同样可以将扶贫视为对贫困状况的一种治理,因此可以借鉴乡村治理内卷化的概念提出"扶贫内卷化"的概念。具体地讲,扶贫内卷化的概念是依托农业内卷化提出的,其含义是:扶贫领域单位投入的增加并没有带来成比例的减贫和脱贫效果,而是让非目标对象得到扶贫项目资金和资源,扶贫项目资金和资源并没有能够按照预先设计的目标发挥作用,反而是在不断的投入中距离原有的目标越来越远,同时能够得到扶贫资源的目标群体范围日益缩小,其能够获得的利益份额也不断萎缩。扶贫内卷化在现实当中有许多表现,如扶贫资源并没有足额及时地到达目标区域并为目标群体所获得,扶贫资源和资金被挪用或占用,扶贫工作没有降低贫困发生率而是增加了区域内相对富裕群体的生存资本和资源。2007—2008年,中国贫困发生率下降了2.6%,而2009—2010年,中国贫困发生率只下降了1.4%。贫困发生率下降幅度的降低是与中国每年度财政扶贫资金的明显增加不相称的。从2001年到2010年,中央财政安排的扶贫资金投入从100.02亿元增加到222.7亿元,年均增长9.3%,但是我们并没有看到贫困发生率的下降与财政投入幅度的增加呈现正相关关系,这也是扶贫内卷化的一个表现。

精英俘获

扶贫内卷化的内涵除了上述定义的内容，还有一层含义，那就是真正的扶贫对象因为没有获得资源和扶持而对国家和各类组织给予的扶贫项目与资源产生怀疑和不信任，可能出现的结果是扶贫对象对扶贫工作的不支持和不理解，严重的话会产生目标群体对扶贫项目的反感，最终产生对政府的不信任和政府威信的丧失。要是出现这样的结果，对基层政府和乡村干部的不信任就会升级为对上级政府的不信任，最后可能会导致扶贫内卷化从而引发国家政权建设内卷化。扶贫工作不仅仅是一种减贫的手段，同时也是国家塑造其与农民关系的重要机制。要是没有良好的减贫工作局面和效果，扶贫就不可能实现重塑国家与农民关系的目标。花费了大量的资金和精力，却可能没有获得农民的支持和理解以及合法性基础。

扶贫内卷化的第三层含义是指扶贫工作违背了自己的初衷而走向了目标的反面。扶贫工作的重要初衷就是缩小贫困差距，从而避免贫富悬殊而导致的社会问题。但是当扶贫工作出现内卷化之后，被扶贫的村庄内很可能像村民说的那样，"富的越来越富有，而穷的越来越穷"。扶贫内卷化会导致社区内群体之间或阶层之间的贫富差距不断拉大，这对社会和谐稳定是不利的，也可能导致贫富之间的潜在冲突与对立。扶贫内卷化不但使得有限的扶贫资源不能发挥应有的正面效应，还产生了负面效应，这样就会导致扶贫工作陷入恶性循环的怪圈，不能发挥正面和积极的减贫功能。

最后，扶贫内卷化也意味着在扶贫资源不断输入的情况下，外部力量的干预固化了农村原有的社会结构。从结构的观点来看，扶贫的成功意味着转变扶贫对象所处的不利社会结构位置或地位，而转变扶贫对象所处的社会结构位置需要推动其进行社会流动，或是能够支持其冲破原有的社会结构之网。若不能帮助其冲破既有的社会结构，那么想要真正帮助其脱贫是很困难的。扶贫项目不仅可以提供资金和资源的支持，同时也会给扶贫对象人力和社会资本的支持，这些资源和资本对改变其社会结构位置是十分重要的。在发生内卷化的情况下，这些资源与资本主要聚集于精英群体，而贫困者想要冲破既有的社会结构与利益网络就会比较困难。扶贫内卷化导致贫困者与富有者对扶贫资源与资金的不均衡占有，这不利于扶贫工作目标的实现。由此，扶贫可能强化了贫富之间对资源的非均衡占有状况，甚至是再生产了不平等的社会结构。

第二节 作为精英俘获结果的利益结构固化

之所以说精英俘获导致了村庄内利益结构的固化，主要是因为通过精英俘获，精英建构了关于项目资源和资金的一个分配结构与框架，在这个框架与结构中，弱势者和边缘人始终处于利益结构的边缘和外围，而精英及其"盟友"则处于利益结构的中心。

一 贫困群体心理的外化：集体行动的匮乏

贫困群体的心理也是比较脆弱的，这种心理上的脆弱导致其无法做出反对精英俘获的集体行动。在发展干预过程中，农民以外的其他社会行动者，如技术部门、基层机构、精英网络、公司等团体凭借和利用它们对资源的控制，实现了农民服从其意志的一种特殊力量或影响力（叶敬忠，2008b）。而要打破这种控制或操纵就需要有农民的集体行动。扶贫项目精英俘获和目标偏离现象出现的另一个重要原因就是社区内缺乏集体行动。有学者将当前时期中国农村的农民间关系用"原子化"（贺雪峰，2004）这一概念来概括，而原子化意味着每个家庭都是自在自为的独立单位，很少与其他家庭发生联系，联合行动与集体行动就更少出现了。原子化的出现不仅表明中国农民家庭在经历着理性化的进程，同时也说明曾经连接家庭间的纽带，如宗族和血亲等，无法在集体行动方面发挥作用。市场理性的作用更加凸显个体的能力，家庭间互助的作用在家庭成员中开始淡化。精英群体或精英利益联盟不仅仅侵占了贫困者的利益与资源，同时也侵占了中间群体成员的利益与资源。作为少数的精英之所以能够这样做，是因为他们熟知乡土社会内部个体的行动逻辑和社区内集体行动的缺乏，其无须担忧出现集体行动或其他什么后果。而中间群体和贫困群体对精英的惧怕及对个人出头后遭受打击的担忧造成了他们对精英侵占公共利益或滥用公共权力的集体沉默，他们的行动遵循的是不得罪人的逻辑。没有集体行动，也没有集体舆论，有的只是私下的抱怨与不满；没有社区内集体抵制的压力，同时也没有上级政府对精英行为的严格控制与监督，扶贫项目目标偏离的现象只可能是越发多见，而不会自然减少。

精英俘获所导致的利益结构的出现，其实也与普通村民对精英俘获的默认和容忍有关。在访谈当中，村民普遍都有一种观念，用他们自己的语言来表达就是："我们现在，也不求村干部不贪不占，只要他贪占的时候，还能够给我们老百姓办点事情，那就可以了。"也就是说，随着整个社会形势的变化，村民对村干部和基层干部的要求顺应形势而降低了。年龄稍大的村民，他们往往会将集体化时期的村干部与当前的村干部进行比较，但是比较归比较，他们也都深知，现在这个时代是很难找到从前那种全心全意为人民服务的村干部了。现在的村民对村干部都是比较宽容的，这种宽容不仅是与现在这个时代相呼应的，同时也是与村干部的客观表现相匹配的。

二　人情、权力与面子的互构：利益结构的维护

对于湾村的村干部而言，其每个年度的人情开支会比普通村民多出很多，这不光是因为其亲戚和朋友较多，更是因为作为村干部，其要参与众多本村村民家庭的红白喜事。这种人情参与的活动不仅为村干部在村庄"执政"奠定了群众基础，同时也在人情交换当中产生了权威和权力。权力与交换的关系，是布劳留给我们的重要命题，他认为交换会产生权力，而交换当中付出的一方将更容易获得对方的认同，也就获得了权力（彼得·布劳，2008）。布劳的学术发现来自对日常生活的观察和思考。而在中国

第六章 "降雨分殊"：精英俘获的政治社会后果

的农村，村干部也通过参与人情活动而让村民在心理层面产生一种"负债感"和"感恩感"。这种负债感主要是指，村民认为村干部或者其他人来自己家赶人情了，自己家在未对应地送人情之前会有心理上的负债。也就是，当人情上的往来不平衡时，会让当事者心里不安，所以农村里常说一句话："什么债都好还，就是人情债难还啊。"这里说的人情债不光是指赶人情这样的活动，还包括在农户家庭危机时其他人所提供的帮助，等等。人情债并非纯粹的经济往来，而是带有感情投入的一种交往活动，所以对村民来说，人情债很难还。对于这一点，研究者已有发现："红白喜事中的人情是一种培养'感情'的机制，这种感情能促成村干部工作的顺利开展。如此看来，在红白喜事的人情与村干部的工作之间，存在一种'化公为私'的机制。"（陈柏峰，2009）正是这种工作方式使得村干部获得村民的配合和支持，也就获得了大家认同后产生的权力。

"乡土社会的人际关系和思维方式是人情和感情导向的，生活在乡土社会的乡村干部对此当然有着深刻的把握，因此他们就必须在人情和感情上做文章。"（陈柏峰，2009）故此，在多数村民认为村干部参与其家庭的红白喜事算是增加自己家庭"面子"的情况下，村干部就会积极主动地回应这种需求。正如湾村村支书所言："我每年在人情方面的花费有2万多元，不光是村里村民家办事情，我要去，就是乡镇干部和县里干部家里办事情，我也要去。对于村里的，只要我有时间去的，我一定亲自去；自己去不了的，我也会让其他村干部去，或者是让家里人去。"村干部之所以要积极地回应村民的这种心理，不仅仅是因为村干部希望村民能够配合其工作，还在于乡村社会中的人们在很大程度上重视面子，而面子是相互建构的。面子不能离开人气而存在，正如一位村民所说："在农村，即使你的家庭再富有，你家里人的本事再大，要是没有人捧你们的场，那你们家还是没有面子。"正是在这样朴素的道理基础上，村干部会很有意识地给予村民面子，同时也会收获面子。人情和面子的综合应用，再生产了村干部在村庄社会的权力,而这种权力的再生产是与之前村干部所获得的那种来自体制强力支持的权力不同的(翟学伟,2005)。无论是对人情的有意识使用,还是对面子的有计划给予,都有助于村干部工作的开展,也有助于现有利益格局的稳定。

这种稳定意味着村民受人情和面子的柔性制约,加上对权力的忌惮,其不可能采取行动以挑战和重构现有的利益结构。精英俘获的同时,村庄内现有不平等的利益分配格局仍会继续维持着,而维持的动力主要就来自精英的用心"投入"。精英俘获使得这个利益结构当中的精英更有实力和资本,而结构中的弱者始终处于边缘位置。也就是说,这个利益结构是朝越来越倾向有利于精英的方向发展,这对弱者则是不利的。故此,精英俘获的出现和持续将会固化现有的不均衡的利益分配结构。当然,我们需要注意的是,作为乡村精英的村干部,当前能够从其工作获得的荣誉、利益和社会地位等都是下降的,为什么呢?我们在前文中提及,现在农村的村干部都觉得村民对待自己不热情了,其感觉自己在村庄内的地位下降了。精英俘获,在某种程度上也是精英自我安慰和补偿的一种途径。正如湾村村会计告诉我们的:"当村干部是选错了行,现在很有失落感。年轻的时候,没有出去打工,现在后悔也已经晚了。我们村里总是入不敷出,现在还欠别人几十万元呢。修山上的道路共花费180多万元,现在我们还欠人家施工方60多万元。"对于村干部而言,这种失落感不仅仅是因为自己地位下降、收入较低,同时也因为自己村子的经济状况十分窘迫,他们担任村干部很有压力,他们至少要应对来自债务讨要的压力。

第三节　作为精英俘获结果的贫困再生产

精英俘获对贫困者而言,绝对不是什么好事。精英俘获的资源本来是可以被贫困者拿来改善自己的生活的,甚至改变自己或者家庭的命运。至于精英俘获对贫困再生产的后果,我们要将其分为不同的类型来进行分析,这里面既有村庄整体层面的精英俘

第六章 "降雨分殊"：精英俘获的政治社会后果

获，也有村民个体层面的精英俘获。

一 村庄层面的精英俘获

发生在村庄整体层面的精英俘获，主要是指精英俘获加大了同一个区域内村庄发展的差距，而这种差距不断拉大富裕村庄与贫困村庄之间的发展能力和发展基础，这就会导致贫困的村庄始终无法脱贫，而富裕的村庄则变得更加富有。随着贫困线的不断提高，贫困的村庄尽管也有经济的提升，但或许依旧无法跨越相对贫困的藩篱。对贫困村的村民而言，其面对这种获取资源的差距时，会将主要责任归结到村干部的身上。正如湾村村支书所言："我们这里的村民，老是拿我们村跟山下面的村子进行比较，加上我们这个村子跟安徽交界，村民与安徽那边的村民有不少亲戚关系，也跟那边的村子比较。就拿修路的事情来说，山下的，安徽那边的村子，人家早些年就硬化了村内的主干道路。而我们村是迟迟没有修通。所以村民就老是有意见，总是说人家的好话，没有说自己好的。很多情况，他们都不清楚，就会瞎传话。安徽那边的农村政策确实比我们这边落实得好，下达的资源也比我们这边多，这个是客观真实的。所以，我们也没法跟那边比，但是老百姓不管你这些事情。作为村干部，你就要想办法修路，所以我上台之后，就首先想办法跑项目，先把这个路给修通了。"尽管湾村最终修通了道路，但是其也生成了60多万元的债务。对于一个只有400多人的山头小村而言，这是很大的一笔债务。在以后的日子里，湾村的村干部还要艰难地继续跑项目，而这些项目将主要用来清偿债务。这是我们分析的第一个层面，即精英俘获再生产了村庄间的非均衡发展结构，也就再生产了村庄层面的贫困。

如果是外来精英对村内资金的俘获，那么精英俘获的后果则是扶贫资源的外流，这会让本就比较稀缺的扶贫资源更加稀薄，村庄及其贫困人口能够获得的资源就更少。加上一些来自外部的精英可能是从政治层面考虑扶贫资源的使用的，其进行的精英俘获更有可能导致扶贫资金被用到"形象工程"和"面子工程",河村污水处理池就是一个生动的例子。若是出现这种情况,扶贫资金流失和被滥用的情况就更加严重,其造成的负面影响也会更加深刻。扶贫资源的流失与扭曲使用并不一定会再生产出贫困,却能够让现有的贫困人口在更长的时间里持续贫困状态,而这也可以视为一种结构性贫困生产类型,也就是因政治体制中个人私欲的膨胀所导致的扶贫资金滥用。这里的结构性是在村庄范围内不同群体之间形成的。

二 个体层面的精英俘获

前面我们讲了村庄整体层面的精英俘获,其对村庄发展非常不利,造就的是村庄贫困的结构与状态,而发生在个体层面的精英俘获,同样会产生诸多负面作用。正如我们在上文中分析的那样,个体层面的精英俘获肯定会维护和固化有利于精英的利益格局。具体地讲,就是会维护有利于精英的扶贫资源与项目配置的格局。从扶贫资源分配与使用的角度来说,个体层面的精英俘获,同样会使富裕者跟贫困者之间的差距越来越大,正如村民们抱怨的那样,"扶强不扶弱"是因为发生了精英俘获。这个层面的精英俘获也使得贫困者开始丧失追赶富裕村民的信心。调查中,我们听到一些贫困者对家庭未来发展前景比较绝望的说法。一个张姓村民告诉我们:"我们家估计是不行了,再怎么发展也追赶不上人家条件好的了,女儿也出嫁了,我们两口子年龄也大了,能怎么奋斗呢?"在精英俘获获得村民容忍的情况下,长久的发展困境往往会让贫困者形成一种"认输"的心理,其会对未来的生活感到失望。也就是说,精英俘获会间接促成贫困者一种家庭发展方面的挫败感和沮丧,而这种感觉与心理恰恰构成了贫困的文化,该文化则又会再生产出贫困。

个体层面的精英俘获不仅使得扶贫资源在分配中出现了偏向精英利益的趋势,同时也使得村民之间的交往出现了精英与大众的分化,精英倾向于跟精英交往,而贫困者则跟贫困者交往。在

第六章 "降雨分殊":精英俘获的政治社会后果

调查当中,我们发现,村民都倾向于跟自己家庭经济水平类似的家庭交往,为什么会这样呢?村民给我们的回答是:"大家要是都是一个经济水平,交往的时候就不会有什么压力,比如说,抽烟吧,我们抽 10 元的烟,大家相互递烟就是一个水平的。要是你跟抽 50 元香烟的人递烟,你 10 元钱一包的香烟,人家可能不会抽。你要是抽人家的好烟,也会觉得不好意思,不自在。所以,还是一个水平的人,更容易凑到一起玩。"人与人之间的交往虽然受个体意愿的影响,但是交往对象更多地受一般社会规则和经济基础的形塑。古话说得好,"物以类聚,人以群分",当精英与大众、富裕者与贫困者之间的交往圈子也相对固定的时候,贫困者就更难以摆脱贫困的境地,而贫困的再生产也就非常现实。一般而言,富裕者在知识、信息、社会资本、增收渠道等方面都优于贫困者,贫困者若是能够跟精英较多地交往,就可以更多地获得相关的信息和机会,其家庭收入也就可能得到改善。但是在精英俘获的背景下,普通村民不仅从交往理性层面看不愿意同精英交往,其从情感层面出发也不愿意同精英有更多交往,尤其是当精英俘获行为成为大家一致批评的对象时,普通村民就更不乐意同精英站在同一"行列"里了。

在农村,精英与大众之间的社会分化过程是一个历史和社会的过程,精英俘获的发生则会加剧这种分化。而社会分化后很容易出现社会排挤,"社会排挤的前提是群体内出现了明显社会分化,其地位悬殊,利益也不一致;更为关键的是不同群体可以支配的资源和资本,以及与权力中心的远近是不同的。在社会排挤出现的背景下,强势群体是与弱势群体争利的,弱势者的边缘位置导致其社会处境的恶性循环,富有者与贫困者的差距在分化格局中被拉大"(邢成举、李小云,2013)。一旦形成精英对大众的排挤,那贫困者在现有的乡村社会中就会处于十分被动和权力虚空的状态,贫困者无法为自己的利益而进行强有力的行动,也无法实现与精英机会均等、空间均衡的发展。更为现实的是,学术界关于农村社会分化对扶贫影响的研究仍旧是十分有限的(赵树凯，2003）。精英俘获要想长期存在，就要求精英间形成联合和利益结盟，因此，精英俘获意味着精英与大众的潜在冲突与隔阂。而扶贫工作需要精英对大众的带动和帮助，这与精英俘获是有冲突的。当然，精英俘获也能够实现精英与大众的和谐相处，那就是精英在进行资源和利益俘获的同时，也为大众和贫困者保留足够分量的资源和利益，如此才不至于突破大众可以容忍的心理底线。尽管这种利益分割可能为大众所接受，但是从扶贫工作的原则、制度与目标看，则是不能接受的。在精英控制扶贫项目信息的情况下，大众无法形成对扶贫资源的准确认识，进而其容忍的限度也可能是荒谬的。故此，对精英俘获的限制仍需要继续推进。

第四节 作为精英俘获结果的执政合法性流失

我们之所以强调精英俘获会造成政府执政合法性的流失，是因为当前农村中出现的精英俘获的主体，其多数是具有一定体制身份的精英，而且还是共产党员。精英俘获主体的这种性质使得其必然引发普通大众对精英和基层党组织、基层政府的不信任，这种不信任将直接导致政府与执政党政治合法性的流失。即使这种俘获是发生在村庄整体的层面，即村干部为村庄的发展而俘获资金，其对执政党的政治合法性的影响仍是以负面意义为主。我们知道发生在村庄层面的精英俘获较少，从湾镇的情况看，全镇42个村子里，"有10个村子是不需要为自己村子没有项目而发愁的"。多数村子的村干部则要为跑项目而奔波，这些村干部对这种不均衡的资源分配很有意见，因此从他们的角度来讲，对现有的扶贫制度及基层政府干部的作为是不满意的，这就已经造成执政合法性的流失。试问，一个有42个行政村的乡镇，其政府能够依靠10个发展基础好的村子而实现真正圆满的执政吗？肯定是不能的，好在扶贫资源中的专项扶贫比较注意村庄分配的平衡，不然扶贫工作就会引起更大的不满。

第六章 "降雨分殊":精英俘获的政治社会后果

一 精英对合法性的俘获

对于精英来说,其俘获的不仅有经济资源,同时也会有政治资源和利益,权力和"执政"的合法性也是其俘获的目标与对象。国内的一些研究者发现,乡村精英俘获在政治层面的表现,主要是通过扭曲村庄选举过程信息实现的(Zhou,2011)。我们也在调查中发现,村干部尽心从各级政府争取资源是为了维持其在村庄内的权威地位并强化其在村庄内"执政"的合法性,而这种合法性是一种源自对个人认同的合法性,并非主要建立在体制的基础上。2011年,湾村的村民选举使得原来的村支部书记被替换,新任村支书则需要在短时间内建构起"执政"的权威与合法性。那么新任村支书会从哪个角度入手建构其权威和合法性呢?其选择了能够引起最多人关注并且之前一直没能解决的问题——省际连接公路建设。说这条公路是省际连接公路,也是村干部的一种策略,是为了在争取项目资金时能够给自己村里的这段公路增加砝码。实际上,这段4.7公里的公路,只是修到与安徽接壤的农村边界上,该公路的修建主要方便了本村第四、五、六村民小组村民的出行。前两任村支书一直想修通这条公路,但是都没有成功,因此其选择这个公路建设,不仅是对前两任村支书工作的继续,同时也想实现对前任干部的超越。

一些研究发现,在农业产值偏重的村庄,因为没有太多的资源可以俘获,这类村庄出现精英俘获的可能性是较低的。因此,可以设想,一个村庄的农业化程度越高,其村庄领导扭曲信息的可能性也就越低(Zhou,2011)。一个村庄距离政治与行政中心越近,其发生信息扭曲的可能性也越低,出现精英俘获的可能性也就越低。综合这两方面的内容,我们可以判断,湾村因农业产值高且到村资源较少而较少发生精英俘获,但是其远离政治中心的现实又使其具有较高的精英俘获的风险。正如村民选举并非完全反映民意一样,其往往跟地方政府、党委的意愿有很大关系。"地方党支部对选举过程的控制并不一定反映了党中央的意图。事实上，地方党支部操纵国家关于村庄选举法的实施会导致中央政府丧失政治合法性。"（Zhou，2011）而这在村支书和村主任一肩挑的情况下，将变得更加严重。之所以说对村民选举的操控可能会导致中央政府合法性的丧失，是因为选举是体现中央政府意志的事件，而地方党委和政府的操控则很可能被视为中央高层的意图，如此就损害了中央政府的权威和合法性。当然，我们的重点并不在于论述农村选举对政府合法性的影响，而是一般状况下的精英俘获对政府合法性的影响。

承接上面的论述，在湾村的村支书成功将省际连接公路贯通之后，村支书在村干部和村民当中的权威快速提高，且其名声也传播到乡镇的其他行政村。对于湾镇内的多数村子而言，要完成将近200万元的工程建设项目，都是相当不容易的。由此，村支书不仅实现了个人权威的获取，也扩大了其在整个乡镇中的影响力，更是给潜在的竞争对手设置了难以超越的"高墙"。这里的高墙就是180万元的道路工程项目，也就是说，后面如果还有人想担任村支书的话，就必须要超越现任村支书为湾村完成的这个项目。工程的完成对于村庄显然是件好事，不过当村民把功劳主要算在村支书一人身上的时候，党组织和政府的合法性也许就流失了。原本是国家财政的扶贫资金，被村干部争取来之后，变成其树立个人权威和获得合法性的资源。扶贫资源本来是要强化政府的责任和塑造政府合法性的，现在却因村干部在争取资源的过程中付出了诸多努力而使众人忘却了来自国家的关怀，这就必然导致政府合法性的流失。当然，对于这里的政府，我们不能一概而论，对于中央政府，村民的认同和支持依旧是很强的，但是其对县级以下政府的信任则是在快速流失的。事实上，许多研究发现，中国的村民对更高级别的权力机构比对地方权力机构抱有更多的信任与好评（O'Brien, Kevin, and Li, 1995; Li and O'Brien, 1996）。因此，我们这里讨论的政府合法性的流失并非针对中央政府而言。尽管政府有诸多层级，但是其合法性是紧密联系在一起的，当基层政府的合法性流失时，更高层政府的合法性也就面临流失的风险了。

二 精英俘获默许与合法性流失

与村庄内的精英联系最为紧密的是乡镇政府，从乡镇政府需要依赖乡村精英完成各项工作和任务的角度讲，其并非站在精英俘获的对立面，而是存在对精英俘获的一定限度的默许。"乡镇政府官员显然是比村干部级别更高的干部，他们给精英俘获提供了更多的鼓励而不是阻止这种现象发生。这是因为，乡镇干部主要是依靠村庄内的干部来执行中央政策的，并且也使用更多的利害关系以通过村庄选举来控制村庄干部。"（Zhou，2011）在乡镇政府自身财力十分困难的情况下，其不可能对村干部进行物质层面的奖励，因此对一定限度内的精英俘获"睁一只眼闭一只眼"也是换取村干部积极配合乡镇工作的一种手段。但是，当乡村两级仅仅是为了实现日常工作的正常开展而默许精英俘获的话，那么精英俘获就会腐蚀公共资源的使用体制及其正义精神，同时也会让村民愈加缺乏对基层政府的信任和支持。这正是政府合法性的流失与权威的削弱的体现，而这个结果则与精英俘获的发生有着直接关联。当基层政府为了完成眼前工作而对精英俘获现象进行纵容和姑息的话，从长远来看，对政府执政是不利的。

从村庄外精英进行俘获的角度出发，我们会发现其所引发的群众不满和抱怨也是非常普遍的，尤其是当村庄获得的扶贫资源必须按照一些政治精英的个人偏好而建设面子工程和形象工程的时候。在这种情况下，村庄尽管还有扶贫资源可以被用在正当和合理的方面，但是村民会把关注的目光聚焦于被滥用的那部分资金，而这种关注也会引发村民对政府领导和乡村干部的不满。面子工程和形象工程的出现伤害了村民给予的信任，也让政府的形象大打折扣，政府执政的资源在流失，基础在发生变动。客观上讲，当前农村居民对政府和干部的信任已经处于比较低的水平了。正像在河村发生投标企业蒙骗村委会时一样，不少村民怀疑村干部跟企业的老板有什么交易。尽管在事实上并不存在交易，但村民仍是往这个方面去想。这种怀疑与想象本质上折射的正是群众对干部的不信任,也是基层党组织在群众中合法性的流失。

三 执政基础的变动与执政合法性的流失

谈到执政的合法性,我们不能不谈及执政基础的变动,其与执政的合法性联系十分紧密。那么这与本研究重点关注的精英俘获是什么关系呢?我国的国体是无产阶级领导的、以工农联盟为基础的人民民主专政的社会主义国家,工人和农民是共产党的主要执政基础,或者从一般意义上讲,人民是共产党执政的基础。只有获得人民的认可、支持和授权,共产党才能够执政,才能够执好政。而在本书关注的精英俘获背景下,人民或者说一般大众,都生活在远离执政者和权力中心的地方。其与执政者之间的距离是被逐步拉大的,而精英俘获则要对这种距离的拉大负一定的直接责任。要实现执政基础的稳固和扩大,执政者只能密切同群众的联系,而精英俘获则意味着处于体制位置上的精英疏离了与群众之间的关系,他们越来越关注自身阶层和群体的利益。从农村的情况看,尽管从严格意义上讲,村干部并非执政者,但是一村之政治确实由其执掌着。因此,由村干部进行的精英俘获必定会导致其作为中国共产党政权的基层代理人逐步脱离群众,进而丧失在群众中的威信,丧失来自普通大众的拥护和支持。

上文中,我们也讨论过,要实现精英俘获,就需要精英之间的某种程度上的联合,而这种联合是排斥普通大众,也就是贫困者的。精英俘获的结果就形成了精英和大众的分立与潜在区分。与此同时,我们会看到农村当前新发展的党员都是经济上相对富裕的人,也是能够当选村干部的人。在东南沿海和南部沿海的农村,富人治村的现象非常普遍。与我们的发现一致,有研究者也发现:"村庄政治的公共性严重萎缩,占人口大多数的中下阶层被排斥出去,民主决策、民主管理与民主监督难以实现,规范利益分配的各种制度设计在权力实践中得不到有效的执行。乡村社会的权力结构在日益激烈的竞争中趋于寡头化。"(袁松,2012)而

第六章 "降雨分殊"：精英俘获的政治社会后果

这种寡头式的权力结构放大了"基层场域中权力—利益网络的'结构洞'效应，从上至下输入农村的资源在流动过程中被大量吸食，且流量愈大吸食愈深，乡村治理发生了内卷化"（袁松，2012）。不管如何，富人治村带有政治排斥的功能，即"富人在培育社会吸纳机制以夯实民意合法性根基的过程中，无形之间为普通村民参与村庄政治树立了经济实力、道义伦理和社会活动力三大门槛，从而将村庄的绝大多数人排除到了公共权力结构网络之外"（赵晓峰、林辉煌，2010）。而精英治理和支配的村庄恰好实践了这种政治排斥机制，普通人无法参与村庄政治，甚至形成对村庄政治的冷漠态度。基于此，才有了我们论述的精英俘获导致的执政基础变动的问题。而执政基础的变动确实引发了精英和大众内部的聚拢与整合，这对国家政权建设本身是不利的。在实行参与式发展项目的国家，研究者发现："精英与大众对项目选择的不同偏好不仅反映了相关各个群体追求的利益，同时也反映了部分精英评估哪些项目能够带来更多利益，同时哪些项目也能够更成功地获得执行的信息优势。"（Beath，Christia，Enikolopov，2011）在项目偏好和利益上的不同选择，已经使得精英与大众无法很好地团结在一起，精英俘获导致大众愈益无法容忍精英的所作所为，最终的结果是精英无法维持基层组织和基层政治运作。此时，所谓的执政合法性也就所剩无几了。当认同与基本利益不一致的时候，也就不存在什么合法性了，因此要从执政基础变动的角度来认识和思考精英俘获问题。

笔者在辽宁庙村调查时发现，"在林权改革的过程中，林地拍卖成为各级地方政府尤其是村委会获得村庄公共项目和服务的资金来源。村民对这样一种集体资源的处理方式是极其不满的，但是村里却没有人因为此事而上访或是跟村干部翻脸。在调查中发现，在林地拍卖的过程中，当地政府制定了一套形式上公正、透明的林地拍卖程序，这套程序让村民的不满无形中消解了"（邢成举、张晓娟，2010）。尽管透明和形式民主的程序让村民无法以恰当的理由发泄不满，但事实上村民的不满并没有消失，而是被暂时隐藏了。若是村民在之后又遇到类似或者性质更加严重的事件，村民的不满就会很快爆发出来。此时，尽管不满的情绪并没有通过一定的形式进行强烈的表达，但是人心已经不在村干部一边。一些人对公共资源的侵占在很多时候也是借助了国家战略的"东风"，如新农村建设战略就为村庄的土地财政提供了合法性支撑。"在新农村建设的过程中，土地财政的出现增加了村民生活的支出，也降低了中央惠民政策的合法性和权威性，减弱了村民对政府政策的认同与支持。土地财政让新农村建设惠民和便民的目的发生了变异，村民尽管也得到了一定的实惠，但其在这个过程中付出了大量金钱和精力。"（邢成举，2012）促成村庄出现土地财政的原因是复杂的，但是从结果来看的话，这种现象的出现确实"抹黑"了国家的公共政策，无法使国家政策的良好意愿得以表达，造成的是农民对国家战略的误会与抱怨。

如果说扶贫资源外的其他公共资源被精英侵占和俘获导致降低政府执政合法性后果的话，那么扶贫资源本身所具备的瞄准弱势群体和扶危济困的性质，更使得该项资源的下乡带有更多的政治性质与道义责任。如此，精英对扶贫资源的俘获必将带来更高程度的不满，也会在大众的心理层面激荡起更大的波动。而这正是我们强调精英俘获与执政合法性内在关联的出发点和基本理由。

第五节　精英俘获与社区公正观念的异化

在《论语·季氏第十六篇》中有这样的语句："丘也闻有国有家者，不患寡而患不均，不患贫而患不安。"这句话是儒家经典思想在一个侧面的展现，我们可以将其理解为：人们最担忧的不是分获的东西少，而是分获中的不均衡和不公正；人们不担心生活贫穷，而担心社会动乱不安，他们想要安稳的生活。这句话出自列国纷争的年代，大家对安定的生活企盼已久，而当代中国农村，安定生活早就深入了人心。尽管大家已经拥有了安定的生活，但是其心理层面的安定出现了问题。心理的不安定让他们在现实生活中开始躁动起来，不满、咒骂和上访等在一定程度上可以被视为村民不安定的心理在行动层面的展现。正如研究者所发现的，"城市化过渡社区居民的权利意识，是社区内居民基于朴素的'公平'和'正义'意识之上的道德判断，这种道德判断是其维权行动的基础"（李学，2008）。其实，在农村，基于公平和正义观念的道德判断，也是农民行动的依据和理由，他们对村庄内不公平事件的认定和分析来自道德判断。程序和结果的公平，都是大家十分看重的，也是村民公平观念中的核心内容，这些已有研究发现，也是调查中农民的真实表达。研究者通过对村民选举的调查发现，"受访人对程序公平但结果违背分配公平的选举的评价，并没有在统计学的显著水平上高于程序不公平但分配结果公平的选举。换言之，在中国农民的公平观中，程序公平和分配公平具有同等的优先性"（张光、Wilking、于淼，2010）。但是在农民的观念中，其更重视结果的公平，也就是上述的分配公平。

在田野点的访谈中获知，扰乱了被访谈者安定心理与公正观念的事件或者元素主要有三个方面：关于低保资源分配的相关事实，关于种粮补贴的相关事实，关于贫困户确定的相关事实。正如张静所言，在不同群体中，大家对公平与否的感受强度是不同的；大家在不同的时代评价公平与否的标准也是不同的；最后，大家对公平的认识是因为比较而确定和存在的（张静，2008）。村民认为，当前农村出现的扶贫资源分配已经突破了大家基本认同的公平观念，这引发了大家较多的不满。

一 计划生育超生户与村庄公平观念

对于湾村的村民而言，让其感觉不公平的事情有几项，其中一项就是计划生育超生户仍然获得扶贫资源的支持和民政的救助，或者农村低保。计划生育政策在20世纪70年代后期开始在湾县实行，湾县的计划生育工作也一度得到了国家的认可和表扬，其一直是国家级"计划生育工作先进县"。对于湾县内的众多农村而言，由于其还存在如家门一样的类宗族结构，计划生育政策在执行初期遇到了相当大的阻力。在政府的强力推动下，计划生育政策得以实施。经过多年的政策实践，计划生育已经被大家所认同，如今超生的人也比较少见。计划生育政策在执行初期有很多宣传话语，我们不妨稍微回顾一下。这些话语有"计划生育好，政府来养老""计划生育好，少生致富快""少生优生，幸福一生""计划生育，功在当代，利在千秋""幸福之家人口少，计划生育真是好"，等等。计划生育的宣传中至少有几个观念是进入了广大农民的意识当中的，即计划生育有助于提高人口素质，计划生育有助于减轻家庭负担，实施计划生育将会获得政府的养老支持，实施计划生育是为国家和社会发展做了贡献等。

在计划生育政策执行的初期，大家都比较反感。随着政策执行力度的加大，很多村民在初期算是"迫于"惩罚的压力而按照计划生育政策的要求实践自身的生育行为。不过，正如以上计划生育标语中所透露的信息一样，实施了计划生育的农户，都认为自己是为国家的人口战略做出了贡献的，应该得到国家相关政策的扶持，至少其家庭应该在经济层面上获得更好的发展。在现实中，计划生育户的家庭经济水平，相对来讲比较高，但是其并不会把自己家庭经济的较好发展状况归结为国家政策的扶持。因为计划生育户需要的是特殊政策的关照，但在现实中其并没有获得这类政策的扶持。所以，当一些经济情况较差且超生的贫困户被纳入低保范围的时候，其他多数遵守计划生育政策的村民就会有意见。正如其表述的理由："当年，这些家庭就是因为不听国家的话，不按照计划生育政策办事，生育了那么多的孩子，家庭负担重，他们这些人到现在还是困难，就是对他们不听话的一种惩罚。"在村民的话语中，响应国家政策者其经济状况确实相对较好，而没有遵守政策者则被计划生育户视为国家政策的违反者，其现在的状况算是"咎由自取"。通过这样一种话语，计划生育户其实是想强调自己获得政府特殊支持的合法性与合理性，其将违反计划生育户放在了自己的对立面，实质是希望获得利益。

尽管在湾村和其他一些村子中，关于低保评选的制度中有

第六章 "降雨分殊":精英俘获的政治社会后果

"违反计划生育的农户,不能参与低保评选"的内容,但是该内容在实际执行的过程中仍然面临诸多不确定性。对于湾村这种亲缘、血缘和姻缘关系交织密度很大的农村来说,村干部与很多村民之间存在直接和间接的亲戚关系,这就导致一些政策无法按照初始设计被落实。从村干部的角度出发,其分配的低保资源只要是对弱者的照顾,就不会引发太多的矛盾,用低保资源照顾弱者也会提升其工作的道义高度和权力合法性。不过,计划生育户就不这么想了,其认为自己为国家政策的执行做出了牺牲,而不守政策者就应该受到惩罚,所以他们成了维护低保评选制度及其规定的坚定支持者。于是,就出现了村干部与村民之间的潜在对峙,也出现了计划生育户和非计划生育户的分化。在计划生育户占多数的湾村,计划生育户不太容许非计划生育户获得低保资源,他们认为这破坏了村庄的公正观念,即守法者应该获得扶持和奖励,违法者应该受到处罚和制裁。一旦非计划生育户获得低保和扶贫资源,计划生育户就比较愤慨,就要表达对村干部的不满。而从低保制度文本本身的要求来看,非计划生育户确实不应该获得低保的救助。

因此,从推动政策落实和贯彻国家意志,以及村庄团结一致的角度看,非计划生育户获得低保和其他扶贫资源,确实在一定程度上构成了对村庄公正观念的挑战和冲击。当然,非计划生育户能够获得低保和其他扶持资源,也意味着农户是村庄社会内的精英人物或者具备较为有力的社会资本。湾村的妇女主任给笔者讲述过这样一个故事:"我们村有个村民,他的亲戚在县里当官,他前几年超生,镇计生办的人来罚款,后来他给亲戚打了电话,计生办的人就走了。好像后来也交了一点钱,但是很少。跟正常交罚款的,差别大了。这种村民超生了没事,我们村里却跟着倒霉,村干部被扣钱,村里也没有评优的资格。"应该说,在计划生育政策执行严格的时候,超生户能够获得低保和其他扶持,说明其经济资本、社会资本或政治资本比较丰厚。从湾村的实际情况看,两例计划生育超生户获得低保的案例中,他们确实都有丰厚的社会关系资源。

二 好吃懒做户与村庄公平观念

其实，挑战村庄传统的公正观念的，还有好吃懒做农户获得低保和扶贫资源的情况。对于村民来讲，其现状困难、生活贫困且不会引起大家同情的还有一部分人，这部分人就是好吃懒做的人。村民认为富裕的生活一定是来源于辛勤的劳动，对于那些好吃懒做或者嗜酒赌博成性的人，多数村民不会向他们投去同情的目光，更难以期待其会帮助他们。

在湾村，赌博成性的村民有两个，一个姓明，一个姓胡。两人的家庭情况原本都是不错的，后来因为户主赌博，家庭经济情况急剧下降，夫妻之间也经常吵架。对于村干部而言，并不能因为户主的行为而对其所在的家庭不给予救助，不过多数村民并不认为这样的家庭应该受到关照。从村庄的公平观念出发，多数村民认为户主应该对自己的行为负责，他应该"痛改前非"，从而让自己的家庭重新获得较好的发展。村民更多地会从家庭整体的角度出发来思考和评判村干部对这类农户的扶持，通常情况下，大家认为这种人需要醒悟和转变，才能够被救助。一位村民告诉了笔者他的看法："对于好吃懒做和赌博喝酒的人，村干部就不应该帮助他们，他们这种人帮助也是没有希望的，除非他们改掉坏毛病。我就知道村里有'赌王'，拿了父亲的低保钱去赌博。像这样的人，你给他父亲低保，有什么用。"农村里大家都是以家庭为单位评论个体的，而不会就个人说个人，村民的这种思维习惯是一种"习惯法"和地方性知识，是可以理解的。湾村这位姓明的村民，外欠赌债超过30万元，但他平时总是开着轿车来往于各个村子。大家都戏谑地称呼他为"赌王"，赌王车来车去的生活更是激起了村民的不满，大家对其整个家庭都有不满。其父亲有低保，这成了大家不满的一个关键因素。村民的意见是："既然他的儿子，整天都过得那么潇洒，有车有房，那他的父亲就不应该吃低保。"从村民的角度出发，他们的话是有理由的。既然"赌王"能

第六章 "降雨分殊"：精英俘获的政治社会后果

够维持体面的生活，那么他父亲就不符合低保的条件，因为低保是以家庭为单位进行评选的，而不是个人。

尽管"赌王"在多数村民中的印象较差，但他是湾村的村民代表，这一点足以说明他是村庄精英。"赌王"因赌博而结识的各类人物，也让其在村民当中具有几分威慑的力量。故而他能够为自己的父亲争取到低保，而一般人则不能。"赌王"因为一直赌博，导致其妻子也整日赌博，其家庭生活基本上无法维持。其70多岁的父亲，通过种茶和放养而获得收入，成为家庭开支的主要来源。对于老人，大家充满了同情和敬意，但是对于"赌王"，大家则不满四溢。湾村另一个"赌王"的情况跟这个人差不多，其母亲因为眼疾也获得了低保。村庄内的多数人认为这样的家庭是不应该获得扶持的，而事实上却获得了扶持，这让村民的心里很"疑惑"，也很"受伤"。尤其是当好吃懒做的农户拥有较多的耕地时，多数农民就更不希望其得到政策的救助。增人不增地、减人不减地的土地政策与农民传统的公平观念是不一致的（高伟、李学迎，2009），因为土地占有的多寡也是大家讨论公平问题的一个重要基础。

三 钉子户与村庄公平观念

对于湾村而言，钉子户并不涉及房屋拆迁，而主要是指在税费改革之前那些不缴纳税费的村民。在村庄内，大家对钉子户的定义是一致的，那就是家里有钱，却一直拖着不缴税费的农户。湾村的村干部在收取税费的时候，确实想了很多的办法。湾村村支书告诉我们："为了鼓励农户上缴税费，村里还制定了一些鼓励的措施，比如说，对于最先缴纳税费的人，可以进行一定金额的奖励，奖励的资金来自乡镇返回村集体的税费资金。奖励要起到效果，就必须发现金。集中清收的时候，哪个村干部跟拖欠的村民关系好，就由这个干部首先说明来意并希望该农户主动上缴税费。有时候，也会让同一个家门的人来做工作，这种人一般在同家门里都是比较有威望的。多数时候，这种人的劝说是比较有效果的,但是对于一些钉子户,这类劝说也是没有什么效果的。对于家门比较大的,该家门内的村干部去做工作都不一定有用,因为家门的村民会表示他们的不满。自然,家庭条件差的,也是没有办法买我们村干部账的。要是农户有钱,而有关系比较近的人做工作,收取税费的可能性还是比较大的。乡镇联系本村的干部也经常跟着村组干部一起收缴税费。收取税费,确实是困难很多,农户也有很多的理由来扯皮,有的人说田干,有的说田岸垮了,要钱的话,就要求村干部也解决这些问题。农户里面,欠村集体税费最多的能达到 6000 元,这个农户家庭出了变故没有钱,不过后来就没事了。现在该农户有钱了,国家又不让收取当时拖欠的税费了。以前,国家要求收这个收那个,现在国家的政策又是给农民这个给农民那个,国家的政策转变也太大了。"村干部这里提及的正是钉子户与村庄公平观念的问题。

当前的公共建设之所以这么困难,跟钉子户就有密切的关系。村干部告诉我们,当他们到农户家里去收钱以开展公共基础设施建设的时候,村民就会说"你先把××村民欠村集体的税费收起来再说",这一句话,就让村干部没法再张口了。而关于扶贫资源、低保名额等的分配,村民认为那些拖欠村集体税费的就不能获得。村民也时常讲出一些很有政治高度的话,例如"不能光是讲权利,也要讲讲责任和义务吧,不尽义务,哪里能享受啊"。对于村民来讲,其心里都有一本账,这本账记载着村民与村集体之间的各种往来,那些偷奸耍滑和死皮赖脸的人,村民都不愿与其交往,也对其持有负面的评价。但是这并不能阻止其利用各种机会和途径获得诸如低保这一类的资源和利益。这类人获得低保和扶持,对村庄内的公平观念是有非常大的损害的。很多"遵纪守法"的村民不服气:"凭什么是这种人获得扶持和保障,这也太不公平了!"面对这样的事情,村民很气愤,但是无力改变事实。

客观上讲,钉子户比一般村民具备更强的对国家政策和法律漏洞的识别能力,其通常能够找到政策和干部的软肋,通过社会关系或者上访,以及诸多蛮横行动,如自杀等来求得不该得的利

第六章 "降雨分殊": 精英俘获的政治社会后果

益和资源。在这个意义上,钉子户基本都是村庄中的"精英"人物,其会寻找各种机会和各种可能的资源与利益进行俘获。这些事实严重冲击了村庄内的公平观念。正如学者所言,税费改革前钉子户引发的农民拖欠税费行为,让农民在权利与义务平衡关系基础上的公平观念受到挑战,而税费改革后国家明令禁止收缴拖欠税费,造成了对多数农民和村干部公平观念的又一次冲击(赵晓峰、刘涛,2009)。当钉子户获得稀缺的扶贫资源时,多数村民敏感的神经再次被强烈地触动,他们自然对这样的现象充满不满。从基层社会治理的视角出发,钉子户为国家权力深入农村提供了依据和对象(吕德文,2009);但是从社区公平观念的角度来理解,其却在解构村庄内传统的公平观念。

关于精英俘获的影响,我们在本章已经有较多的讨论,但这并不意味着我们已经穷尽相关的研究,不过结合本书的研究主题,以上讨论的几方面内容构成了关于精英俘获后果的主要部分。而对精英俘获后果的认识则为我们理解国家与社会关系下的中国扶贫行动、国家政策执行的社会基础,以及思考中国扶贫工作的结构与行动关系提供了诸多铺垫。接下来,我们将扶贫中的精英俘获放置在国家与社会关系的视角下进行重新思考,以深化相关认识。

第七章 "雨落孰家":关系与结构视野下的精英俘获

扶贫的雨露到底能够落到哪些村庄和贫困者手中,这是一个没定固定答案的问题。结果取决于一个区域和一个村庄内,不同力量的对比以及不同过程的交织。关系与结构是复杂且变动的,对其进行深入的理解和分析,我们才可能更好地理解"雨露"中的精英俘获。有谁能够知道在什么时间、什么地方会出现精英俘获?我们不是预言家,更不是精英本人,我们甚至无法知道扶贫资源会以何种方式被分配,扶贫资源的配置又会呈现何种逻辑。我们能够理解和把握的是,精英俘获是在何种国家与社会的关系方式下产生的,又是在何种治理结构中出现的,精英俘获是在何种政策、社会基础上延伸的,在中央与地方政府关系的背景中又具有什么样的意涵。如果说第五章是从制度、权力和社会结构的三维角度对精英俘获的产生机制进行微观探讨的话,那么本章则试图在完成具体与微观的探讨之后,从理论与更加宏观的环境和因素对精英俘获的出现展开研究,这里的内容应视作对以上两章内容的深化,在逻辑关系上呈现递进结构。本章,我们需要从一些源头性的内容和因素,以及相对抽象的层次上来思考和理解中国扶贫领域出现的精英俘获,而这种理解和分析也是对中国农村、政府权力和政策执行等内容的基本理解。

第一节 国家与社会关系视野下的精英俘获

国家与农民关系的命题,是海外中国研究的一个经典命题,

第七章 "雨落孰家":关系与结构视野下的精英俘获

本书也试图借助这样的研究框架对扶贫资源分配过程中的精英俘获展开理论层面的研究和分析。在很多情况下,国家与社会关系被化约为国家与农民的关系(焦长权,2014),从中国政治实践的历史变迁及其现实影响看,从国家与农民关系的角度来理解和分析中国或中国乡村社会,确实是一个难得的"武器",有关国家与社会关系的不同认识,直接影响到当代中国研究的发展(赵文词,1999)。要在国家与社会及国家与农民的关系范式下再次思考和认识中国扶贫领域出现的精英俘获问题,就需要对国家与农民关系的研究进行"总结"和"概括"。

一 国家与社会研究范式概要

"国家—社会"分析框架,有着深厚的理论和学科背景,其第一个理论来源是袭康德—洛克的自由主义,在其认识中社会早于国家,高于国家,国家是一种恶的象征,国家的存在是为了保护社会。其第二个理论来源是从霍布斯到黑格尔的国家优势理论,其核心观点是,市民社会不同于社会,市民社会是介于家庭和国家之间的特殊领域。市民社会产生于国家之后,以国家为前提;国家作为目的,将社会作为手段。国家的出现是为了协调市民社会中多元利益关系,是为了实现特殊利益和普遍利益的统一与调和。"国家—社会"分析框架的第三个理论来源是马克思的辩证唯物主义的社会结构理论。其认为不是政治国家决定市民社会,而是市民社会决定政治国家。市民社会构成国家的基础以及其他上层建筑的基础。要获得对人类历史的认识,不能单单从国家的角度去讨论和分析,更要从市民社会的角度出发进行认识和思考。当然,我们不会对这些理论背景进行更深入的讨论,这里只是为大家提供一种背景知识,直接看其较为新近的成果即可。这里的介绍,围绕国内外相关研究展开。

通过邓正来的大量引进和翻译,市民社会的理论为中国学界的研究注入了新的活力,突破了以往研究中单一的国家中心的话语的统治性地位。市民社会的理论使得学界开始尝试自下而上和自外而内地理解中国的政权与政治，理解中国的国家与社会（曹锦清，2013）。对于本研究而言，国家与社会的研究框架也是主要的理论分析框架。本书对乡村两级扶贫工作，尤其是扶贫资源分配进行研究，其实是想理解中国扶贫工作本身，理解国家政策在执行过程中将会遭遇什么困境，这种困境是由什么导致和生发的。不过，国家与社会分析框架的进入，也导致学术研究中出现了新的困境，即学术研究中的"国家"与"社会"的对立。学术研究需要片面的深刻，但也更需要全面的深刻和系统的认知。学术研究中的二元对立，造成这种范式下的研究变成对国家与社会谁的力量更加强大的辩论。而实际上，两者是有诸多的互动过程和联系机制的，若是强化这种研究中的视角割裂，那么我们势必不可能形成对任何一方的更深刻和更完美的理解。关于国家与社会的关系问题，早就有学者论述过它们的复杂关系。米格代尔曾经说过，国家与社会之间的关系是异常复杂的，许多构成国家力量的元素和部分其实是与构成社会的元素和部分相互勾连并结合的，我们无法完全清晰地区分国家与社会的边界，实际上，国家与社会在交界的地方是一个地带，这个地带内诸多内容是相互关联的。当然，国家与社会各自的内部也出现了诸多元素与内容的分裂，而这种分裂要视具体的情形进行判定和理解（Migdal and Vivienne，1994）。正是从这个角度出发，笔者希望能够在国家与社会的互动关系中理解中国的扶贫，理解乡村场域内扶贫资源的配置与使用。

国家与社会二元对立研究思维在很长时间里左右了中国诸多学科研究的思维，尤其是中国农村的社会学和政治学研究。以华中地区的农村研究为例，就出现了"国家建构"与"社会基础"的二元对立。国家与农民关系的研究是国家与社会分析框架的学术产物，同时也是对国家与社会分析框架本身的修正与推进。从学界的研究实践看，关于"国家—社会"研究框架的应用，在进一步的发展中主要有两个朝向，一方面，具体化和情境化地看农民，即研究国家政权的不同代理人与具体农民不同时空背景下的互动和交往关系；另一方面则是将政府行为作为重点，抛弃抽象

第七章 "雨落孰家":关系与结构视野下的精英俘获

的政府行为讨论,从中央与地方政府关系的角度,通过具体的政府行动来看国家与农民的关系。两方面内容的结合,将会带来国家与农民关系的总体图像。对于本研究来说,中国国家与农民互动机制的研究中有关乡村士绅的研究对我们启发较大。如张仲礼(2008)、费孝通(2009)和瞿同祖等的研究,这些研究造就了该研究领域的"士绅模式"。之后,这一研究模式又拓展到了"乡土精英"研究。在这一拓展过程中,杜赞奇的研究具有很大的突破性。杜赞奇通过历时态的研究发现了地方精英经纪类型的转变,且将权力与文化网络结合起来进行讨论(杜赞奇,1994),从而搭建了国家与社会之间融合和借力的一面,也呈现了精英与地方社会复杂的互动关系。基于对上述框架的继承与反思,黄宗智从"第三领域"的角度展开了新的探索和分析,其认为,国家与社会的二元对立并不契合中国经验,而是应该寻找国家与社会之外的第三空间(黄宗智,2007)。而这个第三空间内存在大量的非正式管理和非正式的治理手段与资源(黄宗智,2007)。在扶贫领域,国家与社会之外,也存在一个领域,即基层治理的领域,在这里有大量的村干部通过非正式规则和人情等进行治理和扶贫资源的分配。之后,在李怀印的研究中,这种治理则被冠名以"实体治理"(李怀印,2008)。研究中将结构与场域结合,让后来的研究很受启发。在本研究中,乡村也是我们理解扶贫政策落实和贫困治理的结构与场域。在这种结构与场域的结合中,我们应该能够更加深刻地理解扶贫实践,也理解国家权力和地方社会。

为了弥合国家与社会二元对立的研究范式,有学者提倡"过程—事件"研究方法,其强调将国家与农民之间的关系视为一种发展的事件过程,将需要解释的现象追溯为一系列的事件,将社会生活中与事件相关的所有内容全部挖掘(孙立平,2000)。这种研究方法始于国外的研究者,米格代尔是这方面的代表人物,其提出了"社会中的国家"研究范式,即要关注国家与社会之间的连接性网络(Migdal, Joel S., 2001)。社会中的国家与国家中的社会都是存在的,也是相互依存的。在这种观点的启发下,我们可以将扶贫视为联系国家与社会的一个过程,受各种因素的限制,本研究无法呈现这个过程的全貌,但是作为对国家与社会关系的部分过程的分析,其并不缺乏国家、社会与农民的因素,所以相关研究是可以展开的。在这一方法的指导下,本研究尝试在国家的宏观背景下,把握在乡村扶贫过程中发现的细节,而这也是本研究的有力武器。

近几年,从政府行为角度分析国家与农民关系的研究逐渐增多,它对本研究也有直接的启发意义。Peter Perdue(1987)认为,官僚系统内外群体都有对自身既得利益的考虑,而这往往导致中央政策意图和结果的偏离。从本研究的田野调查看,确实出现了这样的情况,如湾镇就从下辖村庄的整村推进扶贫专项资金中扣留了5万元。因此,对国家政策在一个地方的深度分析能够更好地把握国家与农民关系,当然,要是能够在研究中延伸时间维度,那么研究的效果将会更好。本研究还不自觉地使用了另一种关于国家与农民关系的研究进路,即从认同与观念层次上展开国家与农民关系的研究,很明显,农民对政府的认同是分层的,其对中央政府的认同程度最高。在这个研究中,既有农民的国家认同(郭于华、孙立平,2002),也有国家的农民观念(应星,2009)。尽管该研究带有主观色彩,但是从政治的本质上看,这种研究也是十分必要的,正所谓"人心即政治"。所以,在本研究中,我们在讨论精英俘获后果的时候,就关注了农民关于国家认同、政府执政合法性和执政权威的问题。

既有的研究为我们更加全面和系统地理解国家与农民关系提供了诸多的资料和框架,也提醒我们立体、动态、系统和关联地理解国家与农民关系。国家与社会是相关嵌套的,也可能是前者嵌套在后者当中,国家与农民的关系是一种复杂的拓扑关系。从扶贫的角度出发,我们应该更多地从国家作为"扶持之手"(布坎南、马斯格雷夫,2000)的维度重新思考国家与农民关系。既有的研究是一种不断继承和发展的关系,一种补充的关系,而非替代的关系,从这个角度讲,我们的研究要善于在以往研究的基础上展开，而不是将其丢弃。国家与农民关系并非如"国家—社会"模式下的界限截然区分的对立项，相反，国家与农民关系是一种混融的和差序性的存在，其关系像是费孝通笔下的差序格局结构（朱晓阳，2011）。这二元中的任何一元都可能以自己为中心去思考和理解对方，同时两者又无法完全被割裂地看待和分析。

二　国家与农民互动关系下的精英俘获

通过对国家与农民关系相关研究的回顾及其对本研究的启发，我们可以重新思考和认识精英俘获这个问题。

精英俘获并非精英个人能力的完全体现，其是在国家与社会的互动结构中发现俘获的资源与机会。从国家的角度来说，精英俘获的出现至少是基层政府层面的默许，甚至基层政府本身就在通过虚假信息来获得扶贫资源。正如研究者看到的："1986年11月，某县。1985年该县人均纯收入350余元，但为了'晋升'为国家级贫困县。在申报材料上改为146元，后'晋升'成功，每年获得几百万元人民币扶贫补贴，'扶贫'工作一再取得'良好'成绩。"（邱泽奇、李守经，1992）申请国家级贫困县的数据都可以造假，则贫困村的资料就更容易造假了。尽管此前的乡村利益共同体已经不复存在，但是在新的形势下，县乡政府在工作层面对村干部的依赖仍然是无人替代的。甚至地方政府官员就存在以精英俘获来"笼络"人心的主观想法。在村庄层面的精英俘获现象中，县乡干部是非常清楚不同村庄的经济状态及其所获得的扶贫资源情况的，但是其依旧让非均衡的扶贫资源配置结构持续。这其中，既有对政绩的追求与期望，也与领导个人所处的社会关系节点有关。处于关键节点上的领导不光要面临工作方面的情感压力，同时也要面临切实的工作配合的压力。对于村干部来说，他们之所以还将县乡干部"放在眼里"，是因为县乡干部还控制着其微薄的工资，尽管越来越多的县乡干部开始用情感来动员村干部的工作积极性，但这种动员是比较脆弱的。而从社会，也就是我们研究中的村庄来说，村民对于精英俘获给出了一定的容忍空间，其在情感上能够接受精英在一定限度内为自己谋取利益。

同时，村庄内密度很高的亲缘、血缘与姻缘交织出的关系网络，也使得大家碍于情面而不愿采取行动以示对精英俘获的"抗议"。"如果家族和亲戚对选举有很大的影响力的话，那么在乡村就会出现更加严重的精英俘获现象。因此，家族和亲戚对村委会选举的影响加深了信息扭曲的程度。"（Zhou，2011）而本研究的调查点湾镇正是有着较为浓厚的家族与亲戚结构性力量的区域，这里更容易引发精英俘获。与这里的发现类似，国外研究发现："很有趣的是，在公共投票或是私密信息处理中，排除某个人的策略构成所有战略决策的一半以上。从回应者的投票行为接收相关信息，使得社区代表也就是精英能够推断出回应者可以接受和容忍的程度，这帮助他们避免惩罚，也成功地应用了'排斥某人'的策略。"（Exelle，Riedl，2008）这里的回应者即社区内的普通代表，也可以被理解为村庄内的普通村民。也就是说，精英对普通大众可以接受和容忍的程度有着比较准确的把握，在俘获利益和资源的同时，其也会"抛洒"一些资源和利益给普通大众，如此也就调和了紧张的关系。此外，在新的时代背景下，农民已经开始形成关于利益俘获的新认识，即尽管精英俘获不合法，但是其具有行动上的正当性和合理性。

当选举公开进行时，普通民众是不情愿使用惩罚机制的，当他们采用排斥精英的惩罚机制时，自己很容易被挤出选举过程。对于精英俘获而言，惩罚是基本无效的，因为当精英被惩罚后，它就会诱使富裕的村民代表俘获可以触及的经济资源（Exelle，Riedl，2008）。这是因为贫困者是最担心精英的事后制裁和报复的，所以他们最不倾向于使用惩罚的方式来解决精英俘获的问题。虽然上访可以作为维护村民权益的途径，但真正上访的人都是村庄内的精英。尽管在一定层面上这些人是村庄里的"边缘人"，但是其善于把握基层干部心理和国家政策漏洞的能力，使得其也成了俘获公共资源的潜在主体。在通常情况下，要终止上访，乡村干部只能给上访者一定的好处，在上访事件的处理过程中，乡村干部能

第七章 "雨落孰家"：关系与结构视野下的精英俘获

够使用和支配的，也只有公共资源和利益了。正如我们在研究中发现的那样，低保变成了平息上访的资源。上访者是很有勇气的，因为上访者毕竟要在村庄内生活，其上访对象是直接瞄准乡村干部的。在村民代表会议上，多数村民代表会主动向多数代表能够接受的方案和选择靠拢，对于那些力量微不足道的部分群体的声音，他们可以置之不理。

当然，从村庄的角度来说，还有一个重要因素与精英俘获紧密关联，那就是从乡村走出去的精英对家乡的基本认同和眷恋。我们在调查中看到，村干部往往会借助本村在外发展的精英来获取扶贫资金。由于不同村庄在外精英的数量与层级不同，其获取资源的能力是不同的，调查点河村就获取了大量的扶贫资源，而湾村只获得了很少的扶贫资源。从村外精英的角度出发，其帮助原来所在的农村出于两方面考虑：一方面，该精英的父母和亲戚等还在农村居住和生活，他们想通过为家乡争取项目和资源，实现对父母和亲戚甚至村庄的报答，因为血缘、亲缘和地缘的认同关系还是存在于其意识当中的；另一方面，在这些精英的社会关系并没有完全脱离村庄的情况下，其若是能够为村庄争取资源，那么其所在的家族，其父母、亲戚都会感到"脸上很光彩"，其也能够在村庄里挣得足够的"面子"。正如李怀印所言，中国人的行动逻辑是情境性的（李怀印，2008），也是关系中的，更是场域内的。村外精英的日常生活尽管已经远离了村庄，但是其仍然被村庄内的众多力量和关系所牵连。在湾村调查时，村民都说这样的话："你当官的，你官再大，跟我们有什么关系呢，要是官大不为村里做点事，那这种官就是没有良心；你就是个芝麻官，只要为村里做点事情，那我们大家都会记着你。邢博士啊，以后你当官了，也不能忘记我们这个村啊，要为我们这个村争取点项目啊！"村民的一席话很朴素，也很现实。对于村庄内走出去的精英，村民都有一种强烈的"沾光"期待。这个时候，精英是村庄的，是大家的，不是个人的，所以精英积极回应这种期待，才能够真正获得大家的信赖和赞扬，若这种期待落空，那么村民就会时时记挂着精英的不好，会说精英没有良心。湾村村支书就曾经这样评价其村内走出去的精英："我们村里的事情，要是向他们求援的话，他们一般都会帮忙，这在我们看来那就是理所当然的。要是谁不愿意帮忙，大家就会对他持批评意见和表示不满，尽管你出去了，大家还认为你是这里的人，所以不能干那种绝后路的事情。"

什么是不能绝后路呢？用村民的话来说就是："三十年河东，三十年河西。别看谁家现在过得好，说不定什么时候就不行了。农村要相互帮忙的事情还是有的，你不能得罪大家吧。比如说，谁家的老人不在了，我们这里都还是土葬，你至少要请人抬棺吧，要是得罪了村里人，大家不来给你帮忙，你怎么办呢？真要是出这种事情，你的脸面何在啊？你要是当官的，这样搞，就更没有面子了。"正因为村庄内传统的人际关系的一些内容和方式没有完全被市场化的物品所替代，大家仍需要按照互惠和合作的方式来处理日常人际关系。每个人至少要维持与一部分人的良好关系，这样才不至于断绝从村庄内获得帮助和支持的来源。由此，村民讲的不能绝后路的话，对任何人都是很有分量的。除非村庄外精英的全部社会关系都与村庄脱离，其再也不回这个村庄，那么就不会为村民的这类话所困扰。不过，从短时间内看，外出的精英都难以脱离村庄，且村庄内往外走的精英是不断出现的，这就构成了一个连续的序列，因此精英与村庄的关联是不容易斩断的。

从村外精英与村内精英的关联上看，村内精英很可能是村外精英的长辈或同辈，他们也可能有血缘关系或姻亲关系。从这些既有的关联角度出发，村外精英争取来的项目和资源，首先会选择让村内精英来负责和掌控，因为至少他们有基本的信任关系存在。其次，从村内精英尤其是村干部自身的禀赋看，其知识水平、社会阅历和工作能力等都是经过锤炼的，让其负责项目也是保证项目落实的一个因素。尽管村外精英的政治地位和经济能力都可能强于村干部，但其并不一定能够亲自操作和落实自己争取来的诸多项目与资源，且其不一定能够比村干部落实得更好。村干部在这种类熟人社会中积累的诸多工作的资本及方法，都是远离村

第七章 "雨落孰家": 关系与结构视野下的精英俘获

庄日常生活的精英所不具备和不能应用的。国家权力要想到达村庄,国家公共财政的阳光和温暖要让村民体会到,需要一个载体和转换器。这个载体,不仅缓冲了国家权力所可能带来的冲击,同时也具体化了国家意志并可行化了国家权力干预。我们很难想象,没有村干部等乡村精英,国家权力将会以何种样态进入村庄,其又会带来什么结果。但我们能够确信的是,国家权力不借助地方精英做事,一定会四处碰壁。例如,如果完全由国家权力部门携带扶贫资金来修路,光是修路过程中调整土地的问题就会令其束手无策。所以,国家权力对农村的介入,对农村生活的干预,已经为精英俘获的出现埋下了伏笔。

导致村庄内精英俘获出现的,还有另外一个重要原因,那就是乡村精英能够更好地理解村庄和村民本身。"我们将我们的发现归因于在地方缺乏民主的情况下精英俘获的有利效应,这时精英的偏好比地方政治官员更能接近普通大众的偏好。我们发现精英俘获是在缺乏地方责任机制的情况下提供了一个不完美的替代品。最近的研究发现,地方领导与地方精英之间的社会联系成为地方责任机制的一个非正规的替代品,尤其是在地方民主机制功能不能正常发挥或是缺失的时候。"(Persson and Zhuravskaya,2010)相对于地方政府,村民更为信任的是村干部,或者说村民最能够把握的是村干部。在20世纪90年代,因地方政府推动经济发展而通过行政命令确立的发展项目和经济结构曾给村民带来诸多痛苦的回忆,至今,村民仍是不太信任地方政府。村干部作为本村人,基础设施的改善也增进了他们福利,所以从根本上讲,村干部与村民是存在共同利益与本质关联的,而精英俘获是精英想获得更多资源和利益的一种表现。

当然,还有一点也是值得强调的,那就是精英俘获中的精英本身。他自身的禀赋,如社会资本、经济资本和政治资本等方面的优势,加上其对公共资源配置与使用程序的熟知,使得其本身就具备俘获更多资源和利益的优势。再加上精英仍然在村庄公认的规范和价值基础上进行人际交往,其可以建构一种保护自我的网络。这种网络主要是通过村庄人情往来，血缘、亲缘和地缘关系而被建构的。它不但为其提供"情报"支持，即以此将不利于村干部的信息进行收集并提供给村干部，同时还提供社会支持。在心理层面上，村干部也被村民视为"公家的人"和"国家的人"，所以其只要能够落实国家的好政策，村民对其就基本满意。若村干部能够争取到其他村子无法获得的利益和资源，那么村干部的权威和地位就更高了。对于村干部而言，他们也在巧妙地使用着用来塑造国家权威的扶贫资源，其在争取到国家财政资金的同时，也强化了自身在村民中的合法性。

第二节　中央与地方关系下的精英俘获

我们研究中讨论的精英俘获，不仅包括没有体制地位的精英，也包括体制内的精英。从乡村扶贫场域内出现的精英俘获现象看，地方政府在精英俘获的生成过程中也扮演了十分关键的角色。

一　中央与地方财权关系下的精英俘获

周飞舟对分税制以来地方政府的行为、中央与地方政府的关系、国家与农民的关系进行了精彩的分析，发现乡镇基层政权出现了逐渐"悬浮"的状态，而同时，中央政府对地方政府的控制也有下降（周飞舟，2012）。其研究对我们讨论中央与地方关系下的精英俘获很有启发，至少对我们从财权关系方面思考精英俘获非常有帮助。

在上文当中，我们提及宜昌的花乡，其每年只能从县级转移支付获得18万元的资金，除此以外，该乡镇能够收取的税费就只剩下烟叶税。烟叶税收入加上上级转移支付资金后，其总量也不足50万元，此外其他的收入也很少。而其日常运转需要200万元左右的资金。如此大的资金缺口，乡镇的主要领导只能通过四处跑项目来弥补。与花乡的情况一样，湾镇尽管每年获得的财政转移支付较多，但是其基本上没有农业税收收入，财政支出缺口也

第七章 "雨落孰家":关系与结构视野下的精英俘获

很大。因此,我们不难想象,2009 年河村为什么会被县乡安排成为省级重点贫困村。在 2009 年河村的人均纯收入方面,其上报的是 1600 元,而实际上该村人均纯收入早就超过了 2000 元,该镇当年的农民人均纯收入是 3699 元,河村的经济水平在全乡镇居于前列。在河村获得整村推进项目资金的同时,湾镇也获得了一定比例的工作经费,即每个村 5 万元的经费。同样,湾县设立的脱贫奔小康示范村项目,在湾镇的争取下,镇内每年有 10 个以上的村子获得,而村子获得的扶持资金中,每个村子要交 2 万元费用给镇上;获得老区建设试点村扶持的,每个村子也要向乡镇政府交 2 万元的资金。

在取消农业税之前,湾镇每年能够支配的收入有 200 万元左右,而现在的可支配收入减少了 2/3;2010 年湾县财政总收入是 3.7574 亿元,其中一般预算收入是 1.5549 亿元,而同年财政支出达 13.24 亿元。无论是县级财政,还是乡镇财政,都存在巨大的缺口。所以想方设法寻找可以获得的资金,成为乡镇干部的一致目标。在这个背景下,扶贫资源成为其需要倚重的对象,这确实是能够理解的。而且湾镇有大量的负债,除了河村和烂村外,整个乡镇的其他村子都是负债的。在负债运行的状态下,乡镇干部通过与村庄进行"协调"以获取一定比例扶贫资金的行动就出现了。从这里看,乡镇政府与村庄又结成了新的"乡村利益共同体"。所不同的是,之前的利益共同体共享的是来自农业税费方面的利益,而现在则变成了共享国家财政下达给农村和农民的资源与利益。新的"乡村利益共同体"不仅在具体事项上存在一般的共享利益,其在一般意义上也是利益共享的。湾镇及其所在的县,之所以开展"两聘一派"活动,即选聘村党支部名誉书记,选聘村级发展顾问和从乡镇机关选派村支部"第一书记",就是将村庄的发展与乡镇干部的发展绑定在一起,充分鼓励村级组织挖掘本村在外的精英资源,以推动当地的建设和发展。

乡镇政府对村干部直接到县级部门讨要项目和资源的做法是鼓励的,虽然其并不会提供资源支持,但是引荐的工作是必不可少的。在湾镇,村干部所获得的资源被视为村集体经济收入的构成部分,湾镇将村集体收入划分为几个档次,村集体经济收入高的,乡镇会给予奖励,同时也会提高村干部的工资。乡镇干部关注的是本乡镇范围内的村庄是否能够获得足够的资源,村庄是否能够实现又快又好的发展,只要实现了这些,乡镇干部的前程自然是"一片光明"。所以,在乡镇干部的眼中,缺乏社交能力和社会资本的村干部,不是他们看好的村干部。

毋庸赘言,在村庄层面上,其财政匮乏也是相当严重的。在村民要求公共基础设施建设供给水平不断提升的背景下,村干部也有很强的动力去争取资金。扶贫资金是其最理直气壮地能够争取的项目资金。但是在项目资源有限的背景下,"示范点"和"试点村"等会获得乡镇更好的支持,它们申请扶贫资金的行动也会得到乡镇政府更多的帮助。所以,我们就在现实中看到,河村尽管已经是乡镇里最"发达"的村子,但是其依旧获得了很多的扶贫资金,不仅有财政专项扶贫资金,更有大量的行业扶贫资源和持续的社会扶贫资金。从一般意义上讲,乡镇政府希望其下辖的村庄获得的扶贫资源越多越好,但在资源和机会有限的背景下,其往往会选择基础好、发展前景大的村庄来实施扶贫项目。这类农村很容易让乡镇政府在上级政府的检查和考核中获得高分,但其从政绩的角度考虑扶贫资源的使用方向和使用村庄就带来了村庄层面的精英俘获。

二 中央与地方权力关系下的精英俘获

在中央与地方的权力关系中,大家似乎都认为中央的权力肯定是大于地方的,而实际上,很多时候,在地方上,地方政府的权力要"更加强大"。正如村干部讲的,"基层的事情,还是基层干部说了算",所谓的"鞭长莫及"说的就是这个道理。

事实上,村民对更高层级的政府有更多的认同和积极的评价,但其与国家权力的接触是发生在最基层的政府层面。在资源逐级传递的过程中,只要乡镇政府说"不",村庄就无法获得其十分需

第七章 "雨落孰家": 关系与结构视野下的精英俘获

要甚至本来就应该为这个村所获得的项目。距离的远近与权力的大小构成了一组辩证的关系。对于村民而言,中央政府及其权力是遥不可及的,其对国家的感受多是通过电视而得的,国家权力的大小最主要地体现在中央政府处理的腐败官员的级别上。在村民话语里,其感受是这样的:"中央真厉害,又有一个省长被处理了;主席魄力真大,又处理了这么多腐败的官员,中央的权力就是大。"也就是说,农民在中央政府处理下级政府官员的时候才能切实感觉到中央政府的权威以及中央政府权力的不可挑战。但一般情况下,在农民看来,中央政府的权力并不与地方政府的权力形成冲突,地方政府的权力来自中央政府的授权。

我们在调研的时候,听到很多村干部抱怨:"本来是应该给我们村的项目和资源,现在却给了××村,真是不公平,政府就是偏心。"导致地方政府出现这种行为的因素多而复杂,而这里所言的政府主要是指乡镇政府和县级政府。对于扶贫资源在村庄的配置而言,这两级政府拥有较大的话语权。中央政府是扶贫资源的投入者和发起人,而扶贫资源最终进入哪里则需要基层政府的具体操作。在扶贫资源的配置和使用上,我们可以将基层政府视为中央政府的被委托人和代理人。委托-代理理论通常是从自上而下的视角来分析权力及其应用的,而现实中,权力也在实现着自下而上的传递,在责权难以匹配、扶贫任务与扶贫资源差距显著的情况下,地方政府变通执行中央政策的情况普遍存在。

中央政府的权力无法直接行使至村庄,也无法将扶贫资源直接输送给农村和农户,而是要依赖各层级政府。中央的权力与地方政府的权力是相互依存的,同时地方政府的权力也是在借用中央政府权力的基础之上,不断得到强化的。当然,地方政府的权力,也经常遭遇行使的困境,尤其是当其遭遇来自高层政府权力的直接干涉时。如湾镇及中国多数贫困地区所进行的政府机关对口帮扶和挂点帮扶,村庄内若有高级政府机关联系和帮扶的话,基层政府就需要按照上层政府的意志来行事。之所以出现这种情况,是因为村庄能够依靠更高层政府,县乡政府则不能随意作为。

精英俘获

在河村的众多扶贫资源获取的过程中，我们能够见到高层级的政府权力被村干部借用的情况。这告诉我们，除非高层级政府的代表者直接到场或者高层权力被村干部直接"搬用"到村庄，在多数情况下，基层政府对扶贫资源有着更直接的决定权，而这种决定权也塑造了村民对政府权力大小的直接体验。从国家建构的角度来说，"授权给州或地方政府，在发展中国家往往意味着授权给地方的精英和庇护网，允许他们全控制本地事务，不受外部监督"（福山，2007）。其实，在中国的贫困治理领域，就存在这种中央对地方的授权，尤其是在以贫困县为贫困规划和实施基本单位的情况下。

关于中央与地方权力关系下的精英俘获分析，还有一个重要的内容，那就是村干部政治身份对其所在村庄俘获扶贫资源能力的影响，这也是本书前面讨论的村庄层面的精英俘获。在前面的章节，我们已经比较过不同村子因村支书政治身份的有无和级别所导致的其所在村庄所获扶贫项目资金的差异，这种比较使得我们发现村支部书记的政治身份作为一种资源深深地影响了村庄层面的扶贫资源分配。村干部本身并非国家正式体制内的公权力代表，但是当其获得一定的政治身份之后，就成为国家权力的行使者、公权力的拥有者。河村或其他村的村支书主要拥有的是人大代表和党代表的身份，在中国的政治体制中，同级人民代表大会的权力是要高于政府的，而党代表会议则更具有指导性和统领性，党代表大会还发挥党管干部的功能，因而村干部如果具有一定的政治身份，那么就可以迅速改变其处于公共权力层级最底端的局面，而变成国家权力的化身。湾村村支部书记曾经流露出对隔壁乡镇一位村支书的羡慕，他说："我们隔壁的泉镇有一个女村支书，她是全国人大代表，她的村子从来都不缺乏项目和资金。她要到县里哪个部门去，都会提前给这些部门的领导打电话，让他们等着。县里不少部门的领导，也都很配合她，要是不配合的话，她是敢当面训斥这些干部的，谁也不敢惹她。不过，我们这些一般村子的村干部恐怕是永远也无法跟她相比的。"湾村村支书可能也希望自己拥有这样的政

第七章 "雨落孰家":关系与结构视野下的精英俘获

治身份,这样他就能够一举扭转其村庄在获取扶贫资源格局中的不利位置。在村干部具有较高政治身份的情况下,其可强化高层权力对低层权力的监督和支配,也就落实了中央权力对地方权力的"控制",尽管这种"控制"是为了实现自己村庄的利益。

中央与地方的权力关系,在一般情况下是地方权力对中央权力的服从,而在现实层面则不乏地方权力对中央权力的"应付"与"糊弄"。所谓的"应付",也就是说对于中央政府关于扶贫的政策和决议,地方政府存在"策略主义"应对的情况(欧阳静,2011)。所谓的"糊弄",也就是制造扶贫的假象。关于河村申请的30万元的农业产业化项目,河村村支书坦言:"我们村里并没有实施这个项目,申请的这个钱,都用来盖村茶厂的办公楼了。要是领导来检查的话,糊弄和应付一下就行了。"河村的茶叶基地建设已经达到了较高的水平,所以对于偶尔来村里检查和验收的领导,应付项目验收并不是难事,而这种应付并非村庄一手策划和操办的,而是由乡镇甚至县级政府直接支持和授意的。因此,扶贫工作验收中的"应付"与"糊弄"是地方政府对高层及中央政府权力和意志的虚假服从与支持。正如米格代尔所言:"无论是整个国家还是单个的官僚,其各个组成部分和不同的国内外的群体或组织结盟,往往是内部分裂的而不是铁板一块。国家的各个碎片和其盟友们往往同国家的其他部分,乃至整个国家及其盟友之间相互敌对。"(米格代尔,2012)从中央和地方政府的关系看,两者之间存在类似米格代尔所说的分裂,中央政府和地方政府并非完全共享相关事件方面的利益与观念,而是存在目标与利益的差异。对于地方政府来说,上访工作既是上级政府考核和控制地方的手段,同时也是地方政府调整与上层政府权力关系的有效途径。如米格代尔所言:"许多国家的领导者们发现他们的政治前途很大程度上依赖于强人们通过其社会控制所能提供的社会稳定;强人们有直接和民众接触的渠道,并能以各种特殊目的动员民众。"(米格代尔,2012)可悖论是,米格代尔所谓的地方社会中的强人其实是依赖国家的资源来实现地方社会的稳定,而领导者却又依赖这些强人，但是强人对国家投入资源的利用也在破坏国家的政策和规范，他们还为自己的利益盘算。好在中国并非一个相当碎片化的国家，领导者对地方精英的依赖是有限度的，一旦地方精英超越了这个限度，这些精英就会被替换。

第三节 国家与社会关系变革中的精英俘获

在这里的讨论中，我们将从波兰尼社会"大转型"的意义上去看（波兰尼，2007），在国家与社会关系异化的情况下，精英俘获能够带给我们什么新的认识和思考。在这里，对国家与社会的关系，我们将从国家的主导逻辑即政治逻辑与社会的主导逻辑即市场经济的逻辑关系来分析。

一 市场经济逻辑对政治逻辑的侵占与塑造

在传统时期，至少在全球资本主义社会到来之前，国家所代表的政治逻辑是支配着社会逻辑的，这个时候市场经济的精神从属于国家社会，只是社会生活逻辑的构成部分，也不起决定性作用。但是到全球资本主义社会出现的时候，市场经济的逻辑则变成支配整个社会的主导逻辑，同时开始侵入原本属于政治逻辑支配的领域。"原则上，人类的经济是浸没在他的社会关系之中的。他的行为动机并不在于维护占有物质财富的个人利益，而在于维护他的社会地位，他的社会权利，他的社会资产。只有当物质财富能够服务于这些目的时，他才会珍视它……在每一种情况中，经济体系都是依靠非经济动机得以运转的。"（波兰尼，2007）而现在则大大不同了，当前的社会是越来越多的非经济动机依靠经济体系而得以运转。在地方政府的扶贫思维中，成本与效率的分析已越来越多，他们希望将扶贫资源投入能够实现更多产出的地方，依照这种逻辑，他们往往会选择基础条件好的村庄或家庭经济基础好的农户进行扶持。故此，我们就在扶贫实践的层面上看到，对河村这样条件好的村子地方政府并没有减少其扶贫的数量，而一些

第七章 "雨落孰家"：关系与结构视野下的精英俘获

家庭经济基础较好的家庭则会获得名额很少的信贷扶贫的支持。在调研当中，有很多朴素的话，说的就是市场经济逻辑对原本以政治逻辑为主导的扶贫工作领域的侵占。乡镇扶贫干部告诉我们："选择扶贫对象，也是一门学问啊！选好了，你这个地方的扶贫工作就会出成绩；选不好，你的工作可能就白干了。我们一般要选择条件好的村庄，对它们进行重点的扶持，而同时，我们也会选择非常贫困的村子给它们扶持。对于条件好的，我们是希望扶贫资金投入之后，它们能够创造更大的价值，对这些本身就很差的村子，我们也没法给它们提出这样的要求，但是不扶持它们也不行。"也就是说，当扶贫工作按照经济逻辑来考虑的话，扶贫工作者将会是亲资本和亲强势力量的，如此才能够实现扶贫资金的成效，也就较容易实现扶贫工作者的政绩。于是，精英俘获就在这种青睐与偏爱中出现了。

以经济为中心的发展逻辑，让村干部想方设法以市场经济的逻辑尽快实现扶贫资源效益的更大输出。河村招商引资的工作在湾镇是走在前列的，其利用扶贫资源不仅修建了村茶厂的厂房，还利用扶贫资金建设的房屋进行招商引资，引入了一家制茶厂和一家塑料袋厂，而这两个单位给河村带来稳定的租金则是河村村干部非常自豪的事情。河村的村支书说："村庄的经济要发展，必须要进行招商引资。光是靠给农户支持，光是靠种茶，根本是无法实现小康的。接下来，我们村还要争取项目资金，要在村里建设一个全自动的茶叶厂房，我们都已经考察了，这方面的投资要2000多万元。我们村里主要是投入土地和一小部分资金，大部分的资金还是要向国家争取。"也就是说，用市场经济的逻辑来思考扶贫资源并按照市场的逻辑放大扶贫资源与资金的效应，已经成为一种普遍的现象。正像桑德尔一直思考的问题一样，当市场的逻辑开始侵占本来不该由它控制的领域，当这个社会什么都能够使用金钱和经济逻辑来思考的时候，我们的社会一定是有问题的，我们的社会正从一个拥有市场经济的社会变成一个市场主导的社会（桑德尔，2012）。在本质上，桑德尔是在追问社会公正的问题，在金钱支配各领域的时候，公平早就难以维持了。当市场与金钱的逻辑出现在扶贫领域的时候，扶贫偏好经济基础较好的对象，也就变得无须质疑了，但这种行动是与中国扶贫的本质要求相悖的。

市场逻辑对扶贫的侵入使我们看到：以市场经济的逻辑推动扶贫工作，会使扶贫行动本身越来越缺失其一贯强调的"正义、扶持弱者和关怀边缘人"的价值，同时也弱化了国家扶贫政策追求公共"善"的能力，持续的结果将是大家对扶贫的不信任，或是大家对扶贫"变味儿"的一致认识。地方政府越来越偏爱能够"生产政绩"的村庄，而多数情况下，这种村庄并不是贫困的村子。所以，我们这里说的国家与社会的关系异化，即在国家强调扶贫目标和正义原则的时候，扶贫工作实践上却开始遵循市场经济的逻辑，而这正是国家与社会关系的变革及其对精英俘获的潜在影响。

二 从生存性贫困到消费性贫困的转变

国家与社会关系的变革，还需要强调另外一个层面的含义，即从国家计划经济支配下的前消费社会到以消费和发展为核心的消费社会的转变。如果说中国扶贫工作展开的初期主要是为了解决温饱问题的话，那么当今时代的中国扶贫所追求的目标则是实现农村的发展和农民的小康；之前是一种生存型的贫困，而现在社会中大量存在的则是一种发展性和消费性的贫困。

在农村调研时，我们发现，绝大多数的农民不存在温饱的问题，他们缺乏的是更高层次的生活，而这种生活的特点是消费的大量增加。从以前对绝对贫困的强调，到现在对相对贫困的强调，这种转变的背后是绝对贫困人口的大量减少。扶贫不再仅仅追求让贫困者吃饱饭和穿暖衣，而是要解决他们的发展能力增长的问题，也就是提升他们致富的能力；要从输血式扶贫转变为造血式扶贫，其背后的含意是要让贫困者具备更强的自我发展能力，能够脱离对扶贫资源的依赖。从生存型贫困到消费型、发展型贫困，

第七章 "雨落孰家":关系与结构视野下的精英俘获

这其中的扶贫内容与扶贫需求变得更加复杂和多样了。在生存型贫困阶段,贫困者与非贫困者之间的差距并不大,其主要差距在于能否填饱肚子,所以扶贫的需求是很简单的,那就是解决吃饭问题。而当相对贫困被强调时,贫困者与非贫困者之间的比较就是全方位和多方面的,其在吃、穿、住、用、行方面都进行比较。以前,贫困者想吃得饱,而现在则是希望吃得好。当比较出现的时候,扶贫就成了一个没有尽头的事业,因为比较是不会停息的。从国家与社会的关系上看,扶贫内容的变更或者说从绝对贫困治理到相对贫困治理的转变意味着国家在回应社会当中的贫困的最近变化,而这种变化同时带有深刻的国家治理转型的痕迹。从国家的层面看,贫困治理的含义也发生了变化,从《中国农村扶贫开发纲要(2011—2020年)》的内容可知,"我国扶贫开发已经从以解决温饱为主要任务的阶段转入巩固温饱成果、加快脱贫致富、改善生态环境、提高发展能力、缩小发展差距的新阶段"。但要实现这种转变是相当困难的。在波兰尼的研究中,英国的济贫方法也产生了负面的效应,它鼓励了懒惰和怠工,降低了劳动效率,同时消除了依靠劳动生活的有尊严的贫困者与好吃懒做和依赖救济生活的贫困者之间的差距。与此类似,有研究者发现:"救济性扶贫的无偿性,加之贫困人口的文化素质相对较低,救济的结果往往在解一时之困的同时,使贫困人口养成了'等、靠、要'的思想,滋长了依赖性、懒惰性,丢掉了宝贵的勤劳作风和自力更生、艰苦奋斗的精神。"(国风、魏晓东、董锁成,2003)济贫在将这些贫困者从原来的乡村社会转移到城市的过程中,切断了其原有的各种社会纽带,但是并没有能够提供新的社会关系纽带,如此一个群体的人,缺乏阶级基础,也出现了普遍的道德退化(波兰尼,2007)。在上文,我们讨论过因好吃懒做的农户获得扶持和救济所导致的村庄公平观念的变化,这与波兰尼所讲的靠劳动吃饭的贫困者与依赖救济生活的贫困者之间的差距正在缩小有相通之处。

在鲍曼看来,所谓的消费社会意味着,"消费取代生产并成为社会运转的轴心，穷人无力再与富人和精英势均力敌，而是成为毫无用途的'废弃的生命'和'有缺陷的消费者'。贫穷意味着被排斥在正常生活之外，这必然导致穷人的耻辱感、内疚感以及自尊的沦落"（鲍曼，2010）。之所以这么说是因为在很长的一段历史里，穷人既不是生产者，也不是消费者。即使是在当今社会，穷人的消费也仍然被消费社会的主流人群视为"有缺陷"的。因为贫困者的消费是为了获取与其生活和生产密切相关的产品，其消费的非消费社会意义上的专门用来满足感官和地位等需求的商品。经济增长会加剧贫困者的数量，因为经济增长以变动的契约替换了稳定的工作保障，同时，贫困者在变得贫困的同时，有钱人却更加有钱（鲍曼，2006）。在以需求拉动经济增长的政策设计下，贫困者并不会被视为社会发展的贡献者，而扶贫行动则正在尝试将其打造成消费社会的"合格产品"，即让贫困者也能够早日成为消费者。从相对贫困出发，贫困和社会疾苦是不可能永远消除的，而只能被减少。鲍曼认为当今社会的穷人，"不是消费者，或者，更准确地说，他们的消费对于资本的顺利再生产来说是无关紧要的。因此，他们不是社会的一员。他们不得不受到压制、管束、权威和法规的联合训诫"（鲍曼，2000）。也许鲍曼的论述过于悲观，但是从国家发展与经济进步的角度来讲，贫困者确实是滞后者。而从国家主导贫困治理的角度分析，一旦贫困者的消费欲望被调动的话，扶贫工作就会"欲壑难填"，扶贫资源也会变成消费性资源，而非发展性与生产性资源。

从生存性贫困到消费性贫困的转变也意味着对贫困的建构更加强大，"即使穷人的状况已经提升到满足生产的水平上，贫困总是意味着营养不良、没有充足的保护以抵御反复无常的气候，以及无家可归——这一切界定，都是相对于特定社会对什么是营养、义务和居住的合宜标准的认定"（鲍曼，2010）。也就是说，贫困的认定越来越具有社会性和国际性的特征，而国家对贫困的界定功能则呈现弱化的趋势，中国国家扶贫标准与国际扶贫标准的接轨正反映了这一点。尽管对于我们是否已经进入消费社会还有争

第七章 "雨落孰家"：关系与结构视野下的精英俘获

论，但是消费和市场对贫困者的塑造力量已经强于国家的力量。在多数关于贫困的研究中，贫困者总是与社会的不安定联系在一起，正如鲍曼所认为的那样："底层阶级为当今丰裕社会所提供的最重要的服务之一是，恐惧和焦虑被吸收而不再为外部潜在的敌人所利用。底层社会是内部的敌人，注定要替代外部敌人成为对保持集体清醒非常重要的药剂，成为由个人不安全感所引发的集体紧张的安全阀。"（鲍曼，2010）在国家与社会的框架下，贫困者也许会出现双重边缘的境况，即既无法在国家权力与体制中占据重要地位，也没有公共权力的强大支持；同时，贫困者处于社会的边缘，社会则是精英群体和中产阶层所引领和导向的。在现代，国家与社会是以一种相互"脱嵌"的态势呈现的，即国家与社会相对立，同时其有机联系减少，这会导致贫困治理工作越发复杂且遭遇社会层面的阻碍。这种阻碍来自社会成员对贫困者的矛盾态度，即"一方面畏惧、厌恶，另一方面同情、怜悯"（鲍曼，2010），加上媒体对贫困者与犯罪等负面事件的联系，这种阻碍力量就更加强大。

在经济发展主导社会话语的背景下，市场社会不仅定义了贫困，同时也基本设定了贫困治理的框架和出发点，即使用经济和市场的办法来解决贫困问题，这个时候贫困治理资源被视为类同于其他类型的资金，资源的经济特性受到重视。在国家主导的贫困治理格局中，经济干预是贫困治理的主要手段，贫困生产的复杂性被大大简化了，因此就出现了贫困成因与贫困治理手段不匹配的问题。在单一思维的贫困治理中，精英，尤其是经济精英和政治精英的作用被放大，国家主导的贫困治理没有来自社会层面的有效监督，这就导致精英俘获很容易产生。村民所具有的"村干部争取了项目，也应该有点回报"的思想，也是市场经济式的思维，强调的是精英的投入应该有收获，但是这并没有注意到村干部的公共身份与其所运用权力的公共性质。因此，中国的扶贫领域出现了国家功能与市场角色的错误和混乱，这与精英俘获的出现关系密切。

精英俘获

从劳动力供给的角度说，贫困治理带有国家福利性质，有利于劳动力的商品化，至少在当前中国的语境下，国家主导的贫困治理工作能够使在外打工的家庭成员更安心地在城市打工。中国在继续保持其人口红利的背景下，如何让更多的农村劳动力走进城市并安心打工，这恐怕也是我们今天讨论扶贫工作的"弦外之音"。在生产社会到消费社会的转变过程中，贫困者的含义发生变化：从曾经的失业者变成了有缺陷的消费者。中国社会，仍然是以生产为主的社会，但是消费也已经成为无法回避的主题。在中国，贫困者的生产造就了富有者的消费，所以从两者的相关关系上看，富有者并没有明确反对对贫困者进行救济的社会伦理。中国的社会性质与政权性质是扶贫工作得以推进的基本动力，扶贫被视为执政者获得民心与执政合法性的途径。从中国诸多政策的非连续性实施上讲，中央政府确实存在急迫修复国家与农民关系的动机，但是扶贫工作也并非只服务于政治，也服务于经济发展。我们关注贫困，不是仅仅局限在贫困问题本身，而是透过贫困来认识和理解我们的社会与国家。"现代社会尽管从整体上看已经更加富裕了，但是已经变得越来越不平等。"（福山，2002）除了关注作为结果的贫困外，我们更应该关注社会的基本命题，如公平与正义等。

第八章 "雨后沉思":结论与讨论

扶贫资源就像是从天而降的春雨,泛泛地讲,村庄中的每个人可能都会受这雨水的滋润,但是雨后留给我们的,则是不同的景象与结果。作为研究者,我们应该被这场雨给淋得更加清醒一些,要对这整场雨的过程有一个再认识和思考。通过以上七章的内容,我们似乎已经对乡村扶贫场域内的扶贫资源分配有了一定的认识。乡村社会当中的权力、与扶贫相关的制度、乡村社会的结构等,都在扶贫资源的分配中发挥着十分关键的作用。而作为本书核心概念的精英俘获,也在实践层面有着多种类型和丰富的内涵。精英俘获是扶贫资源传递与使用过程中普遍出现的现象,但这并不意味着精英已经俘获了扶贫资源的大多数,从调查的情况看,精英俘获的扶贫资源并不构成扶贫资源的绝大多数。那么我们的研究是否就没有了意义呢?精英俘获的研究价值并不在于精英所俘获扶贫资源的份额,而在于精英俘获的现象让我们看到了国家政策、权力和意志在实现其目标与愿景时所可能遭遇的困境。我们的研究强调的是贫困治理中的中介权力与地方社会,强调的是政策落实的权力基础、社会基础、结构基础和制度基础的问题。以下,我们对本研究的主要发现进行总结并就相关问题展开进一步论述。

第一节 精英俘获:国家、社会与个体的共塑

如果将历史拉长的话,我们会发现,村庄内精英与普通人权力和地位的差异是经历了一个较长的过程产生的。"从前,农民种

地的地位差别还没有大到使富裕的人冒可能遭到惩治的危险去违犯社区的规则。现在，社区内各农户所受的不同程度危机冲击而导致的社会地位和权力差距的拉大使富人有了与外界建立联系的条件。这又进一步加大了社会地位和权力差距，因为富人采用新的工具和方法使财富增值。"（米格代尔，1996）社区内群体的分化是精英俘获的最初条件，即精英俘获以社区内个体间关系的不对称为基础。"农民的思想行为，受两方面因素的影响，即个人的社会经济地位及其对个人利益得失的算计，同时还有外界的制度环境、惯例、话语等等。"（李怀印，2008）村庄内的精英，或者说，我们讨论的开展俘获利益与资源行动的精英，也都是农民。精英俘获行动本身就是在两方面因素的影响下展开的。"许多有关中国贫困地区发展的研究都有一个共同的发现，那就是贫困地区地方政府对农村社会的干预依然很频繁，基层干部依然用一种强制性手段去实现对农民干预的目标。"（古学斌、张和清、杨锡聪，2004）从干预的角度进行论述的话，中国的扶贫工作是一种典型的政府干预，在强调产业扶贫的地方，我们更容易发现地方政府对经济发展的干预和"规划"。结合精英俘获的主题，我们认为国家干预的出现本身就为精英俘获提供机会和空间。国家权力的介入与干预使得乡村社会出现了权力与管理方面的"夹缝"地带，正是在这个"夹缝"内，精英可以灵活运用国家与村庄社会的两种资源。"国家政权与乡村社会之间，除了对抗的一面外，还有在日常治理活动中为了讲求实效而相互依赖、合作的一面。"（李怀印，2008）对于国家扶贫政策的执行和落实来说，其必须借助乡村精英尤其是村干部的支持。严格来讲，村干部并非完全"吃国家财政饭"的人，因为政府对村干部的管理采取的是一种"胡萝卜加大棒"的方法。为了获得村干部的配合与支持，政府会有意给精英俘获留下一定的空间。

在没有资源进入村庄的情况下，村庄就像是一潭平静的湖水，公共资源这块"石头"的抛入让平静的湖面不再平静，湖面上的层层波纹则映射了公共资源传递与分配的圈层差别结构。扶贫是

第八章 "雨后沉思"：结论与讨论

必然与资源的传递相关。"扶贫就是通过一定的组织规则把外部资源传递给贫困者。贫困地区的经济无力自我启动，缓解贫困的推动力量来自外部，扶贫传递内容包括物资、资金、技术、信息等稀缺资源，传递出发点是掌握和控制稀缺资源分配权的组织，终端是贫困社区和贫困者。"（沈红，1997）在扶贫资源传递的链条中，贫困的村庄和村民处于组织和权力的末端，所以从客观上讲，如果不存在政府压力的话，扶贫资源是不一定能够自上而下进行传递的。在村民的观念里，能够给村子带来资源的村干部就是有"本事"的干部，村民从心里感激这样的村干部。尽管因为精英俘获的存在，国家下达到村庄里的资源总量减少了，但村民都认为自己仍能够从资源当中获益。在他们看来，只要精英俘获的行动不是太过分，村干部等精英俘获资源的举动是应该被许可的。至于村民能够容忍的精英俘获的限度在哪里，我们没法给出一个准确的数字，但生活在村庄中的村民，对这个限度有着基本一致的认识。村民能容忍精英俘获的观念，不知道是否为一种阿Q式的思维，但在20世纪90年代，村民对类似事件是这样认识的——绝对不会出现，当时他们对村干部的贪占行为的"疾恶如仇"，这种观念如今已经不存在了。村民的观念转变，似乎越来越与社会的风气相适应，如果这算是一种社会化的话，农村在适应社会风气方面还是很灵活和自如的，这种适应也算是理性思考的结果。

对于村干部而言，他们很有争取扶贫资源的冲动，这与其村干部的角色及其对权威的呼唤是紧密联系的。"在没有经济实力的空壳村，传递稀缺资源对于村组织的地位和声望产生很大影响，甚至成为村组织的权力来源。"（沈红，1997）湾村的新任村支书之所以能够获得村民的拥护，就是因为其"上台"后，为村庄拉来了大量的项目资源并推动了村级硬化道路的贯通。而河村村支书之所以能够在任20多年而没有受到其他村干部或潜在竞选者的挑战，也是因为其争取扶贫和其他项目资源的能力是其他人很难媲美的。村干部对扶贫资源的传递与监管手段等都非常熟悉，因而能够选择时机和目标进行精英俘获。如研究者所言："我们注意到突发性救灾资金比常规性扶贫贷款有更高的传递效率。救灾款这种特殊的扶贫资金，不仅在政府三令五申禁止挪用的情况下传递了下来，而且配备了监督执行的组织体系——工作组，监督从地县到村的各个传递环节，在操作手续上也充分考虑了资金传递的安全性，比常规性扶贫资金传递有更加严格的保障。"（沈红，1997）也就是说，在一般情况下，村干部会更多地选择常规性扶贫资金，对应对突发事件而下达的扶贫资金，其通常会非常慎重。这也从侧面反映在扶贫资源的传递和分配方面，制度设计存在漏洞，权力监管也存在盲区。

如此我们似乎就能够比较容易理解这样的说法："扶贫开发中一些屡见不鲜的现象仍然值得注意，如有些干部争钱、争物、争项目的劲头很大，以市场为导向组织发展商品经济的水平不高，特别是自我积累扩大再生产的观念不强；平均主义、吃'大锅饭'、产品经济的经营思想和小生产者的习惯等，还不同程度地普遍存在，导致的是扶贫开发项目组织实施的低标准、低效益，以及自我发展能力形成的滞后。"（罗本考，1991）这里的干部不光是村干部，还包括诸多的地方政府干部，如县乡甚至地市的干部，在地方干部的意识中，其认为"反正是国家的钱，能多争取就多争取，钱多了，总归不是什么坏事"。对于地方干部来说，其争取来的项目资金都被视为地方经济发展的成果，会被纳入 GDP 的统计范畴。加上只要有足够的资源，地方政府就能够打造亮点工程和示范工作，其政绩就会"锦上添花"。而地方政府在选择作为示范点与亮点的村庄时，贫困的对象往往被忽视。"扶贫部门所列举的脱贫典型，带有示范性的扶贫项目，大多分布在非贫困乡。至少可以证明，'贫困地区'一直被含糊使用着，而且在扶贫政策目标中允许这种含糊的存在。"（沈红，1997）因此，在现有的官员考核与发展思维中，扶贫资源的特殊性弱化了，而地方政府的"小团体"利益和官员的"个体"利益被强化了。

在对精英俘获的考察中，我们发现非正式权力的运用是非常关键的，而这种非正式关系是建立在村庄内部社会整合、人际交

第八章 "雨后沉思"：结论与讨论

往与互助合作层面的。"认干亲对整个农村来说是一种增强稳定性和凝聚力的方法。相互间送礼是维持内部团结的主要方法，这几乎不存在再分配作用。送礼作为互惠关系的一个途径，减少了交往中出现敌对的可能性。合作劳动和相互帮助，也都是建立互惠关系的一种方法。"（米格代尔，1996）对于村干部而言，其深知维持好与村民之间的互惠关系和人情关系对自己工作的重要性。而对于干亲，在笔者调查的湾村和河村都存在这样的现象。河村的村民说，河村村支书的儿子认了河村所在地级市的纪委书记为自己的干爹。干亲是血缘关系的一种延伸，是血缘关系下权力链条的拓展与延伸。有了这种拟制的血缘关系，乡村干部就获得了更加强大的权力保障，其俘获资源和利益的行动也就会更加容易。

综合来看，在国家、地方政府、村民等提供的可行空间内，在村民可以容忍的限度内，精英在充分发挥其能动性的前提下，有选择地俘获可行的资源和利益。在乡村治理任务繁重的背景下，精英俘获在一定程度上被视为对参与乡村治理的村干部的一种物质与精神补偿。精英俘获的不仅有物质层面的具体资源和利益，也有非物质层面的权力、荣誉、社会地位等。从本书对精英俘获概念的使用上看，我们并不带有明显的感情色彩，我们强调的是这一概念所指涉的客观事实。所以，我们不曾从法学的角度对其进行分析和研究，那样就偏离了本研究的主题。贫困是无法永久消除的，至少在相对贫困的层次上是这样。一些研究者认为，贫困者对于社会秩序和精英权威也是必要的，因为其提供了假想"敌"和潜在危机，也为精英的权威获得提供了对象。"从社会学传统的批评观来看保持一定社会成员作为'越轨者'可以说是社会秩序和均衡存在的必要，或者说是社会统治精英维持其权威地位的战略。"（朱晓阳，2004）这里的"越轨者"就包括贫困人口，但从中国贫困治理的角度看，这种猜测与判断不免武断。社会中总是存在弱者，也存在潜在的冲突，加上社会发展的非均衡性，其实不需要刻意保持，就存在稳定社会秩序和生发精英权威的对象与群众基础。精英俘获并不以刻意地保持部分人口处于贫困状态而出现。

第二节　关于国家政策实施的体会

在乡村调查时，我们经常会听到政府干部对村民的抱怨，说他们素质低、认识落后。那么扶贫行动的失效是不是都是农民的问题呢？不一定。"多么熟悉的声音，在主流话语中，国家的贫穷、落后，经济发展的失败和停滞永远归咎于农民的教育水平低和自私自利的小农意识。农民再次成为国家政策失败的根源。然而，这真的是农民的责任吗？难道农民真的不懂得如何处理自己的生计吗？他们不种（政府规定的经济作物）是否有自己的道理呢？"（古学斌、张和清、杨锡聪，2004）笔者相信农民清楚自己在做什么，他们之所以没有办法配合地方政府在扶贫行动中开展的经济项目，是因为他们首先要为自己的行为负责，他们曾因类似的项目而受伤，两者之间存在的信任关系已经很淡了。扶贫行动当中，诸多项目的失败，确实应该从政府的角度进行反思。在地方政府的行动逻辑中，其是从自身的角度出发的，而非站在农民的角度思考问题。当国家政策的实施失去民意和民心的时候，再好的政策设计恐怕都难以发挥有效、积极的效果。

对于政府的扶贫行动来说，诸多操作是无法实现具体化和精准瞄准的，客观上讲，这个十分具体化和精准化的操作也是很难实现的。"最贫困群体只是笼统地包含在扶贫目标中，扶贫项目没有对于受益者贫困者比例的具体要求，因此扶贫系统在基层必然失去目标控制。"同时，"政府扶贫计划侧重产业结构和生产性措施，各部门的扶贫方案强调项目的经济效益，银行放款时强调资金回收率，在抵达贫困社区以前的各个传递环节的扶贫目标里，见物不见人"（沈红，1997）。扶贫政策的效益应该是多元的，而在政策的具体实施和考核过程中，经济效益被高度强化，其他效益则被遗忘。扶贫政策实施的经济效果是最容易测量的，这恐怕也是经济效益考核被强化的重要原因。众多贫困地区和贫困人口主要依

第八章 "雨后沉思"：结论与讨论

赖农业经济收入来维持或改善其生活水平，而国家的扶贫战略思维则是对应工业社会经济发展的，所以从系统的角度看，这两者已经出现了明显的差异，政策对接上也就难免出现问题。

国家政策的实施需要政策对象的支持与认同，同时也需要地方政府和村干部的大力配合与推动。"中国政府强调扶贫应以发动群众积极参与和调动其积极性为目标从而促成'造血'的效果，在现实上却是自上而下的动员，地方群众没有机会参与表达他们的需要和对扶贫项目的意见。在自上而下的动员模式中，扶贫项目不单引起地方政府与民众的冲突，甚至令贫困民众陷入困境，甚或造成返贫的现实。"（古学斌、张和清、杨锡聪，2004）在现实中，地方政府是被动员和调动起来了，但是村民并没有能够参与扶贫政策与项目的整个实施过程。村民没有参与，与村干部对参与信息的控制有关，与政策实施缺乏相关的制度准备有关，也与自身没有参与的积极性有关。多数村民对进村项目表现出来的是参与冷淡，他们甚至觉得参与讨论和决策会耽误自己赚钱，这就是客观的现实，且其认为自己的参与和讨论不会有什么作用。从国家和地方政府的角度说，其对政策实施的基础早有认识，所以会给村干部较大的扶贫项目与资源配置的自主空间，目的就是希望村干部能够充分利用非正式权力与非正式制度促进扶贫项目的实施。

当然，对于国家政策实施的思考，首先应聚焦于政策思想本身。有研究者认为，中国的扶贫政策指导思想本身就存在偏差和不科学的情况，因此其在实施过程中就会发生目标偏离和精英俘获的现象。"在我国的扶贫实践中，扶贫指导思想曾存在偏差，不重视调动贫困者的积极性，将扶贫资源瞄准在贫困区域和经济实体，寄希望于通过经济增长和'涓滴效应'来减缓贫困，从而导致'三重三轻'（即重富县轻富民、重工业轻农业、重大项目轻小项目）的问题，并出现'真扶贫，扶真贫'的疑问。"（蔡荣鑫，2000）其实这种情况，不仅在研究者观察的区域存在，在我们调研的地区也存在。扶贫项目偏爱基础好的村子，也着力发展工业项目，如河村的塑料袋厂和茶厂。哪个村子有大项目的话，县级部门就会整合行业扶贫资金，加大对该村的扶持，而那些只有很小项目的村子，则不被这些职能部门所关注。当然，好在我们调查的地方有经济作物即茶叶种植的传统优势，扶贫项目对农业的支持还算是比较到位的。不然，我们调查地的村民就更难以对扶贫工作做出正面评价了。

有研究者认为，从整体上看，"反贫困的战略正在朝规范性管制穷人的模式转变"（朱晓阳，2004）。其实，我们觉得，扶贫工作是一种治理工作，如果非要使用管制的话，那透露出的可能是研究者对国家权力的忌惮与担忧，也或者是对市民社会的"迷信"。从总体上看，贫困者所拥有的自由空间是越来越大的，其可能在一定层面受到了限制，但这并不能说就是国家权力对其实施的规训。福柯使用权力规训的概念来分析国家权力对社会和个体的塑造，尽管充满思想性与创新性，但是这并不能否认国家对贫困问题的解决具有实现其正义责任，同时倡导社会公正的考虑。况且，从贫困治理的经验上看，规训与管制并没有很好地解决贫困问题。客观上对贫困者实现规训和控制的，是来自社会成员和社会组织的权力。"问题是以控制、管理、规训和矫正'穷人'为机制的战略就其'反贫困'这一目标而言，在西方也谈不上取得成功，它并不能消除贫困。其成功之处在社会控制这一方面。"（朱晓阳，2004）而事实上，从社会控制的角度对贫困治理进行解读，其实是误解了国家贫困治理的真正用意，至少是在中国语境下的真正用意。贫困者当中的多数是具备完整思维与行动能力的人，其对于来自国家的扶贫政策会辩证地看待和认识，只要对自己有利，就会积极参与；对自己不利，就不愿意参与。所以，我们不能过分强调扶贫中的国家权力管制，而是应该看到政策实施中的农民主体性与能动性。

通过本研究，我们希望对国家扶贫政策在村庄内实施的各种因素进行勾勒，以此发现国家政策实施的村庄社会基础的命题所具备的政策与理论含义。因此，这里的研究也在回应政策研究界当中的一种倾向——只重视宏观制度设计，而不重视政策执行能力和实施基础,这种政策研究无法全面理解政策落地过程的复杂性,也无法呈现影响政策执行结构的微观社会背景,如我们这里讨论的,村庄内的家门、权力、人情关系和非正式制度等。政策是在既有的制度框架、权力结构与人际关系中实施的,因此其具有明显的嵌入性特征;从政策与既有客观制约力量的互动关系看,政策与权力、人情等是相互塑造的,甚至地方政府的权力和村庄内的人情关联、干部对村庄的认同等,都不同程度地改变了政策的初衷和扶贫资源分配的原有内涵。正如研究发现的,"中国公共支出在一定程度上应该是归宿到贫困人口手上了,但是,公共支出对于贫富人口的归宿目标差异是显著存在的,而且这种差异在快速扩大"(刘穷志,2007)。当公共政策丧失其目标和效益的公共性时,该政策就会面临持久的合法性挑战。尽管从某个层面上看,来自弱势者的挑战是微弱和无声的,如大家对于低保政策的实施就体现了这一点。"农村低保政策在农村的实践出现一系列悖论,低保对象的确定由村组干部决定时会遭遇村民强烈的指责,认为村组干部徇私舞弊;由村民代表会议讨论决定时,村民代表之间存在拉票嫌疑,从而招致村民诟病;由村民自己决定时,结果出现人人一票反而无法确定低保对象的窘境。"(刘燕舞,2009)所以,政策实施必须重视村庄社会基础和地方政府权力,要深刻理解地方政府、村干部与村民在政策落实当中的行动逻辑与多重角色。不然,我们很难实现政策目标公共效益的最大化,同时也会让国家财政资源遭受损失。

第三节 关于贫困生成的理解

研究者提倡人人都应该享有免于贫困的权利,这个权利是人权的基本组成部分,并且需要通过法律手段保障免于贫困的权利的实现(汪习根,2012)。如果说陷入贫困是对人身权利的一种侵害的话,那么最有责任保卫公民权利实现的将是国家,更何况免于贫困的权利还被视为基本人权的组成部分。关于贫困的生成与出现，相关研究已有很多，研究结果也十分丰富。从政府责任与社会结构的角度讲，本研究要强调的贫困原因是结构性的，这种结构既有区域层次上的，也有城市与乡村层次的，县、乡和村层次上的，最后也存在于村庄内人与人不同的社会阶层结构。这些由结构塑造的贫困，我们不妨将其称为结构性贫困，有信息的结构、资本的结构、权力的结构与社会关系的结构等不同维度。

正如潘维所言："我国农民贫穷，从根本上讲，不是因为国家政权的'下沉'，不是因为基层政权的腐败，不是因为'权利'被剥夺，不是因为农民税费负担过重，不是因为城市的剥削，更不是因为农村缺少'基础设施'。农民贫困的五大根本原因在于：第一，制造的产品已取代养殖和种植的产品，成为人类财富的主要来源。第二，我国农村人口过多。农村人均耕地少，构成'自种自食'的自然经济。第三，组织社区合作非常艰难。人们独立自由，不肯合作，习惯以出工不出力、'搭便车'来抵制合作组织。第四，市场机制摧毁不肯合作的小农。第五，衰落的农村导致农民萎靡的精神。"（潘维，2006）在笔者看来，潘维对贫困根本原因的解释都在指向一种结构，这种结构首先是存在于经济层面的，即农业产品与工业品在现有的经济格局中占据着完全不对等的结构位置，农业产品的辉煌时代已经结束了，现在工业品是经济社会的主导产品。其次，人多地少的结构性矛盾。对于农民来说，较少的土地占有量是无法生产足够产品的，加上农产品本身的弱势特征，农民是无法从农业获取足够多收入的，因此只要农民的收入中有相当一部分来自农业，只要农业产品的弱势地位无法改变，人多地少作为建构贫困的一种因素就会一直发挥作用。再次，个人与组织的结构性困境，个人既需要组织，又排斥组织。这是一种社区结构和文化结构，其导致社区合作较难达成。又次，小农在市场经济中的结构性位置导致其经营风险加大，生计的脆弱性增强。尽管小农的适应能力是很强的，但这只是生存层面的，而且这种适应性是以过密的农业劳动为基础的。因此，市场经济下的小农，面临很大的进入贫困陷阱的风险。最后，农村在城乡

第八章 "雨后沉思":结论与讨论

发展中的边缘位置,导致了村民在教育与知识层面相对贫困的状态,这就导致了精神的贫困。这同样也是教育资源非均衡分布导致的结构性贫困。在教育资源的配置中,贫困者处于不利的结构性位置上,而富有者则处在相对有利的结构性位置上。

"社会内部的结构因素塑造了资源分配的方式,贫困不过是受环境束缚造成的一种后果。权力结构、社会地位及各种资源占有的不平等是导致贫困产生的根本原因。"(马良灿,2007)正如本研究呈现给大家的那样,湾镇内不同的村庄,在扶贫资源分配的结构中占据着不同的位置。作为示范村和典型村的河村,能够获取大量扶贫资源,而作为边远村和小村的湾村,则只获取很少的扶贫资源。从村庄内的情况看,有势力的家庭,能够从产业扶贫中获得更多的补贴以购买茶树和茶种;而能够承包扶贫建设工程的,也都是村庄内的精英人物。村庄与乡镇存在一种结构性关系,在这种关系中,位置最关键和最核心的村子能够获得的扶贫资源最多;而位置越边缘、影响力越小的村子,获得的扶贫资源就越少。村庄内的社会分层和家门力量,同样是一种结构。这种结构不仅影响其获得扶贫资源的数量,也影响其能够获得的低保资源。其也会对"雨露计划"的获得与否产生影响,因为在访谈中,多数村民并不知道这个情况。"我们只知道孩子上中专和技校,国家有补贴,一年是 1500,其他的就不知道了。"也就是说,我们能够看到的每个年度统计并上报的"雨露计划"的培训人员名单,存在虚假的成分。一些年龄在 60 岁以上的人都被列进了名单,可想而知该培训项目会有怎样的效果。

"可能受到 Schultz 改造传统农业思想的影响,推动地区农业发展,总希望通过引入现代化生产要素来促进经济发展,从某种意义上说,大量扶贫实践忽视了贫困地区和贫困农户本身也存在分工演进。"(毛学峰、辛贤,2004)也就是说,扶贫实际上是通过强制性社会变迁来实现的,如果扶贫要改造村庄的产业结构与经济结构的话,那么一定是在尊重其自然过程与历史的基础上实现的。因此地方干部对于中央扶贫主管部门的要求,即"要使产业扶贫资金达到财政扶贫资金总量的70%"是有批评意见的。对于具备产业发展基础的地方，这样的要求并不过分，而且会受到地方政府和农民的欢迎；但是对于那些产业基础薄弱的地区，这样的要求不仅大大增加了产业扶贫工作的压力，同时也会导致盲目发展产业项目而使得项目参与者利益受损。有研究者强调从中国本土的语境来研究贫困、福利与扶贫，反对纯粹概念和逻辑的分析以及西方中心主义的研究思维（李娟，2013）。这也是必要的，至少其表达了一个实事求是地开展扶贫工作的观点，要真正实现从中国客观实际推进扶贫工作，还有许多工作要做。有研究者认为，中国的贫困与多种制度之间有显著而深刻的关联，"农民的贫困不只是直接的收入低，而是三个层次或三重含义：一是货币和实物的收入低、享受的社会福利少，即收入贫困；二是创造财富和收入的能力差，即能力或人力资本的贫困；三是获取收入或财富和提高能力的权利和机会少，即权利和机会的贫困。三重意义上的贫困都与相应的制度有关，主要是现行的土地制度、户籍制度、粮食购销体制、教育制度和税费制度。"（黄少安、刘明宇，2005）客观来说，中国政府为推动贫困治理已经在制度层面做出了重大的调整，如取消农村税费，落实农民的长久土地权益等，加上社会保障制度对农村的覆盖，在扶贫制度层面出现了开发性制度与保护性制度并举的局面。当前阶段的贫困治理是"基于市场的发展型治理和基于权利的保护型治理"（李小云，2013）的结合。

当有人因社会问题而指责政府和国家的时候，我们是否已经足够冷静和客观？我们是否已经挣脱了小社会与大国家的理论激辩的枷锁？在国家权力不断收缩的情况下，社会权力显示出了侵害性和社会性的一面，其主要原因是"合作国家形态的产生与发展"（王伟奇，2007）。关于合作国家，我们需要注意的关键点是："国家与社会的逐步近似，公法与私法的逐步混同。一方面，国家不再伪装为社会秩序的中立监护人；另一方面，私人组织日益被承认，被当作享有治理权力的实体，而传统理论曾认为这些权力

第八章 "雨后沉思":结论与讨论

是专属政府的。"(昂格尔,1994)这里最典型的私人组织就是公司和企业。作为打工者的农民,可能会遭遇诸多的不公平待遇,如没有应有的保障和安全防护,而这都是企业自己制定的制度。"国家权力收缩以后,那些曾经是作为国家权力而存在的,但是现在又交还给社会的权力仍然会继续运行,并且也仍然可能会侵害公民的权利。这种侵害不会因为这些权力的行使者是社会而不是国家,就会停止,而是还会继续存在。"(王伟奇,2007)这也正是我们深入乡村社会来理解贫困及其治理过程的初衷。为什么精英制定的各项政策在实行的时候总是会走样呢?"精英阶层所制定的各种法律和政策在通过'社会'这一'中介'时发生了某种不得不发生的变化,从而只能被'曲折地'执行。因此,就贫困治理和社会权利的实现而言,就不能仅仅局限于对国家权力组织或行使'国家行政权力'的社会组织的权力运行做分析,还应该关注社会自身的各种权力运行机制。"(王伟奇,2007)那么这里"不得不发生的变化"是什么呢?这就是精英的政策与法律必须借助社会的权力才能够发挥作用,在借助和依赖社会力量的情况下,政策与法律的执行就会被掺入社会组织及其个人的意志与愿望,因此政策与法律执行中的曲折就难以避免。

说到这里,我们似乎可以提出一个论断,即从国家权力的角度来思考贫困治理与资源传递肯定是不够的,一味地限制国家的权力也会是鲁莽的。权力并非为国家独自掌控。为什么呢?"如果福柯对于权力的散布性、网络性和无所不在性的分析是对的话,那么启蒙时代提出的用以驯服国家权力的法治、宪政、人权以至民主都是很不足的,因为它们只能对抗国家机关的权力,对于在现代社会各层次、各领域、各机构里受到权力操纵和摆布的人是无能为力的。"(陈弘毅,2001)正如本研究所能够初步呈现的那样,国家的权力无法支配存在于扶贫资源分配过程中的微观权力场域及其运作,也无法打破存在于乡村社会中的既有社会结构。"无数微观的权力中心不会轻易地就被宏伟革命的一次性打击所毁灭。无数微观场所的权力运作可以轻易地避免详细审查或者被普遍察觉到它们对社会所造成的负面影响。"（瑞泽尔，2003）恐怕正是其导致贫困治理艰难、脱贫人口具有脆弱性与顽固性。"保障原则上平等的权利体系的一般法律形成，是由我们称之为纪律的那些实质上不平等和不对称的微观权力系统维持的。纪律实施的方式，本质上的机制是，一群人受到另一群人的不可逆的支配。"（福柯，2007）即使在村庄内部，也存在诸多的"纪律"，其可以表现为村规民约，也可能表现为大家默认的习惯与传统等。比如，在本研究的田野调查点，大家就默认了家门作为一种社会组织的权力存在，其权力不仅体现在仪式活动层面，也体现在村干部的权力来源与社会支持上。

农民缺乏组织化保障机制，这被视为农民处于弱势地位的重要原因。但是随着社会的发展，组织化的保障与既有的社会纽带都在远离我们。"风险社会呈现一种个体化、原子化的发展趋势，由于流动性和竞争性使个体具有更加独立的特质，风险社会的社会成员逐渐失去了传统社会对其生活的各种社会支持与保障，人们正从传统的支持网络中脱离出来，成为风险自担的个体。"（冯晓平、夏玉珍，2008）尽管农民还拥有一定量的社会支持网络，但这种支持的力量是不断减弱的。这恐怕也折射出了一种结构，即贫困人口社会支持网络不断分解和弱化的结构性特征，而这种社会支持的弱化不唯独贫困人口所要面对，一般人也要面对。因此，这里强调的结构性贫困是多面向、多层次和多维度的。如研究者所言："结构性贫困指由于经济结构的不合理而带来的贫困。对发展中国家来说，经济的不合理结构是历史上殖民地经济及决策失误的产物，同时也与资源的结构有关。生产力布局的偏倚，是边远落后地区贫困的重要原因。工业畸重型经济带来的是农村贫困的扩大和加深。"（原华荣，1990）这些不合理结构的形成很复杂，既有历史的原因，也有当下的原因。与本书重点强调的结构性贫困不同，这里强调的结构是宏观经济结构、区域发展战略结构甚至全球产业结构等，而并非微观与中观的结构性因素。本书研究的重点则放置在相对微观的结构，即乡镇在县域中的结构，村庄在镇域中的结构，村庄内不同层次群体关系的结构。如果我们直接将资源分配纳入贫困成因去考虑的话，那么分配性贫困也将是一种类型。"社会性贫困指由物质、文化生活资料的分配问题造成的贫困，也可称作分配性贫困。影响物质、文化生活资料分配的因素，诸如人口、权力、政策、就业、观念、贫困背景、人口学特征和个人行为特征等，都是成因。"（原华荣，1990）从本质上讲，这些影响资源分配的因素背后都有一种既定的资源分配结构，这套结构偏爱素质高、权力大、政策落实好、就业能力强、观念新和行动积极的个体。故此，贫困者无法从这套结构中获得足够的资源。若不是国家权力的干预，贫困者能够获得的资源与机会可能更少。

在区域发展的政策上，内地与沿海并非享有同等的地位和优惠。"从80年代初到90年代初，中国政府和知识界很少注意收入分配的公正性。在很长一段时间里，他们甚至抱怨中国的收入分配太平均了，并为此刻意扩大分配的差距，希望藉此调动方方面面的积极性。"（王绍光，1999）与此同时，伴随改革开放后的财政权力下放，中央政府的财政统筹能力受到牵制和削弱，地区发展差距就此拉大。中央政府资金筹集与统筹能力的降低导致其调控和干预地区间不平衡发展的能力弱化，其贫困治理功能也受到极大的限制。如此，我们可以理解分税制改革的实行既是为了强化中央财政调控区域发展不平衡的能力，也是为了通过政治与行政手段弥补市场所不具备的发展伦理与社会公平内涵。这也可能就是所谓的"只要社会结构转型没有完成，乡村的农民就必然比'非农民'收入低，与'非农民'相比，他们将持续相对贫困"（吴力子，2009）。所以从统筹区域发展的角度出发，贫困治理工作应该从政策层面给予贫困地区更多的优惠政策，既要充分调动贫困区域各方面力量的脱贫发展的积极性，也要推动社会的转型。

第四节　关于贫困治理的思考

基于以上诸多的分析，我们需要在这里重复一些关于贫困治理与扶贫工作发展方向的内容。"穷人的出路不在于鼓励他们与其社区相脱离或建立穷人的社区,相反他们应该被整合进社区,如果他们已经从社区中脱离出去,那么他们应该被再整合进社区。因此需要增强的不是使穷人离心于社区的结构性和组织性因素,而是增强那些社区中有利于使社区对他们接纳和整合的因素。"(朱晓阳,2004)这也正是米格代尔所发现和强调的。"为什么农民比其他人更愿意进入到有血缘关系或亲戚关系的社会群体中呢?重要原因之一是由于外界的腐化、垄断以及社会结构不完善等引起的不安全感。农民对外界社会组织的不信任在于他们知道这些组织的运行机制,也在于他们知道自己是贫弱者,无力抵抗不公平待遇。"(米格代尔,1996)因此,强化贫困者的组织保障机制,加强社区整合与社会管理,是贫困治理的应有内容。在扶贫工作中,我们要注意发现并强化农村社区内现存的血缘关系或其他关系纽带,要增强贫困者心理层面的安全感与稳定感。

财政扶贫资金是扶贫资源的主要来源,而通过项目制下达扶贫资金也成为扶贫工作中的常态。如何规制和优化项目制扶贫工作的内在不足,仍是需要我们多加努力的。"项目制背景下农村扶贫工作出现了资源主体、执行主体、参与主体与受益主体的角色倒置与目标错位问题。在扶贫实践中,由于各类扶贫项目被地方各种权力与利益关系所绑架,使扶贫结果与扶贫初衷和目的出现了严重背离。"(马良灿,2013)作为地方政府,其不仅希望本地村庄能够获得更多的扶贫资源,也希望村庄获得的扶贫资源能够为地方政府所使用或者部分使用,一些领导干部也希望能够将个别示范村打造成个人的政绩。而村干部则既利用了地方干部的这些心理,实现了为村庄争取项目和获得个人利益的目标。在争取扶贫资源的过程中,地方政府与村干部、村民,既有合谋的一面,也有冲突和分歧的一面。在扶贫项目的执行者与参与者之间存在一种利益联结纽带,在获取、运作和应对检查方面,地方政府与村庄会形成一个利益共同体,这种情况下,"共谋"(周雪光,2008)行为就难以避免。在这种共谋的行动中,地方政府则处于强势的位置,可以将自己的意志加诸村庄之上，当然村庄也能够通过对"压力型体制"（荣敬本等，1998）的运用而对地方政府进行反制。因此，在贫困治理工作中，我们仍需要大力推动的，是要打断村庄与地方政府的共谋，要让更多的扶贫资源切实落实到贫困人口身上，或贫困人口急需的公共品建设当中。

也许从扶贫项目的参与主体来说，"扶贫项目是否对贫困群体带来真正实惠似乎并不重要，重要的是这些项目是不是与上级领导的意图和政绩相吻合。正是这种扶贫逻辑，使参与主体大力打造各种'路边花'工程、'雪花膏'工程，这些工程非但违背了资源主体的意愿，没有使贫困群体获得实惠，反而给农民的经济社会生活增加了新的困扰，使扶贫项目由惠民工程变成了扰民工程"（马良灿，2013）。实际上，作为参与者的村干部不可能不顾及众多村民的感受，对于村干部来讲，其最希望实现的目标是既使得村民满意，也让领导干部满意。因而其采取的策略就是，一方面尽可能地多做实事；另一方面迎合领导干部的意图和需求。在村干部看来，一些形象工程与面子工程同样具备正面价值，即只要领导干部高兴了，这样的村庄就能够获得来自领导干部的更多关照，能够获得的扶贫资金也就会更多。花费在面子工程与政绩工程上的资金被视为换取领导支持与关照的"必要条件"，因而村干部尽管也反对这样的工程，但是仍然会按照领导干部的偏好来行事。另外，村干部自身也能从这样的工程中获得收益，这种收益不一定是经济层面的，很可能是政治层面的，如人大代表或党代表的身份。

有学者使用"谋利型政权经营者"来概括转型期的乡镇政权或许有点过了，但它确实带有谋利的影子。正如其所言："随着乡镇政权经济实力的增长和主体意识的觉醒，它以更积极的态度来扩充自己的政策和制度空间，同时也以一种实用主义的态度来对待国家和上级政府的政令。"（杨善华、苏红，2002）从湾镇与获得整村推进扶贫项目支持村签订的承诺书来看，其确实存在谋利的情况。不过，这里的谋利也包含为乡镇政府运转而寻找短缺资金的痕迹。在扶贫资源遭遇地方权力与利益网络的过滤之后，有一部分扶贫资源是无法被贫困群体获得的。曾经的参与式扶贫仍能够给我们带来很多的启发，如果能够在扶贫资源的使用与决策中给予农民较大的权力，同时配合地方扶贫工作人员的监督与配合，扶贫资源在传递过程中的流失一定会减少。在以项目制方法下拨扶贫资源的情况下，地方政府是扶贫资源传递的一环，其插手扶贫资源传递与分配是不可避免的。加上扶贫项目信息公开不足，村民对村庄内的扶贫项目知晓度低，来自村民的监督很弱，因此要避免发生精英俘获现象是较有难度的。

关于中国扶贫的走向，已经有人做过讨论，即要强化对贫困现象的预防，强调社会保障制度对贫困人口的大力保护。"农村反贫困不能只靠单一的事后救助，而更要重视对贫困的预防，即要从社会救助向社会保护转变。具体来说，中国下一阶段的农村反贫困政策应针对当前贫困和低收入人群的特征和主要风险，逐步形成一个由普遍性医疗保障制度、普惠型福利、选择性社会救助以及开发式反贫困政策组成的'四驾马车'的框架共同发挥作用。"（徐月宾、刘凤芹、张秀兰，2007）而事实上，社会保障等方面的制度建设仍是比较滞后的，而且保障水平也是较低层次的。不过，从中国扶贫实践来看，扶贫工作与社会保障、社会救助的衔接已经开始，社会保障也成为扶贫工作的重要手段和途径。对于现有的绝对贫困者而言，我们很难通过社会保障让其过上小康生活，但是对大多数贫困者来说，家庭变故或者突发事件、重大疾病和教育支出、子女婚嫁支出等，成为其陷入贫困的核心要素。因此，针对教育、医疗等方面的救助，能够对贫困治理发挥积极作用，尤其是能够明显减少脱贫者返贫的现象。

研究者发现，中国农村的贫困村庄存在代际传递的情况，而这再次强化了中国农村贫困的结构性特征。"中国农村存在非常显著的贫困代际传递现象，虽然在 2003 年后贫困的代际传递程度有所降低，但是相对贫困层面的代际传递依然较为突出。"（张立冬，2013a）如今，"暂时性贫困在当前农村贫困中已占绝对主体地位，

第八章 "雨后沉思":结论与讨论

且这种特征具有全局性,而不是仅仅出现在特定类型的农户群组中"(张立冬,2013b)。这个发现告诉我们,相对贫困具有普遍性和顽固性的特征,加上其代际传递的特征,贫困治理所要面对的挑战就显得更加复杂。绝对贫困层面代际传递的减弱是因为国家整体的经济发展水平上升了,因经济增长引发的减贫效应主要使得绝对贫困情况显著下降了。而相对贫困层面的代际传递依然突出,则意味着由父辈奠定的子女个体的经济资本、社会资本和人力资本等尽管已经超越了父辈,但是并没有改变个体所拥有各类资本存量在同辈群体中的结构性位置,其相对性位置并没有得到改善和提升。这就需要不断优化和完善收入分配制度,不仅要确保初次分配的公平,同时也要优化二次分配的格局与结构。"许多国家(如巴西、墨西哥、泰国)在经历国民经济高速增长的同时,并没有出现库兹涅茨和刘易斯所预料的收入分配差异的缩小和产业结构的一元化,'扩散效应'和'涓流效应'对贫困地区和贫困阶层所产生的影响十分有限。"(汪三贵,1994)这是社会领域内收入分配不公的主要表现,也是导致贫困持续发生且无法治理的基础性原因。

贫困治理离不开对贫困者的授权,或提升其权力地位和参与空间。有研究发现:"贫困群体的一个重要特征就是在社区生活中'没有声音',尤其是在政治生活领域,穷人的呼声往往被淹没,政治参与程度低,这不仅与贫困群体自身的资产特征有关,与整个社会的政治环境也有着密切的关系。"(李小云等,2004)现实中,贫困者往往处于权力、信息和文化结构的边缘,无法参与村庄众多的公共活动。在田野调查中,笔者还发现有村民对边缘者和贫困者的排斥与孤立。从上述研究者的论断来看,贫困者具有在政治生活领域缺乏声音的特征,而这与其经济情况和整个社会的政治环境有关。其实,贫困者"没有声音"并非仅体现在政治生活领域,也同样体现在日常生活领域。我们在农村发现,贫困者吵架都赢不了别人,其内心是比较脆弱的,也没有足够的自信。因此,如果可能的话,贫困治理需要社会工作的介入,即要改造贫困者的贫困心理。钉子户从某种意义上讲，就是一类摆脱了不自信心理的边缘人。而贫困者的这种心理状态是与整个社会形势变革密不可分的。"有看法认为，体制改革以前中国社会普遍贫穷而社会公平状况比较好，改革后经济增长但公平状况恶化。"（沈红，2000）贫困治理与贫困发生的情况其实正是对一个社会公平状况的考问，若贫困发生率有增无减，且相对贫困人口比重扩大的话，那么这个社会的公平一定是低度的。

"中国作为一个社会主义国家，其政府的合法性是建筑在平等原则基础之上的。它没有理由容忍不平等无休无止地发展下去。如果伴随着改革与发展的是不断扩大的不平等，人们无法分享经济增长的成果，贫富差距就会变得让人难以接受，政府的道义基础就会削弱，它的合法性就会遭到怀疑。"（王绍光，1999）而扶贫工作是最能够体现政府道义责任与中国社会主义制度优越性的事项。当扶贫工作不能取得进步时，中国政府面临的道义压力将会空前巨大，要承受的社会运行风险也会大大增加。值得欣慰的是，整体上看，中国扶贫工作取得了巨大的成就，因此我们可以说，扶贫工作为中国的平稳、快速与健康发展做出了重要贡献。因此，怎么强调扶贫工作的重要性与紧迫性都不过分。以上的分析也告诉我们，政府的责任不仅仅是发展经济，还必须重视倡导社会正义与履行基本道义责任。从这里继续追问，我们似乎能够肯定，反贫困应该是公共品。"因为其具有效用的非排他性和利益的非占有性，只能通过政治程序或公共选择由政府提供，并由政府强制性地征收反贫困开支所必需的税款。"（康晓光，1995）在贫困治理工作中，政府的主导地位是不能够动摇的，这也是为其执政服务的。

我们不能说，贫困者的无知导致其贫困的状态，这样的解释是不严谨和不负责任的。"对中国乡村贫困可以作如下解释：由于某一地区的人或群体对国家政府部门、各级政府部门通过法律和政策在一定时空内赋予他们的发展权利的无知、误识、放弃和因外在因素致使他们的发展权利丧失与被损伤，使得他们在发展分

第八章 "雨后沉思"：结论与讨论

层中处于低于平均发展水平或处于社会共识的低水平的状态。"（邱泽奇、李守经，1992）没有人对自己的发展权利无知，能追问的是，这样的权利对于贫困者有何种意义，权利又该如何行使。从贫困的相对性方面分析，贫困具有建构的成分，也就是上面研究中谈到的社会共识的判断问题。在以经济发展为中心，或者说在以经济指标为核心衡量指标的情况下，对贫困的建构是不可避免的。这种建构至少能够形成贫困人口和贫困地区的危机感，可能会激发其发展的动力与斗志。在很长的时间里，贫困被视为一种很负面的评价，而贫困者也具有社会羞耻感。至今笔者还记得上初中时看到的两句标语："谁英雄谁好汉，致富路上比比看"，"致富光荣，贫穷可耻"。通过这种话语的不断宣传，致富与经济成功早就成为社会判断个人价值与社会地位的最重要标准。而如今，随着这类宣传的淡化，加上社会风气的恶化，争着吃低保和争着拿救济的农户越发增加，他们应有的羞耻感没有了。而走到这一极端，恐怕也是不利于扶贫工作开展的。

从本研究出发，贫困治理，更具体地说，精英俘获的克服需要从权力、制度和社会结构等方面入手，对于非平等的权力结构，要进行改造，要让贫困的村庄和贫困人口占据相对均衡的权力位置；对于不完善和不科学的管理制度、实施方案与监督制度，要优化和提升主要相关制度的社会嵌入性与实用性；对于不利于扶贫资源传递和分配的社会结构，要敢于去干预和打破，要倡导健康文明的社会风气，要在保留贫困人口社会支持网络的同时，去除阻碍扶贫资源公平配置的障碍，亦要保护纽带性力量的存在，如家门力量、血缘关系和人情关系等。精英俘获只是扶贫资源传递过程发生异化与扭曲的一个突出表现。客观地讲，精英俘获之外的其他诸多问题，也需要引起我们的关注，如地方政府与村庄在扶贫资源获得与使用上的结盟，扶贫资源驱动的乡村利益共同体等。无论怎样去分析，我们关注的中心仍然是如何将扶贫工作做好，如何使扶贫工作实现脱贫致富。同时，增加政府执政合法性与降低社会运行风险，仍是我们关注的归宿性问题。

精英俘获

扶贫工作尽管带有明确的国家意志与中央政府权力的符号，但是仍然无法避免非正式制度、微观权力结构与场域、乡村社会结构等的"纠缠"。国家权力虽然强大，但是仍需要借助地方权力与地方精英的力量。乡村社会内的权力、制度与结构似乎交织出一张国家权力难以发力的网，这张网在过滤了国家政策之后，就转变了政策的初衷与意图，进而也就扭曲了政策的既定结果。从这个意义上讲，国家权力与贫困者之间并非直接联系的，而是被隔离了。而发挥隔离作用的，正是地方政府、村干部与乡村社会内仍然存在的人情、面子和社会关联结构等。在地方权力场域运行逻辑不能改变、与扶贫资源相关的制度漏洞无法完善、乡村社会非均衡的社会关联结构无法改变的情况下，精英俘获仍将会是一个长期存在的现象。而我们也无法将所有的扶贫资源与贫困户进行对接，这样仍会出现公共品供给的困难。因此，以精英俘获为代表的扶贫工作困境，仍将是未来较长一段时间内，中国贫困治理工作需要应对的重要问题，也是需要政府部门与研究者持续关注和研究的关键问题。

从本书所开掘的精英俘获的微观机制出发，精英俘获的克服还需要我们在微观层面实施诸多的干预政策。第一，要强化贫困救助对象获取信息的能力，要将信息的公开与透明传递等作为对基层干部进行考核的重要内容。第二，要改造扶贫资源配置过程中存在的不利的微观制度，将更具地方性知识的制度纳入进来；要进行差异化的扶贫考核，要公平地评价地方干部与村干部的扶贫工作；要在尊重村民意愿的基础上，将扶贫资源使用到村民最有需求方面。第三，要严格扶贫资源的分配监督制度，减少亲缘与友缘关系等社会资本对扶贫资源分配的干扰；要依据贫困村和贫困人口的实际情况分配扶贫资源，减少不同村庄因干部政治身份差异导致的扶贫资源分配差异。第四，要强化村民的公共精神，即要加强其对扶贫资源公共性质的认识，降低乡村两级干部对扶贫资源配置的个体影响，提升公共决议的影响。第五，要加大村级监督的力量，充分发挥村民代表和党员代表的作用，要让村干部的权力行使符合村庄公共利益。第六，要打破家族等社会连带性力量对村级组织工作的干扰，这需要乡镇层面加强监管，也要村民自身加强法治与权利意识，要防止大姓"压制"小姓，依据客观实际来配置扶贫资源。第七，要统筹乡镇范围内不同村庄的发展机遇，充分重视贫困村庄和贫困人口的发展权利，给予他们更多的关注和保护；要杜绝以工业经济思维来开展扶贫工作，防止过分强调扶贫资源的成本收益率，要以公平为首并兼顾效率。第八，要加强乡村两级的治理能力，坚决抵制无理索要扶贫资源的个人或组织，淡化上访和要挟等行动对扶贫资源正常使用的干扰，扼制扶贫资源偏好强人和富村的态势；与此同时，要让乡村干部主动保护边缘个体，以防止民主的非正义后果。

第五节　关于精英俘获产生基础的重申

精英俘获是国家权力介入地方、地方政府依赖村庄精英、村民容忍和信赖村庄精英等多重条件综合作用的结果，是国家、地方政府、村庄精英与村民互动过程的产物。国家作为扶贫资源的供给者，无法对资源传递的各个环节进行严密的监督，其职能依赖现有的官僚系统进行层级间的监督与控制，而实际上，不同层级政府间的目标与意图是存在差异的，因而"变通"地理解和执行中央政府的扶贫政策与意志就变得多见而可行。对于地方政府而言，中央政府下达的新任务和实施的新战略既使地方获得了一定量的发展资源与道义支持，同时也增加了地方政府的工作量。在地方政府领导的政治生命掌握在上级政府手中的情况下，其自然无法懈怠扶贫工作，但是这并不构成其工作的中心和重心，最大限度地扩大地方的 GDP 仍然是第一要务。在必须完成扶贫工作任务的情况下，扶贫工作的诸多具体内容被直接交给了村干部，而要依赖村干部工作，就得默许村干部获得一定量的利益。地方政府则在下达扶贫资源的过程中，截留了一定的利益份额。乡镇政府一方控制着扶贫资源向村庄传递的过程，其也要仰仗有能力和有条件的村庄利用扶贫资源做出一些成绩，由此乡村两级就具备大量共同利益。村干部要在村庄内落实各项扶贫工作任务，也并非易事。在需要投入配套资金的情况下，一些条件好的精英农户首先获得了扶贫项目的支持，而真正的贫困者因为无法提供配套资金或缺乏劳动力而被排斥在外。此外，村干部争取的诸多扶贫项目带有个人劳动的印痕，这在村民看来，扶贫资源的获得是因为有了村干部的帮助。加上村庄内错综复杂的血缘、姻缘和亲缘关系，很多村民都默许村干部能够拿走一部分资源和利益，或者说，村干部能够自主处理一部分资源和利益。在村干部突破村民能够容忍的底线时，抵制村庄精英俘获现象的行动才会发生。

精英俘获是国家权力在基层的脆弱性、地方政府对村庄精英的依赖性、村庄精英本身的自利性和村民对精英俘获的可容忍性等因素共同形塑的产物。在国家资源输入村庄的背景下，精英俘获获得了目标对象；在乡镇政府财权空虚和治权弱化的情况下，精英俘获获得了地方政府的默许与授意；在村民被人情、面子与权力的网络缠绕，加上村干部善于把握村民容忍限度的情况下，精英俘获获得了民意基础和较为安全的环境。最后，精英本身对自身地位变迁的深刻感受，扶贫资源监督与管理中的漏洞，以及较为繁重的工作压力与较低的工资收入，都使精英需要进行俘获行动来补偿自己。从精英俘获的出现，我们可以推论，国家的基础性权力仍有薄弱之处，而专制性权力也在不断受到自我限制和约束。迈克尔·曼对权力的二分，即专制性权力与基础性权力，让我们能够看到两种权力在中国社会发展历史中的变化。在我们看来，当今社会更需要强化的是基础性权力，即国家渗透和控制社会的能力以及社会和民众承认并认同国家支配与控制的能力，国家贯彻政策与意志的权力（Michael Mann，1988）。从扶贫政策执行的情况看，国家的基础性权力仍需加强。从基层政权的权力状况看，其呈现专制性权力与基础性权力都较弱的局面，所以研究者强调加强农村基层政权的常规性权力。"农村基层政权强大的

第八章 "雨后沉思": 结论与讨论

常规性权力,来自于其与国家任务和乡村社会性质之间的契合性。只有适宜于特定乡村社会性质的农村基层政权才能有效地完成具体的国家任务,才能在中国现代化进程中,保持农村社会的有序,从而减轻现代化可能带来的社会震荡。"(董磊明,2012)对常规性权力的强调在于这种权力本身所具有的综合性、地方性与运动性特征。常规性权力是国家基础权力的重要内容,也是国家基础权力的具体落实。

精英俘获的出现不仅伴随着国家基础性权力的弱化,同时也伴随着基层政权常规性权力的嬗变。在常规性权力的运用中,我们会发现正式权力与非正式权力的细分。什么是非正式权力呢?"非正式权力则主要是指源起于非正式组织,由非正式组织成员在法定的权力体制外赋予其领导人,并在具体的行为过程中予以接受和服从的政治权力,此外,也包括了正式权力主体以非正式的权力行使方式表现出来的政治权力。"(何小青、江美塘,2001)这里就含有"正式权力非正式运作"的命题(孙立平、郭于华,2000)。同时,这也表明,国家落实扶贫政策目标时,也会显得"有心无力"。以搬迁移民为例,"很多受益人虽然处在宏观定义上的贫困区域内,但是他们并不是相对贫困的人口,而是贫困区域范围内的相对富裕地区/社区的相对富裕人口"(林志斌,2006)。这就告诉我们,相对富裕的个人,也就是我们所称的精英,能够利用自己的经济、知识和社会资源等优势建构起与扶贫资源对接的通道,能够化解国家权力对于扶贫对象界定的权威性。在这些人的活动下,国家权力和意志会表现出非正式运作的特征。一方面,正式权力的非正式运作展现了国家权力在农村的困窘;另一方面,正是基层干部对正式权力的非正式的巧妙使用,增强了国家权力对农村的影响与控制。不过,由于个体意志和小团体的作用,国家政策与意志的执行总是打折扣,而且国家传递的资源被部分截留。我们要重视对地方性治理网络的利用,但同时也要注意对其进行限制和规范。尽管从农民容忍限度的情况看,村庄本身存在一个自我规范的机制,但是在农民个体或集体行动能力较弱的今天，村庄内来自村民行动的约束机制无法发挥切实有效的作用。

第六节　小结

从根本上说，精英俘获的出现是对国家治理体系和治理能力，尤其是对贫困治理体系与治理能力的考验和挑战，因为这首先反映了国家政策在地方的执行情况。尽管完全从国家治理能力的角度来理解精英俘获现象是不够公允的，但这确实是我们拓展思考的一个重要靶点。从中国现阶段的实际情况出发，推进"国家治理体系和治理能力现代化是全面深化改革的总目标"（新华社，2013）。国家治理体系与国家治理能力是紧密联系在一起的，要实现治理体系的优化与完善，才能实现国家治理能力的不断提升。要实现这些目标，不仅需要制度建设，还需要得力的治理者的组织，同时也需要有强大的精神信仰和物质力量。我们之所以看到村庄中的农民会对村干部之类的精英持有容忍的态度，那是因为其仍未具有公民意识。在他们的意识里，国家权力不是与自己最"亲近"的，其肉体与关系所在的村庄或者说乡村世界才是他们需要密切关注的。因此，从强化贫困治理体系与治理能力的角度出发，我们必须锻造农民的公民意识，同时也要加强对基层干部素质与思想境界的提升。

对于国家治理或曰国家治理能力来说，广大的乡村社会是一个未被给予充分重视的世界。中国绝大多数人口居住于乡村和乡村社会在地理位置上的广泛分布等，都使得要实现国家治理能力的提升和治理体系的现代化，必须深入认识和理解乡村社会。为什么要在2013年启动群众路线教育实践活动呢？在笔者看来，这是中央高层领导对群众路线能够强化国家治理能力、缓和干群关系以及把握乡村社会主要矛盾等方面价值的重新肯定。作为一个好的工作方法，群众路线曾经为中国共产党和政府的社会治理工作做出过重要贡献，而中间有较长一段时间，该工作方法被遗忘了。如今能够重新捡拾起来，也充分说明了中国共产党和政府对群众工作的深刻认识以及对社会形势的深刻把握。当然，群众路线教育实践活动取得应有的效果，这本身就是对党和国家的治理能力的一种考验。

参考文献

阿伦特，汉娜，2008，《极权主义的起源》，林骧华译，北京：生活·读书·新知三联书店。

埃文斯等，2009，《找回国家》，方力维等译，北京：生活·读书·新知三联书店。

昂格尔，1994，《现代社会中的法律》，吴玉章等译，北京：中国政法大学出版社。

巴比，艾尔，2009，《社会研究方法》（第十一版），邱泽奇译，北京：华夏出版社。

包先康、李卫华、辛秋水，2007，《国家政权建构与乡村治理变迁》，《人文杂志》第6期。

鲍曼，2010，《工作、消费、新穷人》，仇子明、李兰译，长春：吉林出版集团有限责任公司。

波兰尼，卡尔，2007，《大转型：我们时代的政治与经济起源》，冯钢、刘阳译，杭州：浙江人民出版社。

布迪厄、华康德，1998，《实践与反思：反思社会学导引》，李猛、李康译，北京：中央编译出版社。

布尔迪厄，2004，《国家精英——名牌大学与群体精神》，杨亚平译，北京：商务印书馆。

布坎南、詹姆斯、马斯格雷夫，2000，《公共财政与公共选择：两种截然不同的国家观》，类承曜译，北京：中国财政经济出版社。

布劳，彼得，2008，《社会生活中的交换与权力》，李国武译，北京：商务印书馆。

财政部农业司扶贫处，2008，《从"四到省"到"四到"县——扶贫开发工作责任制的探索及完善》，《农村财政与财务》第 7 期。

财政部农业司扶贫处，2009，《建立结果导向型财政扶贫资金分配机制探讨》，《农村财政与财务》第 7 期。

蔡荣鑫，2000，《国外贫困理论发展述评》，《经济学家》第 2 期。

曹锦清，2010，《如何研究中国》，上海：上海人民出版社。

曹锦清，2013，《黄河边的中国》，上海：上海文艺出版社。

曹正汉，2011，《中国上下分治的治理体制及其稳定机制》，《社会学研究》第 1 期。

陈柏峰，2009，《乡村干部的人情与工作》，《中国农业大学学报》（社会科学版）第 2 期。

陈柏峰，2011，《乡村江湖：两湖平原"混混"研究》，北京：中国政法大学出版社。

陈弘毅，2001，《从福柯的〈规训与惩罚〉看后现代思潮》，《环球法律评论》第 3 期。

陈前恒，2008，《农户动员与贫困村内部发展性扶贫项目分配——来自西北地区 H 村的实证研究》，《中国农村经济》第 3 期。

陈锡文，2004，《资源配置与中国农村发展》，《中国农村经济》第 1 期。

陈向明，2000，《质的研究方法与社会科学研究》，北京：教育科学出版社。

陈衍德，2006，《贫困与东南亚国家的民族动乱——全球化进程中的经济—文化抗争》，《世界民族》第 2 期。

程丹峰，2000，《中国反贫困——经济分析与机制设计》，北京：经济科学出版社。

邓小平，1993，《邓小平文选》（第三卷），北京：人民出版社。

邓正来，1997，《国家与社会：中国市民社会研究》，成都：四川人民出版社。

邓正来，2008，《国家与社会：中国市民社会研究》（修订版），北京：北京大学出版社。

狄金华，2009，《中国农村田野研究单位的选择——兼论中国农村研究的分析范式》，《中国农村观察》第6期。

迪尔凯姆，E.，1995，《社会学方法的准则》，狄玉明译，北京：商务印书馆。

丁元竹，1995，《社区研究的理论与方法》，北京：北京大学出版社。

董磊明，2007，《变与不变：中华三千年社会结构的政治社会学解读》，《江苏行政学院学报》第3期。

董磊明，2012，《强大的常规性权力何以必要——论村庄政治中的基层组织体系》，《人民论坛·学术前沿》第10期。

杜赞奇，1994，《文化、权力与国家：1900—1942年的华北农村》，王福明译，南京：江苏人民出版社。

费孝通，1998，《乡土中国 生育制度》，北京：北京大学出版社。

费孝通，2007，《江村经济》，上海：上海人民出版社。

费孝通，2009，《中国士绅》，北京：生活·读书·新知三联书店。

风笑天，2006，《社会研究方法》，北京：高等教育出版社。

冯晓平、夏玉珍，2008，《社会结构对贫困风险的建构——以农村艾滋病患者的家庭贫困为例》，《学习与实践》第4期。

福柯，2007，《规训与惩罚》，刘北成、杨远婴译，北京：生活·读书·新知三联书店。

福山，弗朗西斯，2002，《大分裂：人类本性与社会秩序的重建》，刘榜离、王胜利译，北京：中国社会科学出版社。

福山，弗朗西斯，2007，《国家构建：21世纪的国家治理与世界秩序》，黄胜强、许铭原译，北京：中国社会科学出版社。

高伟、李学迎，2009，《公平观念、控制权收益与土地调整》，《中央财经大学学报》第7期。

格兰诺维特，马克，2007，《镶嵌：社会网与经济行动》，罗家德译，北京：社会科学文献出版社。

耿羽，2011，《灰黑势力与乡村治理内卷化》，《中国农业大学学报》（社会科学版）第 2 期。

沟口雄三，2011，《作为方法的中国》，孙军悦译，北京：生活·读书·新知三联书店。

古学斌、张和清、杨锡聪，2004，《地方国家、经济干预和农村贫困：一个中国西南村落的个案分析》，《社会学研究》第 2 期。

顾仲阳，2011，《扶贫标准上调至 2300 元》，《人民日报》11 月 30 日。

郭于华、孙立平，2002，《诉苦：一种农民国家观念形成的中介机制》，《中国学术》第 4 期。

郭占锋、李小云，2006，《排挤与分化——来自一个村庄的观察》，《中国农业大学学报》（社会科学版）第 1 期。

郭正林，2005，《中国农村权力结构》，北京：中国社会科学出版社。

国风、魏晓东、董锁成，2003，《历史的壮举：中国农村反贫困历程》，太原：山西人民出版社。

国家农业委员会办公厅，1982，《农业集体化重要文件汇编》（上集），北京：中共中央党校出版社。

国家统计局农村社会经济调查司，2006，《2005 中国农村贫困监测报告》，北京：中国统计出版社。

国家统计局农村社会经济调查总队，2004，《2004 中国农村贫困监测报告》，北京：中国统计出版社。

国务院新闻办公室，2001，《中国的农村扶贫开发白皮书》，《人民日报》10 月 16 日。

国务院新闻办公室，2011，《新闻办发布〈中国农村扶贫开发的新进展〉白皮书》，http://www.gov.cn/gzdt/2011 - 11/16/content_1994683.htm。

韩广富，2005，《当代中国农村扶贫开发的历史进程》，《理论学刊》第 7 期。

韩广富、李万荣，2012，《当代中国农村扶贫开发瞄准目标的调整》，《社会科学战线》第 10 期。

何绍辉，2011，《贫困、权力与治理：红村扶贫开发的故事》，华中科技大学博士学位论文。

何小青、江美塘，2001，《"正式权力"与"非正式权力"——对政治权力的一项基础性研究》，《学术论坛》第 5 期。

贺雪峰，2000，《论半熟人社会——理解村委会选举的一个视角》，《政治学研究》第 3 期。

贺雪峰，2003a，《乡村治理的社会基础》，北京：中国社会科学出版社。

贺雪峰，2003b，《新乡土中国》，桂林：广西师范大学出版社。

贺雪峰，2004，《市场经济下农民合作能力的探讨——兼答蒋国河先生》，《探索与争鸣》第 9 期。

贺雪峰，2007，《试论二十世纪中国乡村治理的逻辑》，载黄宗智主编《中国乡村研究》（第五辑），福州：福建教育出版社。

贺雪峰，2009，《村治的逻辑：农民行动单位的视角》，北京：中国社会科学出版社。

贺雪峰，2011，《论乡村治理内卷化——以河南省 K 镇调查为例》，《开放时代》第 2 期。

贺雪峰，2012，《当下中国亟待培育新中农》，《人民论坛》第 13 期。

贺雪峰、仝志辉，2002，《论村庄社会关联——兼论村庄秩序的社会基础》，《中国社会科学》第 3 期。

洪名勇，2009，《开发扶贫瞄准机制的调整与完善》，《农业经济问题》第 5 期。

华尔德，1996，《共产党社会的新传统主义》，龚小夏译，香港：牛津大学出版社。

黄博、刘祖云，2012，《精英话语与村民诉求——对乡村精英治理现象的双向透视》，《求实》第 3 期。

黄俊尧，2009，《论村民代表会议与"先富群体治村"——民主制度建设与精英治理的平衡》，《浙江学刊》第 2 期。

黄少安、刘明宇，2005，《权利的不公平分配与农民的制度性贫困》，《制度经济学研究》第3期。

黄树民，2002，《林村的故事》，素兰、纳日碧力戈译，北京：生活·读书·新知三联书店。

黄宗智，2000，《华北的小农经济与社会变迁》，北京：中华书局。

黄宗智，2007，《经验与理论：中国社会、经济与法律的实践历史研究》，北京：中国人民大学出版社。

黄宗智，2008，《集权的简约治理——中国以准官员和纠纷解决为主的半正式基层行政》，《开放时代》第2期。

吉登斯，安东尼，1998，《社会的构成：结构化理论大纲》，李康、李猛译，北京：生活·读书·新知三联书店。

吉尔兹，2000，《地方性知识》，王海龙、张家瑄译，北京：中央编译出版社。

"建设社会主义新农村目标、重点和政策研究"课题组、温铁军，2009，《部门和资本"下乡"与农民专业合作经济组织的发展》，《经济理论与经济管理》第7期。

江泽民，2006，《江泽民文选》（第三卷），北京：人民出版社。

焦长权，2014，《中国的国家与农民关系研究："再认识"与"再出发"》，《中国农村观察》第1期。

金太军，2008，《村庄治理与权力结构》，广州：广东人民出版社。

井斌，2007，《新疆财政扶贫资金绩效评价研究》，新疆农业大学硕士学位论文。

瞿同祖，2011，《清代地方政府》，范忠信、晏锋译，北京：法律出版社。

卡麦兹，凯西，2009，《建构扎根理论：质性研究实践指南》，边国英译，重庆：重庆大学出版社。

康晓光，1995，《中国贫困与反贫困理论》，南宁：广西人民出版社。

孔丘，2007，《论语全集》，张铭一注译，北京：海潮出版社。

李步超、罗隆渭、周晓红，1996，《中国扶贫开发的政治特色——献给96年国际消除贫困年》，《江西社会科学》第12期。

李含琳、韩坚，1998，《中国扶贫资金来源结构及使用方式研究》，《农业经济问题》第6期。

李怀印，2008，《华北村治：晚清和民国时期的国家与乡村》，岁有生、王士皓译，北京：中华书局。

李娟，2013，《穷人、福利与反贫困：基于中国本土语境的思考》，《青海社会科学》第1期。

李文、汪三贵，2004，《中央扶贫资金的分配及影响因素分析》，《中国农村经济》第8期。

李小云，2005，《扶贫资金要瞄准贫困》，《瞭望新闻周刊》第38期。

李小云，2013，《我国农村扶贫战略实施的治理问题》，《贵州社会科学》第7期。

李小云、李周、唐丽霞等，2005，《参与式贫困指数的开发与验证》，《中国农村经济》第5期。

李小云、张雪梅、唐丽霞，2005，《我国中央财政扶贫资金的瞄准分析》，《中国农业大学学报》（社会科学版）第3期。

李小云等，2004，《中国农村贫困状况报告》，《中国农业大学学报》（社会科学版）第1期。

李小云等，2006，《中国财政扶贫资金的瞄准与偏离》，北京：社会科学文献出版社。

李小云等，2007，《参与式村级扶贫规划系统的开发与运用》，《林业经济》第1期。

李小云等，2007，《我国财政扶贫资金投入机制分析》，《农业经济问题》第10期。

李学，2008，《公平观念与城市化过渡社区中居民的利益博弈——以X市PN社区为例的实证分析》，《公共管理学报》第4期。

李远行，2006，《对后税费改革时期乡村治理的沉思》，《小城镇建设》第 4 期。

李祖佩，2011，《混混、乡村组织与基层治理内卷化——乡村混混的力量表达及后果》，《青年研究》第 3 期。

李祖佩、曹晋，2012，《精英俘获与基层治理：基于我国中部某村的实证考察》，《探索》第 5 期。

林乘东，1999，《中国：走出贫困》，昆明：云南教育出版社。

林南，2005，《社会资本：关于社会结构与行动的理论》，张磊译，上海：上海人民出版社。

林志斌，2006，《谁搬迁了？自愿性移民扶贫项目的社会、经济和政策分析》，北京：社会科学文献出版社。

刘海英，2011，《大扶贫：公益组织的实践与建议》，北京：社会科学文献出版社。

刘坚，2006，《新阶段扶贫开发的成就与挑战》，北京：中国财政经济出版社。

刘穷志，2007，《公共支出归宿：中国政府公共服务落实到贫困人口手中了吗？》，《管理世界》第 4 期。

刘世定、邱泽奇，2004，《"内卷化"概念辨析》，《社会学研究》第 5 期。

刘涛，2010，《六十年中国乡村治理逻辑的嬗变》，《中共贵州省委党校学报》第 1 期。

刘燕舞，2009，《农村低保政策实践的社会基础——以湖北省 J 县 C 村农村低保实践为个案》，《湛江师范学院学报》第 2 期。

吕德文，2007，《在中国做"海外中国研究" 中国研究的立场与进路》，《社会》第 6 期。

吕德文，2009，《治理钉子户》，华中科技大学博士学位论文。

罗本考，1991，《反贫困的社会学思考》，《社会学研究》第 4 期。

罗威廉，2005，《汉口：一个中国城市的商业和社会（1796—1889）》，江溶、鲁西奇译，北京：中国人民大学出版社。

洛夫兰德等，2009，《分析社会情境：质性观察与分析方法》，林小英译，重庆：重庆大学出版社。

洛佩兹，杰西、约翰·斯科特，2007，《社会结构》，允春喜译，长春：吉林人民出版社。

Moreno-Dodson，2006，《全球规模的减贫行动》，北京：中国财政经济出版社。

马克思、恩格斯，1972，《马克思恩格斯选集》（第二卷），中央编译局译，北京：人民出版社。

马克斯威尔，2007，《质的研究设计——一种互动的取向》，朱光明译，重庆：重庆大学出版社。

马良灿，2007，《贫困解释的两个维度：权利与排斥》，《贵州社会科学》第1期。

马良灿，2010，《"内卷化"基层政权组织与乡村治理》，《贵州大学学报》（社会科学版）第2期。

马良灿，2013，《项目制背景下农村扶贫工作及其限度》，《社会科学战线》第4期。

毛绵逵、李小云、齐顾波，2010，《参与式发展：科学还是神化?》，《南京工业大学学报》（社会科学版）第2期。

毛学峰、辛贤，2004，《贫困形成机制——分工理论视角的经济学解释》，《农业经济问题》第2期。

毛泽东，1977，《毛泽东选集》（第五卷），北京：人民出版社。

毛泽东，1991，《毛泽东选集》（第三卷），北京：人民出版社。

米尔斯，赖特，2004，《权力精英》，王崑、许荣译，南京：南京大学出版社。

米格代尔，1996，《农民、政治与革命：第三世界政治与社会变革的压力》，李玉琪、袁宁译，北京：中央编译出版社。

米格代尔，2012，《强社会与弱国家：第三世界的国家社会关系及国家能力》，张长东等译，南京：江苏人民出版社。

米歇尔斯，罗伯特，2003，《寡头统治铁律——现代民主制度中的政党社会学》，任军锋等译，天津：天津人民出版社。

民政部办公厅，2013，《民政部发布2012年社会服务发展统计公报》，http://www.gov.cn/gzdt/2013-06/19/content_2428923.htm。

民政部救灾救济司，2003，《农村特困群众救济及救灾工作》，载《2003 中国农村贫困监测报告》，北京：中国统计出版社。

莫斯卡，加塔诺，2002，《统治阶级：政治科学原理》，贾鹤鹏译，南京：译林出版社。

欧阳静，2011，《策略主义：桔镇运作的逻辑》，北京：中国政法大学出版社。

帕累托，V.，2001，《普通社会学纲要》，田时纲译，北京：生活·读书·新知三联书店。

帕森斯，2003，《社会行动的结构》，张明德、夏遇南、彭刚译，南京：译林出版社。

潘维，2006，《农村贫困的根源与新农村建设的主体》，《开放时代》第 4 期。

齐超、陈方正，2008，《中国反贫困目标瞄准机制研究》，《社会科学论坛》（学术研究卷）第 10 期。

齐格蒙·包曼，2006，《工作、消费与新贫》，王志弘译，台湾：巨流图书有限公司。

齐格蒙·鲍曼，2000，《立法者与阐释者》，洪涛译，上海：上海人民出版社。

祁亚辉，2003，《"非自愿贫困"：中国扶贫工作 1994—2000》，《财经科学》S1 期。

邱泽奇、李守经，1992，《中国乡村贫困现实解释之尝试》，《社会学研究》第 5 期。

渠敬东，2012，《项目制：一种新的国家治理体制》，《中国社会科学》第 5 期。

荣敬本等，1998，《从压力型体制向民主合作体制的转变：县乡两级政治体制改革》，北京：中央编译出版社。

瑞泽尔，乔治，2003，《后现代社会理论》，谢立中等译，北京：华夏出版社。

桑德尔，迈克尔，2012，《金钱不能买什么：金钱与公正的正面交锋》，邓正来译，北京：中信出版社。

沈红，1997，《扶贫传递与社区自组织》，《社会学研究》第5期。

沈红，2000，《中国贫困研究的社会学评述》，《社会学研究》第2期。

施由明、刘清荣，2007，《从毛泽东到胡锦涛：中国扶贫开发理论的不断深化》，《农业考古》第6期。

石彤，2004，《中国社会转型时期的社会排挤》，北京：北京大学出版社。

斯科特，2004，《国家的视角：那些试图改善人类状况的项目是如何失败的》，王晓毅译，北京：社会科学文献出版社。

斯科特，2007，《弱者的武器》，郑广怀、张敏、何江穗译，南京：译林出版社。

孙立平，2000，《"过程—事件分析"与当代中国国家——农民关系的实践形态》，载《清华社会学评论》（特辑），厦门：鹭江出版社。

孙立平，2002a，《迈向实践的社会学》，《江海学刊》第3期。

孙立平，2002b，《实践社会学与市场转型过程分析》，《中国社会科学》第5期。

孙立平、郭于华，2000，《"软硬兼施"：正式权力非正式运作的过程分析——华北B镇定购粮收购的个案研究》，载《清华社会学评论》（特辑），厦门：鹭江出版社。

孙秋云，2010，《从乡村到城镇再到区域——谈费孝通的微型社会学研究方法及其反思》，《中南民族大学学报》（人文社会科学版）第2期。

谭同学，2009，《类型比较视野下的深度个案与中国经验表述》，《开放时代》第8期。

唐丽霞、林志斌、李小云，2005，《谁迁移了——自愿移民的搬迁对象特征和原因分析》，《农业经济问题》第4期。

唐晓腾，2007，《从经济发展史看近代以来中国乡村治理结构的变迁》,《中共宁波市委党校学报》第 5 期。

田先红,2006,《废弃抑或存留:村民组长制的困境与前瞻》,《求实》第 1 期。

田先红、陈玲,2010,《再造中间层:后税费时代的乡村治理模式变迁研究》,《甘肃行政学院学报》第 6 期。

田先红、高万芹,2013,《发现边缘人——近年来华中村治研究的转向与拓展》,《华中科技大学学报》(社会科学版) 第 5 期。

田小红,2009,《中国贫困管理:历史、发展与转型》,北京:中国社会出版社。

仝志辉、贺雪峰,2002,《村庄权力结构的三层分析——兼论选举后村级权力的合法性》,《中国社会科学》第 1 期。

汪力斌、周源熙,2010,《参与式扶贫干预下的瞄准与偏离》,《农村经济》第 7 期。

汪三贵,1994,《反贫困与政府干预》,《管理世界》第 3 期。

汪三贵,2007,《中国的农村扶贫:回顾与展望》,《农业展望》第 1 期。

汪三贵,2008,《中国扶贫资金的管理体制和政策评价》,《老区建设》第 3 期。

汪三贵等,2007,《中国新时期农村扶贫与村级贫困瞄准》,《管理世界》第 1 期。

汪习根,2012,《免于贫困的权利及其法律保障机制》,《法学研究》第 1 期。

王斌,2004,《我国财政农村扶贫问题研究》,西北农林科技大学硕士学位论文。

王春华,2005,《农村扶贫资金投向及实施项目的效果和影响的实证分析》,中国农业大学硕士学位论文。

王铭铭,1997,《村落视野中的文化与权力》,北京:生活·读书·新知三联书店。

王绍光,1999,《正视不平等的挑战》,《管理世界》第 4 期。

王思斌,1991,《村干部的边际地位与行为分析》,《社会学研究》第 4 期。

王斯福，2008，《帝国的隐喻——中国民间宗教》，赵旭东译，南京：江苏人民出版社。

王伟奇，2007，《权利的实现与"有限侵害性"的社会权力——从贫困治理出发的思考》，《行政法学研究》第 4 期。

王晓丽，2008，《20 世纪农村扶贫开发的历史回顾及启示》，《吉林工程技术师范学院学报》第 11 期。

王永成，2006，《公共治理与财政扶贫资金漏出问题研究》，贵州大学硕士学位论文。

韦伯，马克斯，2004，《中国的宗教：宗教与世界》，康乐、简惠美译，桂林：广西师范大学出版社。

韦伯，马克斯，2010a，《社会学基本概念》，杭聪译，北京：北京出版社。

韦伯，马克斯，2010b，《支配社会学》，康乐、简惠美译，桂林：广西师范大学出版社。

魏特夫，1989，《东方专制主义》，徐式谷等译，北京：中国社会科学出版社。

温铁军，2004，《三农问题的认识误区》，《三农中国》，武汉：湖北人民出版社。

吴国宝，1997，《扶贫贴息贷款政策讨论》，《中国农村观察》第 4 期。

吴国起，2011，《财政扶贫资金绩效管理改革研究》，财政部财政科学研究所博士学位论文。

吴力子，2009，《农民的结构性贫困：定县再调查的普遍性结论》，北京：社会科学文献出版社。

吴素雄、陈洪江，2004，《从精英治理到民主治理——村民自治制度演进分析》，《江苏社会科学》第 1 期。

吴新叶，2010，《社区民间组织成长中的精英捕获：问题与对策——以社会管理为视角的分析》，《中共青岛市委党校青岛行政学院学报》第 6 期。

吴毅，2001，《"双重角色"、"经纪模式"与"守夜人"和"撞钟者"》，《开放时代》第 12 期。

吴毅，2007，《小镇喧嚣：一个乡镇政治运作的演绎与阐释》，北京：生活·读书·新知三联书店。

吴重庆，2002，《无主体熟人社会》，《开放时代》第 1 期。

夏菁、姚望，2010，《后税费时代乡村治理结构新探——以利益表达为分析视角》，《理论学刊》第 1 期。

夏英，1995，《贫困与发展》，北京：人民出版社。

鲜祖德，2004，《中国农村贫困：最新统计数据报告》，在北京大学中国经济研究中心"全面建设小康社会新时期的减贫开发研讨会"上的发言稿。

项继权，2005，《20 世纪晚期中国乡村治理的改革与变迁》，《浙江师范大学学报》第 5 期。

肖维歌，2001，《农村扶贫项目资金运行机制与模式研究》，西北农林科技大学硕士学位论文。

新华社，2013，《中国共产党第十八届中央委员会第三次全体会议公报》，http://news.xinhuanet.com/politics/2013-11/12/c_118113455.htm。

邢成举，2009，《村民为何愿意选"社会人"当村干部》，《第一财经日报》12 月 15 日 A14 版。

邢成举，2010，《风水信仰、地方性共识与乡村治理的文化网络》，华中科技大学硕士学位论文。

邢成举，2012，《土地财政的村庄生成及其社会后果——以赣南布村为例》，《地方财政研究》第 10 期。

邢成举，2016，《压力型体制下的"扶贫军令状"与贫困治理中的政府失灵》，《南京农业大学学报》（社会科学版）第 5 期。

邢成举、葛志军，2013，《集中连片扶贫开发：宏观状况、理论基础与现实选择——基于中国农村贫困监测及相关成果的分析与思考》，《贵州社会科学》第 5 期。

邢成举、李小云，2013，《精英俘获与财政扶贫项目目标偏离的研究》,《中国行政管理》第9期。

邢成举、张晓娟,2010,《程序消解不满:林地拍卖的运作逻辑——基于凤城市南庙村的调查》,《长春市委党校学报》第1期。

邢成举、赵晓峰,2016,《论中国农村贫困的转型及其对精准扶贫的挑战》,《学习与实践》第7期。

徐勇,2006a,《当前中国农村研究方法论问题的反思》,《河北学刊》第2期。

徐勇,2006b,《"回归国家"与现代国家的建构》,《东南学术》第4期。

徐勇,2009,《现代国家乡土社会与制度建构》,北京:中国物资出版社。

徐勇、吴毅、贺雪峰、仝志辉、董磊明,2002,《村治研究的共识与策略》,《浙江学刊》第1期。

徐月宾、刘凤芹、张秀兰,2007,《中国农村反贫困政策的反思——从社会救助向社会保护转变》,《中国社会科学》第3期。

许源源,2006,《中国农村扶贫瞄准问题研究》,中山大学博士学位论文。

许源源、苏中英,2007,《和谐理念的缺失:农村扶贫瞄准偏离的重要原因》,《贵州社会科学》第5期。

阎云翔,2006,《私人生活的变革:一个中国村庄里的爱情、家庭与亲密关系(1949—1999)》,龚小夏译,上海:上海书店出版社。

杨洪霞,2011,《扶贫资金运行存在的问题及对策研究——以万州区为例》,西南大学硕士学位论文。

杨华,2012,《"中农"阶层:当前农村社会的中间阶层——"中国隐性农业革命"的社会学命题》,《开放时代》第3期。

杨秋宝,1999,《我国五十年实施扶贫战略的基本经验及历史意义》,《中共青岛市委党校青岛行政学院学报》第6期。

杨善华、苏红,2002,《从"代理型政权经营者"到"谋利型政权经营者"》,《社会学研究》第1期。

姚莉、刘燕，2011，《检视与重构：多元竞合的乡村精英治理模式探析》，《兰州学刊》第 3 期。

姚迈新，2010，《对扶贫目标偏离与转换的分析与思考——政府主导型扶贫模式中的制度及行动调整》，《云南行政学院学报》第 3 期。

叶敬忠，2008a，《发展干预中的权力滴流误区与农民组织》，《广西民族大学学报》（哲学社会科学版）第 2 期。

叶敬忠，2008b，《走出发展干预的认识误区》，《中国农业大学学报》（社会科学版）第 1 期。

应星，2009，《村庄审判史中的道德与政治》，北京：知识产权出版社。

于海，1993，《西方社会思想史》，上海：复旦大学出版社。

于远亮，2006，《中国政府扶贫政策的演进和优化》，南京师范大学硕士学位论文。

袁剑，2005，《全球化与精英俘获》，《董事会》第 12 期。

袁松，2012，《富人治村：浙中吴镇的权力实践（1996—2011）》，华中科技大学博士学位论文。

原华荣，1990，《生产性贫困与社会性贫困》，《社会学研究》第 6 期。

翟学伟，2001，《中国人行动的逻辑》，北京：社会科学文献出版社。

翟学伟，2005，《人情、面子与权力的再生产》，北京：北京大学出版社。

张光、Jennifer R. Wilking、于淼，2010，《中国农民的公平观念：基于村委会选举调查的实证研究》，《社会学研究》第 1 期。

张静，1998，《国家与社会》，杭州：浙江人民出版社。

张静，2008，《转型中国：社会公正观研究》，北京：中国人民大学出版社。

张静，2011，《基层政府权威重建之关键》，《博览群书》第 7 期。

张康之、张乾友，2009，《论精英治理及其终结》，《北京行政学院学报》第2期。

张立冬，2013a，《中国农村贫困代际传递实证研究》，《中国人口·资源与环境》第6期。

张立冬，2013b，《中国农村贫困动态性与扶贫政策调整研究》，《江海学刊》第2期。

张鸣，2001，《乡村社会权力和文化结构的变迁》，南宁：广西人民出版社。

张晓山，2006，《乡村治理结构的改革》，《科学决策》第1期。

张岩松，2004，《发展与中国农村反贫困》，北京：中国财政经济出版社。

张仲礼，2008，《中国绅士研究》，上海：上海人民出版社。

张宗毅，2006，《中国政府农村扶贫效率问题研究》，中国农业大学硕士学位论文。

赵爱庆、孙建军、赵佳维，2008，《超越乡村精英治理模式的政治抉择》，《中共浙江省委党校学报》第1期。

赵树凯，2003，《乡村治理：组织和冲突》，《河北学刊》第6期。

赵树凯，2010，《乡镇治理与政府制度化》，北京：商务印书馆。

赵文词，1999，《五代美国社会学者对中国国家与社会关系的研究》，载涂肇庆、林益民主编《改革开放与中国社会》，香港：牛津大学出版社。

赵晓峰，2010，《村级民主政治转型：从汲取型民主到分配型民主——村治精英类型更替的视角》，《天津行政学院学报》第5期。

赵晓峰，2011，《"行政消解自治"：理解税改前后乡村治理性危机的一个视角》，《长白学刊》第1期。

赵晓峰、林辉煌，2010，《富人治村的社会吸纳机制及其政治排斥功能——对浙东先锋村青年农民精英治村实践的考察》，《中共宁波市委党校学报》第4期。

赵晓峰、刘涛，2009，《农民公平观念与乡村治理性危机的关联》，《调研世界》第7期。

赵晓峰、邢成举，2016，《农民合作社与精准扶贫协同发展机制构建：理论逻辑与实践路径》，《农业经济问题》第 4 期。

折晓叶、陈婴婴，2011，《项目制的分级运作机制和治理逻辑——对"项目进村"案例的社会学分析》，《中国社会科学》第 4 期。

郑杭生、李棉管，2009，《中国扶贫历程中的个人与社会——社会互构论的诠释理路》，《教学与研究》第 6 期。

中共中央、国务院，2011，《中国农村扶贫开发纲要（2011—2020 年）》，http://politics.people.com.cn/GB/16468855.html。

中共中央文献研究室，1986，《十二大以来重要文献选编》（中），北京：人民出版社。

中国发展研究基金会，2007，《在发展中消除贫困》，北京：中国发展出版社。

中国国际扶贫中心，2011，《中国新发展阶段中的减贫挑战与对策研究》（内部资料）。

中华人民共和国审计署，2013，《关于 2012 年度中央预算执行和其他财政收支的审计工作报告》，http://www.audit.gov.cn/n5/n26/c64267/content.html。

周飞舟，2006，《从汲取型政权到"悬浮型"政权——税费改革对国家与农民关系之影响》，《社会学研究》第 3 期。

周飞舟，2009，《锦标赛体制》，《社会学研究》第 3 期。

周飞舟，2012，《以利为利：财政关系与地方政府行为》，上海：上海三联书店。

周雪光，2008，《基层政府间的"共谋现象"——一个政府行为的制度逻辑》，《社会学研究》第 6 期。

朱小玲、陈俊，2012，《建国以来我国农村扶贫开发的历史回顾与现实启示》，《生产力研究》第 5 期。

朱晓阳，2004，《反贫困的新战略：从"不可能完成的使命"到管理穷人》，《社会学研究》第 2 期。

朱晓阳，2011，《小村故事：地志与家园（2003—2009）》，北京：北京大学出版社。

朱晓阳，2012，《边缘与贫困：贫困群体研究反思》，北京：社会科学文献出版社。

邹谠，1994，《二十世纪中国政治》，香港：牛津大学出版社。

Abraham, A. and J. P. Platteau, 2000, "The Dilemma of Participation with Endogenous Community Imperfections". *Department of Economics and CRED* (Centre de Recherche en Economie du Developpement). Namur, Belgium: University of Namur.

Abraham, A., Platteau, J. P, 2004, "Participatory Development: When Culture Creeps". In V. Rao and M. Walton, eds., *Culture and Public Action: A Cross-Disciplinary Dialogue on Development Policy*. Palo Alto, Calif.: Stanford University Press.

Acevedo, S. A., 1998, Reseña de "Respuestas Por una antropologia reflexiva" de Pierre Bourdieu y Loic J. D. Wacquant [J]. *Estudios Sobre Las Culturas Contemporaneas*, 4 (7). 165 – 168.

Andrew, Nathan, 1973, "A Factionalism Model for CCP Politics". *The China Quarterly*, (53). 34 – 66.

Bardhan, Pranab and Dilip Mookherjee, 2006, "Decentralisation and Accountability in Infrastructure Delivery in Developing Countries". *The Economic Journal*, 116 (1). 101 – 127.

Bardhan, P. & Mookherjee, D., 2005, "Decentralizing Antipoverty Program Delivery in Developing Countries". *Journal of Public Economics*, 89 (4). 675 – 704.

Bardhan, P., D. Mookherjee, 2000, "Capture and Governance at Local and National Levels". *The American Economic Review*, 90 (2). 135 – 139.

Barkan, M. L. McNulty and M. A. O. Ayeni, 1991, "'Hometown' Voluntary Association, Local Development, and the Emergence of Civil Socitty in Western Nigeria". *Journal of Modern African Studies*, 29 (3). 457 – 480.

参考文献

Beath, A., Christia F., Enikolopov R., 2011, Elite Capture of Local Institutions: Evidence from a Field Experiment in Afghanistan [J]. *Egu General Assembly*, 14, 1539.

Beath, A., Christia F., Ruben Enikolopov, 2011, "Elite Capture of Local Institutions: Evidence from a Field Experiment in Afghanistan". Working Paper.

Bourdieu, P., 1996, *The State Nobility: Elite Schools in the Field of Power*. Oxford: Polity Press.

Chowdhury, Shyamal and Futoshi Yamauchi, 2010, "Has Decentralization in Indonesia Led to Elite Capture or Reflection of Majority Preference?" Working Paper, JICA-RI.

Chowdhury, S., 2009, Governance Decentralization and Local Infrastructure Provision in Indonesia. [J]. Ifpri Discussion Papers, 102 (1). 524 – 555.

Conning, J., and M. Kevane, 2002, "Community Based Targeting Mechanisms for Social Safety Nets: A Critical Review". *World Development*, 30 (3). 375 – 394.

Dasgupta, Aniruddha, Victoria A. Beard, 2007, "Community Driven Development, Collective Action and Elite Capture in Indonesia". *Development and Change*, 38 (2). 229 – 249.

Dutta, D., 2009, Elite Capture and Corruption: Concepts and Definitions. Retrieved March.

Englund, H., 2001, "The Politics of Multiple Identities: The Making of a Home Villager 'Association in Lilongwe". Malawi in A. Tostensen, I. Tvedten and M. Vaa (eds.), *Associational Life in African Cities: Popular Response to the Urban Crisis* [A]. Stockholm: Nordiska Afrikainstitutet, 90 – 106.

Escobar, A., 1995, *Encountering Development: The Making and Unmaking of the Third World*. Princeton: Princeton University Press, 7 – 19.

Esman, Milton J., Norman T. Uphoff, 1984, *Local Organiza-*

tions: *Intermediaries in Rural Development*. Ithaca, New York: Cornell University Press, 249.

Exelle, Ben D', Arno Riedl, 2008, "Elite Capture, Political Voice and Exclusion from Aid: An Experimental Study". Cesifo Working Paper No. 2400.

Feldman-Savesberg, Pamela, Tiokou Ndonko, 2010, "Urbanites and Urban Villagers: Comparing 'Home' among Elite and Non-elite Bamileke Woman's Hometown Association". *Africa*, 80 (3). 371 – 396.

Ferguson, James, 1990, *The Anti-Politics Machine*: "*Development,*" *Depoliticization, and Bureaucratic Power in Lesotho*. Cambridge: Cambridge University Press.

Fritzen, S., 2007, "Can the Design of Community-driven Development Reduce the Risk of Elite Capture? Evidence from Indonesia". *World Development*, 35 (8). 1359 – 1375.

Fung, A. and E. O. Wright (eds), 2003, *Deepening Democracy: Institutional Innovations in Empowered Participatory Governance*. London: Verso.

G. Mansuri, V. Rao, 2004, "Community-Based and Community-Driven Development: A Critical Review". *The World Bank Research Observer*, 19 (1). 1 – 39.

Hardin, G., 1968, *The Tragedy of the Commons*. New York, 1243 – 1248.

Harding, Harry, 1981, *Organizing China: The Problem of Bureaucracy: 1949 – 1976*. Stanford University Press.

Harding, Harry, 1993, "*The Evolution of American Scholarship on Contemporary China*", in David Shambaugh eds., *American Studies of Contemporary China*. New York: Woodrow Wilson Center Press, 19 – 36.

Howell, Gordon White Jude & Shang Xiaoyuan, 1996, *In Search of Civil Society: Market Reform and Social Change in Contemporary China*. Oxford, New York: Oxford University Press.

Iversen, Vegard, Birka Chhetry, Paul Francis, Madhu Gurung, Ghanendra Kafle, Adam Pain, Janet Seeley, 2006, "High Value Forests, Hidden Economies and Elite Capture: Evidence from Forest User Groups in Nepal's Terai". *Ecological Economics*, (58). 93 – 107.

Kielyr, 1999, "The Last Refuge of the Noble Savage? A Critical Account of Post-development". *European Journal of Development Research*, 11 (1). 30 – 55.

Lewis, D., and A. Hossain, 2008, "A Tale of Three Villages: Power, Difference and Locality in Rural Bangladesh". *Journal of South Asian Development*, 3 (1). 33 – 51.

Li, Lianjiang and Kevin O'Brien, 1996, "Villagers and Popular Resistance in Contemporary China". *Modern China*, 22 (1). 28 – 61.

Liu, Y., Wang, X., & Yao, Y., 2001, *The Chinese village: Inside and Out.* Shijiazhuang: Hebei Renmin Press.

Mann, Michael, 1988, *States War and Capitalism.* Oxford: Blackwell, 5 – 9.

Matin, I., Hulme D., 2003, Programs for the Poorest: Learning from the IGVGD Program in Bangladesh [J]. *World Development*, 31 (3). 647 – 665.

Migdal, Joel S., 2001, *State in Society: Studying How States and Societies Transform and Constitute One Another.* New York: Cambridge University Press.

Migdal, Kohli Autl, and Shue Vivienne, 1994, *State Power and Social Forces: Domination and Transformation in The Third World.* New York: Cambridge University Press.

Mosse, D., 1994, "Authority Gender and Knowledge: Theoretical Reflections on the Practice of Participatory Rural Appraisal." *Development and Change*, (25). 497 – 526.

Oi, Jean, 1989, *State and Peasant in Contemporary China.* Berkeley and Los Angeles: University of California Press.

Oi, J. C. and S. Rozelle, 2000, "Elections and Power: The Locus of Decision-making in Chinese Villages". *China Quarterly*, (162). 513 – 539.

Olken, B. A., 2005, "Monitoring Corruption: Evidence from a Field Experiment in Indonesia". NBER Working Paper Number W11753.

Olson, M., 1965, *The Logic of Collective Action—Public Goods and the Theory of Groups*. Harvard University Press.

Ostrom, E., 1990, *Governing the Commons: The Evolution of Institutions for Collective Action*. Cambridge University Press.

O'Brien, Kevin, and Lianjiang Li, 1995, "The Politics of Lodging Complaints in Rural China". *China Quarterly*, (143). 756 – 783.

Painter, C., 1997, "Managing Change in the Public Sector", in Isaac-Henry [C]. K., Painter, C., Barnes, C. (eds.) *Management in the Public sector* [A]. Thompson International Business Press, London, 45 – 47.

Perdue, Peter, 1987, *Exhausting the Earth: State and Peasant in Hunan*. Harvard University Asia Center.

Persson, Petra, and Ekaterina Zhuravskaya, 2010, "Elite Capture in the Absence of Democracy: Evidence from Backgrounds of Chinese Provincial Leaders". Center for Economic Policy Research, November 16, 2010 [cited March 1, 2011]. Available from http://ssrn.com/abstract = 1506709.

Platteau, Jean-Philippe, Frederic Gaspart, 2003, "The Risk of Resource Misappropriation in Community-Driven Development". *World Development*, 31 (10). 1687 – 1703.

Platteau, Jean-Philippe, Vincent Somville, and Zaki Wahhaj, 2010, "Elite Capture Through Information Distortion: A Theoretical Essay" [cited March1, 2011]. Available from http://users.ox.ac.uk/~qehs0657/EliteCapture_Nov2010.pdf.

Platteau, Jean-Philippe, 2003, "Community-Based Development

in the Context of Within Group Heterogeneity". The World Bank [cited April 11, 2011]. Available from http://siteresources.worldbank.org/INTPUBSERV/Resources/platteau2.pdf.

Platteau, Jean-Philippe, 2004, "Monitoring Elite Capture in Community-driven Development". *Development and Change*, 35 (2). 223 – 246.

Platteau, Jean-Philippe, 2008, "Information Distortion, Elite Capture, and Task Complexity in Decentralized Development". Centre for Research on the Economics of Development (CRED), Department of Economics University of Namur, Belgium. Working Paper, 5 – 6.

Platteau, J. P., and A. Abraham, 2002, "Participatory Development in the Process of Endogenous Community Imperfections". *Journal of Development Studies*, 39 (2). 104 – 136.

Potter & Potter, 1990, *China's Peasants: The Anthropology of a Revolution*. Cambridge: Harvard University Press.

Powis, Benjamin, 2007, "System of Capture: Reassessing the Threat of Local Elite". Social Development Working Papers South Asia Series, World Bank.

Rao, V. and M. Ibanez, 2003, "The Social Impact of Social Funds in Jamaica—A Mixed-methods Analysis of Participation, Targeting, and Collective Action in Community-driven Development". Policy Research Working Paper Series 2970. Washington DC: The World Bank.

Schou, A., Tsoka M., 2010, The Design of Decentralised Demand-driven Programmes and Equity: Learning from Implementation in Malawi councils, *Journal of International Development*, 22 (5). 541 – 555.

Schurmann, Franz, 1966, *Ideology and Organizationin Communist China*. Berkeley and Los Angeles: University of California Press.

Scott, J. C., 1976, *The Moral Economy of the Peasant—Rebellion and Subsistence in Southeast Asia*. New Haven & London: Yale University Press.

Scott, J. C. , 1985, *Weapons of the Weak—Everyday Forms of Peasant Resistance*. New Haven & London: Yale University Press.

Shu, Y. , 2009, Does Election Lead to Populism or Elite Capture in Rural China [J]. General Information.

Shue, Vivienne, 1988, *The Reach of the State: Sketches of the Chinese Body Politics*. Stanford: Stanford University Press.

Somville, V. , 2008, "Information Distortion in Participatory Development Programmes". Working Paper, Center for Research on the Economics of Development (CRED), University of Namur (Belgium).

Stumpo, Pamela J. , 2006, "Civil Society Exposed: The Politics of NGOs in Egypt". *International Journal of Middle East Studies*, 38 (2). 323 – 325.

Takasaki, Yoshito, 2009, "Do Local Elites Capture Natural Disaster Reconstruction Funds?" Economics Working Papers, Tsukuba University.

Tembo, F. , 2003, *Participation, Negotiation and Poverty: Encountering the Power of Images*. Aldershot: Ashgate.

Tsou, Tang, 1995, "Chinese Politics at the Top: Factionalism or Informal Politics? Balance-of-Power Politics or a Game to Win All?" *The China Journal*, (34). 95 – 156.

Vajja, Anju & Howard White, 2008, "Can the World Bank Build Social Capital? The Experience of Social Funds in Malawi and Zambia". *Journal of Development Studies*, 44 (8). 1145 – 1168.

Valente, T. W. , etc, 1997, "Social Network Associations with Contraceptive Use among Cameroonian Women in Voluntary Associations". *Social Science and Medicine*, 45 (5). 677 – 687.

Wang, S. and Y. Yao, 2007, "Grassroots Democracy and Local Governance: Evidence from Rural China". *World Development*, 35 (10). 1635 – 1649.

Wong, Sam, 2010, "Elite Capture or Capture Elite? Lesson from the Couter-elite's and 'co-opt-elite' Approaches in Bangladesh and Ghana". Working Paper No. 82, UNU-WIDER.

Zhou, Yingnan, 2011, "Elite Capture of the Local Party in Village Elections". Submitted to the graduate degree program in Political Science and the Graduate Faculty of the University of Kansas in partial fulfillment of the requirements for the degree of Master of Arts.

致　谢

本书是在我的博士论文上修订而成的。时光荏苒，博士研究生阶段的学习和生活，已经画上了句号。既然是致谢，这里自然要将我的记忆回溯到 2004 年，那是追梦的开始。博士论文定稿，这意味着长达 10 年的大学生活结束。每当夜晚，回想起这段路，总不免辗转反侧，难以入眠。从幼儿园到现在，我已经在校园里度过了 20 多载。一路至今，需要感谢的人很多。

我首先要感谢的是李小云教授。作为我的博士研究生导师，我对李老师当年能够将我收入门下深表感谢。李老师很忙，平时与我们交流的机会不多，但是只要有时间，他就会打电话或发短信给我们，见面时直奔主题——讨论相关学术问题。每次讨论的时间不长，只有几分钟或十几分钟，但是他提出的建议都是高屋建瓴的，深厚的学术功底和勤奋的治学态度，让我从讨论中深受启发。除了学习，李老师很关心我们的生活，他不止一次地告诉我们，家庭与事业是一样重要的，没有家庭的支持，事业很难成功。李老师对我们的要求很严格，尽管我们多数时候没有达到他的要求，但是我们能够体会到其良苦用心。本书的研究选题直接来自李老师的点拨，全书框架设计与具体写作等，也都承载着李老师的悉心指导。对于扶贫研究，我本来是个门外汉，多亏李老师和同门的帮助，我才算对扶贫研究有了一点肤浅的理解和认识。李老师为人为师，都是值得我永远学习的。尽管李老师的课题很多，但是我参与很少，现在细想起来还真是惭愧，不过这也充分说明了李老师给予学生包容和开放的发展环境，对学生学术研究的支持与尊重。

致　谢

在我学业的路上，我还必须感谢曾经走过的两个阶段的两个团体的帮助与支持。首先是河南大学三农发展研究会。作为一个学生社团，河南大学三农发展研究会带给我的，有理想主义的情怀，有为国为民的情操，有艰苦奋斗和团结奋进的精神。通过这个社团，农村出生的我，以他者的眼光体会和理解了以前不知道的农村的种种。也正是这段经历，让我开始重新思考专业的问题，我觉得曾经学习的行政管理距离农村太远了，想通过研究生的学习拉近自己与农村的距离。在顺利获得研究生保送资格之后，我就联系了华中科技大学中国乡村治理研究中心的贺雪峰教授。幸运的是，我成为华中科技大学的研究生。贺雪峰教授是我所见过的愿意为学生发展倾注大量心血的知名学者之一，其充满魅力的人格和高深的学术造诣让我受益良多。

尽管已经硕士毕业，但贺老师对我的关心从来没有中断过，在我遭遇学业低谷的时候，贺老师给我很多的鼓励和帮助，如此我才能够从容面对博士阶段的学习，也不敢降低对自己的要求。贺老师所带领的中国乡村治理研究中心，不仅让我提高了学术研究能力，更砥砺了我的学术品格。在那里我不仅收获了知识，更收获了许多美好的经历。不会忘记与大家一起爬山和读书的日子，不会忘记夏日里闷热难熬的夜晚，不会忘记学生时代的我们曾想指点天下的那份勇气。华中科技大学中国乡村治理研究中心的同人，已经成为我生活中无法割裂的一部分。除了贺雪峰老师，董磊明、吴毅、罗兴佐、王习明，以及曹锦清、李昌平、熊万胜、仝志辉和陈文胜等老师，也在言传身教中让我们知道做学问的技艺、胸怀与责任。这里还要感谢中心的众多师兄师姐和师弟师妹，尤其是要感谢我们同一个年级的同学，他们是李宽、袁明宝、余练、李祖佩、龚为纲、李元珍、贾林州、王君磊，如今大家都已走上不同的工作岗位。研究生时期的生活，因为有他们的陪伴而缤纷多彩。

我要感谢中国农业大学人文与发展学院帮助过我的老师和同学。叶敬忠老师、左停老师、高启杰老师，他们专业知识丰厚，研究视野开阔,通过参与他们课堂的学习,我不仅快速融入了学院,同时也丰富了我的知识。在叶老师的课堂上,大家争论很多,讨论激烈,因我发言较多,被叶老师称为"意见领袖",其实我真的很惭愧,自己的很多观点与想法,没有经过成熟的思考就说出去了,这也是一种过失吧。唐丽霞老师,尽管对我很严厉,但我最应该感谢她。其对我的批评,意味着对我有一定的期待,也是希望我能够在学术研究的道路上走得更远。"刀子嘴,豆腐心",这是熟悉她的人对唐老师的一致评价。徐秀丽老师,在我参与相关课题的过程中,给予我不少的研究建议。也是徐老师的宽厚,我才以外人的身份参与了"国际组"相关课题的研究。尽管自己水平有限,但我从徐老师的课题研究中还是收获了很多。我曾经跟随于乐荣老师一起到陕西调研,她严谨的研究作风和坦诚的处世风格让我很是钦佩,无论是调研、学术,还是生活,她都是良师益友。何慧丽老师,应该说是我的老朋友了。从本科时我开始与她接触,就深受何老师学术与乡村建设思想的影响。尽管与何老师没有很多交流,但是每次的长谈都让我对国家、社会和生活有了新的思考,谢谢何老师!此外,要感谢齐顾波、王伊欢、刘艳丽、孙庆忠、简小鹰、王德海、武晋、汪力斌老师在我学习过程中给予的关心和帮助。还要感谢龚利、武靖贤、王艳丽等老师,正是他们从多个方面提供便利与服务,我才能得以安心学业。这里还要感谢我同门的师兄刘洋、申康达、李飞,感谢师姐张莉、徐莉莉、李倩、杨静、罗江月,大家对我的鼓励,让我感受到家一般的温暖。感谢众多老师能够包容我在学习中的不足,感谢各位老师在我成长过程中提出的批评和建议,我的进步离不开你们的关怀。

在中国农业大学人文与发展学院读博期间,我遇到了一帮难得的可亲可爱的兄弟姐妹,他们不仅是同学,更像是亲人。我们在一起走过的日子,既分担了彼此的辛酸与苦楚,也分享了彼此的快乐与幸福。我们一起爬山,一起讨论学术,一起推杯换盏,一起谋划未来。他们是:葛志军、付恭华、李琳琳、宁夏、陈晶环、路冠军、李玉新、袁明宝、周恩宇、王海军、邱密、郑鹏、樊军亮、张悦、刘靖、丁宝寅、吴渭、杨瑞玲、何津、张纯刚。对于我们年级的21个人来讲，每个人都是无法替代的，大家都为这个年级大家庭的组建贡献了力量。大家亲密无间，无话不谈，这让原本相对苦闷的博士研究生生活充满了乐趣，也充满了如兄弟姐妹般的温情。百望山的石径红叶，凤凰岭的细雨，和园的欢笑，寝室的小聚，生日蛋糕上的烛光，都留在我的记忆中，永不会磨灭。遗憾的是，白驹过隙，相聚时光总是短暂。

在这里，我还要感谢为我博士论文调研提供方便的湖北省黄冈市湾村和河村的干部与村民。他们的朴实、善良与坦诚，让我获得了大量重要的第一手资料，我的论文是他们生活智慧的呈现。调研留下的回忆是美好和多彩的，能够到那里调研，也是我的幸运。此外，我要感谢湾镇扶贫办的徐主任，感谢湾县扶贫办的李主任。湾村的胡支书和河村的夏支书，在我调研的过程中他们给予了非常大的帮助，因为有他们，我才得以与周边另外6个村子的村干部进行交流和访谈，也才能够对整个乡镇的扶贫工作形成整体认识；也是在他们的邀请下，我参与了乡村两级干部众多的互动，更加深刻地体会了乡镇干部与村干部之间的微妙关系，而这也影响了我的研究主题。

这里还要感谢在北京就职与读书的一帮战友，他们是：中国青少年发展研究中心的汪永涛博士，北京工业大学社会学系的陈锋博士，北京大学的焦长权博士和刘倩博士，清华大学的陈靖博士和王丽惠博士，中央民族大学的石顺林博士，中国人民大学的史薇博士，中国农业大学的冯小、谢小芹、刘升、曾红萍博士；还有北京师范大学的吕盼博士。每个学期三四次的聚会讨论，不仅让我们对各个高校相关院系的研究方向与研究方法有了一定认识，同时也为我博士论文的框架设定和方法选取等带来了诸多有益的启发。

在论文匿名送审的过程结束后，我得到了5位专家学者的论文修改意见。从这些建议的字里行间，我能够体会到他们对学生的热忱关怀以及对学术研究的认真负责。他们提出的意见十分中肯，让我有醍醐灌顶、豁然开朗的感觉。尽管不知道他们的名字，但我还是想表达自己对这些老师的敬佩与感谢之情。在论文答辩的当日，我有幸得到了5位答辩老师的现场指导，他们分别是中国农业大学的王德海教授和张克云教授，中国人民大学的刘金龙教授和仝志辉教授，北京师范大学的孙津教授。他们精于学术，同时又宽厚包容，让我深深地体会了国内学术研究的新气息与正能量。

我要感谢我的家人和我的高中同学和老师。我的父母都是地道的农民，他们尽管没有读过很多书，但他们是我最好的人生导师，是他们用血汗为我铺就了求学的道路。父母从来不干预我的选择，每次我做出决定之后，他们总是默默地支持我并希望我能够少走一些弯路。但当我知道别人对我父母说"你家孩子有出息，你们以后就跟着享福"的时候，我的内心是很惭愧的。至今，我的父母都还在北京打工，生活的重担让他们的身体常受病痛的折磨，但他们从来没有向我倾诉过苦与痛，这是父母的伟大，也是中国农民的伟大之处，他们是最可爱的人，谢谢我的父母！弟弟已经参加了工作，平时我没少批评他，可是想想，我这个当哥哥的，也没有为弟弟做过什么。弟弟对我的学习、论文和工作的事情，关心很多，而我却较少问及他的事情，真是内疚，谢谢弟弟！高中同学唐小红、艾保国、童延格、李旭阳、王少辉、周新伟、王争等，是我高中时期最好的同学，也是我人生中最可贵的朋友。高中的班主任易唯，现在是我们县二中的副校长，他一直鼓励我不要分心，要专注学业，在我困难的时候，他还给予我经济上的资助。易老师还推荐很多的图书给我，希望我能够成为栋梁。因为有他们的关注，我也一直要求自己，要做到卓越和优秀，如今我对自己的表现是很不满意的，也觉得有点对不起一直关注和支持我的亲朋好友。谢谢你们！

博士毕业后，我有幸在北京市农村经济研究中心工作了一年，在该机构短暂的工作时间里我得到了许多人的帮助和鼓励，感谢郭光磊主任、曹四发副主任、张秋锦巡视员、戚书平书记、张英洪研究员、徐建军处长、陈雪原处长、周庆林处长等，相处时间虽短，但我从他们的为人为学中受益良多。随后，我离开北京来到了西北农林科技大学人文社会发展学院，成为社会学系的一员。在将近两年的工作中，我得到了许多人的帮助，他们是付少平教授、朱宏斌教授、张磊教授、司汉武教授、李松柏教授、张联社教授、张红副教授、赵晓峰副教授、郭占锋副教授、张世勇副教授、陈辉博士、石蕊博士、刘娟博士等。社会学系是一个充满活力、团结奋进的集体，作为这里的新人，我备感荣幸。

特别感谢本书出版方社会科学文献出版社，尤其要衷心感谢本书的责任编辑任晓霞老师，在本书的编辑过程中，她的辛勤付出和专业水平令人敬佩。本书的顺利出版凝聚了她的心血和汗水，其编辑修订工作为本书增色许多。

图书在版编目(CIP)数据

精英俘获:扶贫资源分配的乡村叙事/邢成举著. -- 北京:社会科学文献出版社,2017.4
(田野中国)
ISBN 978-7-5201-0469-2

Ⅰ.①精… Ⅱ.①邢… Ⅲ.①农村-群众自治-研究-中国②扶贫-工作-研究-中国 Ⅳ.①D638②F126

中国版本图书馆 CIP 数据核字(2017)第 047308 号

田野中国
精英俘获
扶贫资源分配的乡村叙事

著　　者 / 邢成举

出 版 人 / 谢寿光
项目统筹 / 任晓霞
责任编辑 / 任晓霞

出　　版 / 社会科学文献出版社·社会学编辑部 (010) 59367159
　　　　　　地址:北京市北三环中路甲 29 号院华龙大厦　邮编:100029
　　　　　　网址:www.ssap.com.cn
发　　行 / 市场营销中心 (010) 59367081　59367018
印　　装 / 三河市尚艺印装有限公司
规　　格 / 开　本:787mm×1092mm　1/16
　　　　　　印　张:20.5　字　数:282 千字
版　　次 / 2017 年 4 月第 1 版　2017 年 4 月第 1 次印刷
书　　号 / ISBN 978-7-5201-0469-2
定　　价 / 89.00 元

本书如有印装质量问题,请与读者服务中心 (010-59367028) 联系

▲ 版权所有 翻印必究